Kohlhammer

Die Autorin

Prof. Dr. Katharina Kitze lehrt seit 2017 psychosoziale Gesundheit und psychosoziale Versorgung im Lebenslauf an der Hochschule Magdeburg-Stendal. Sie ist als Diplom-Psychologin sowie Systemischer Coach ausgebildet und war viele Jahre als psychosoziale Beraterin tätig. Ihre aktuellen Lehr- und Forschungsinteressen liegen im Bereich der Resilienz und deren Relevanz für die Soziale Arbeit sowie in der Entwicklung sozialen Engagements.

Katharina Kitze

Burnout

Grundlagen und Handlungswissen für soziale Berufe

Verlag W. Kohlhammer

Dieses Werk einschließlich aller seiner Teile ist urheberrechtlich geschützt. Jede Verwendung außerhalb der engen Grenzen des Urheberrechts ist ohne Zustimmung des Verlags unzulässig und strafbar. Das gilt insbesondere für Vervielfältigungen, Übersetzungen, Mikroverfilmungen und für die Einspeicherung und Verarbeitung in elektronischen Systemen.

Die Wiedergabe von Warenbezeichnungen, Handelsnamen und sonstigen Kennzeichen in diesem Buch berechtigt nicht zu der Annahme, dass diese von jedermann frei benutzt werden dürfen. Vielmehr kann es sich auch dann um eingetragene Warenzeichen oder sonstige geschützte Kennzeichen handeln, wenn sie nicht eigens als solche gekennzeichnet sind.

Es konnten nicht alle Rechtsinhaber von Abbildungen ermittelt werden. Sollte dem Verlag gegenüber der Nachweis der Rechtsinhaberschaft geführt werden, wird das branchenübliche Honorar nachträglich gezahlt.

Dieses Werk enthält Hinweise/Links zu externen Websites Dritter, auf deren Inhalt der Verlag keinen Einfluss hat und die der Haftung der jeweiligen Seitenanbieter oder -betreiber unterliegen. Zum Zeitpunkt der Verlinkung wurden die externen Websites auf mögliche Rechtsverstöße überprüft und dabei keine Rechtsverletzung festgestellt. Ohne konkrete Hinweise auf eine solche Rechtsverletzung ist eine permanente inhaltliche Kontrolle der verlinkten Seiten nicht zumutbar. Sollten jedoch Rechtsverletzungen bekannt werden, werden die betroffenen externen Links soweit möglich unverzüglich entfernt.

1. Auflage 2022

Alle Rechte vorbehalten
© W. Kohlhammer GmbH, Stuttgart
Gesamtherstellung: W. Kohlhammer GmbH, Heßbrühlstr. 69, 70565 Stuttgart
produktsicherheit@kohlhammer.de

Print:
ISBN 978-3-17-037643-4

E-Book-Formate:
pdf: ISBN 978-3-17-037644-1
epub: ISBN 978-3-17-037645-8

Vorwort zur Reihe

Mit dem so genannten »Bologna-Prozess« galt es neu auszutarieren, welches Wissen Studierende der Sozialen Arbeit benötigen, um trotz erheblich verkürzter Ausbildungszeiten auch weiterhin »berufliche Handlungsfähigkeit« zu erlangen. Die Ergebnisse dieses nicht ganz schmerzfreien Abstimmungs- und Anpassungsprozesses lassen sich heute allerorten in volumigen Handbüchern nachlesen, in denen die neu entwickelten Module detailliert nach Lernzielen, Lehrinhalten, Lehrmethoden und Prüfungsformen beschrieben sind. Eine diskursive Selbstvergewisserung dieses Ausmaßes und dieser Präzision hat es vor Bologna allenfalls im Ausnahmefall gegeben.

Für Studierende bedeutet die Beschränkung der akademischen Grundausbildung auf sechs Semester, eine annähernd gleich große Stofffülle in deutlich verringerter Lernzeit bewältigen zu müssen. Die Erwartungen an das selbständige Lernen und Vertiefen des Stoffs in den eigenen vier Wänden sind deshalb deutlich gestiegen. Bologna hat das eigene Arbeitszimmer als Lernort gewissermaßen rekultiviert.

Die Idee zu der Reihe, in der das vorliegende Buch erscheint, ist vor dem Hintergrund dieser bildungspolitisch veränderten Rahmenbedingungen entstanden. Die nach und nach erscheinenden Bände sollen in kompakter Form nicht nur unabdingbares Grundwissen für das Studium der Sozialen Arbeit bereitstellen, sondern sich durch ihre Leserfreundlichkeit auch für das Selbststudium Studierender besonders eignen. Die Autor/innen der Reihe verpflichten sich diesem Ziel auf unterschiedliche Weise: durch die lernzielorientierte Begründung der ausgewählten Inhalte, durch die Begrenzung der Stoffmenge auf ein überschaubares Volumen, durch die Verständlichkeit ihrer Sprache, durch Anschaulichkeit und gezielte Theorie-Praxis-Verknüpfungen, nicht zuletzt aber auch durch lese(r)-freundliche Gestaltungselemente wie Schaubilder, Unterlegungen und andere Elemente.

Prof. Dr. Rudolf Bieker, Köln

Zu diesem Buch

Während meiner langjährigen Beratungstätigkeit hatte ich erstaunlich häufig mit Ratsuchenden zu tun, bei denen ich ein Burnout vermutete, auf dem Krankenschein jedoch Neurasthenie oder Verdacht auf Depression stand. Das führte dazu, dass ich mich sehr intensiv mit den Ursachen, der Diagnosestellung und auch den Behandlungsmöglichkeiten von Burnout beschäftigte. Regelrecht gestolpert bin ich über das Thema, als einmal eine Ratsuchende voller Stolz meinte, sie hätte ein Burnout. Ich wunderte mich zuerst darüber, wie sich jemand mit solchen Beschwerden derart brüsten konnte. Als ich dann einen Blick auf den Ratgeber warf, den sie mir zeigte, wurde mir einiges klar. Wie in diesem Ratgeber wird der Begriff Burnout im Sprachgebrauch der Bevölkerung und in den Medien häufig zweckentfremdet verwendet. Das führt allerdings zu einer teilweisen Fehlnutzung des Gesundheitssystems.

Meine aktuelle Tätigkeit als Hochschullehrerin gibt mir nun Gelegenheit, das angesammelte wissenschaftliche Grundwissen und den derzeitigen Forschungsstand zum Thema Burnout an Interessierte zu vermitteln. Dafür soll die wissenschaftliche Definition des Begriffs und eine Abgrenzung zu ähnlichen benutzten Fachwörtern erarbeitet werden. Desgleichen informiert das Lehrbuch darüber, bei welchen Personen und unter welchen Bedingungen das Phänomen am ehesten auftritt. Sowohl für die potenziell von Burnout betroffenen Leser*innen als auch für professionelle Helfer*innen geben besonders die letzten beiden Kapitel Unterstützung. Dort wird dargestellt, welche wissenschaftlich geprüften Methoden und Maßnahmen zur Überwindung einer Burnout-Krise helfen und wie einer solchen Situation vorgebeugt werden kann.

Ein besonderes Augenmerk wird in diesem Lehrbuch auf die Vermittlung von Fachwissen, methodischen Ansätzen und Instrumenten für Professionelle gelegt, die in sozialen Berufen tätig sind oder werden möchten. Dadurch können sozial Tätige die Verhaltensweisen ihrer Klientel differenzierter betrachten und sensibler reagieren. Ergänzend werden deshalb Hilfen zur Gesprächsführung, zum Umgang mit und zur psychosozialen Beratung von potenziell Betroffenen oder auch von ganzen Unternehmen aufgeführt.

Gleichzeitig versetzt die Wissensvermittlung über Burnout die Professionellen in die Lage, ihre Aufmerksamkeit auf das eigene berufliche Erleben und Verhalten zu richten. Das Lehrbuch dient demzufolge der Aufklärung und Auseinandersetzung von sozial Studierenden und sozial Tätigen mit dem beruflich erhöhten Risiko ein Burnout zu erleiden. Schließlich leistet dieses Werk damit einen Beitrag zur Selbststärkung der Leser*innen und damit zur Professionalisierung der Sozialen Arbeit.

Mit dem Schreiben dieses Lehrbuches habe ich mich (ganz bewusst) in eine Arbeitssituation begeben, die durch Arbeitslast, ständige Unterbrechungen aufgrund anderer Verpflichtungen und Zeitdruck gekennzeichnet war – alles zusammen eine chronische Stresssituation. Mit dem Wissen um genügend inhaltliche Autonomie, einer interessanten vollständigen Aufgabe und ausreichend sozialer Unterstützung konnte ich dem Stress allerdings genügend Ressourcen entgegensetzen und die Zeit als positiv herausfordernd bewerten. Ich bedanke mich bei all meinen Kolleg*innen und meinen Studierenden, die mir dafür in anregenden Gesprächen instrumentelle und informationelle Unterstützung gegeben haben. Vor allem danke ich meinem Mann, meinen beiden Töchtern und meinen Eltern für den emotionalen und tatkräftigen Rückhalt in dieser Zeit.

Magdeburg, im Dezember 2020
Katharina Kitze

Inhalt

Vorwort zur Reihe 5

Zu diesem Buch 6

1 **Die Herausforderungen des Burnouts – eine Einführung in das Thema** 13
   1.1 Zur Bedeutung von Burnout 14
      1.1.1 Arbeitsbeeinträchtigung durch Burnout 15
      1.1.2 Prävalenz von Burnout 18
      1.1.3 Relevanz in unserer Gesellschaft 19
      1.1.4 Aufgaben sozialer Berufe 21
   1.2 Betroffenheit in sozialen Berufen 22
      1.2.1 Burnout der Helfenden 23
      1.2.2 Ein Beitrag zur Professionalisierung Sozialer Arbeit .. 25

2 **Das Phänomen Burnout** 28
   2.1 Alltags- und Wissenschaftsbegriff 29
   2.2 Was ist Burnout? 32
   2.3 Merkmale von Burnout 36
      2.3.1 Emotionale Erschöpfung 38
      2.3.2 Depersonalisation 39
      2.3.3 Gefühl reduzierter Leistungsfähigkeit 41
   2.4 Was Burnout nicht ist 42
      2.4.1 Mehr als bloße Unzufriedenheit, Ärger, Frustration .. 42
      2.4.2 Ermüdung und Erschöpfung 43
      2.4.3 Abgrenzung zu Stress 44
      2.4.4 Unterschied zu verschiedenen Erkrankungen 45
   2.5 Zum Verlauf von Burnout – Phasenmodelle 50
   2.6 Auswirkungen von Burnout 52
      2.6.1 Folgen auf Ebene der Betroffenen 52
      2.6.2 Folgen für Arbeitsorganisationen 54
      2.6.3 Folgen für die Gesellschaft 55
   2.7 Burnout einer Lehrerin 56

3 **Wie Burnout entsteht – Ursachen und Einflussfaktoren** 59
   3.1 Erklärungsmodelle zur Burnout-Entstehung 61
      3.1.1 Burnout als Form der Stressbewältigung 62

		3.1.2	Arbeitsanforderungen versus Ressourcen	66
	3.2		Persönliche Faktoren als Nährboden für Burnout	68
		3.2.1	Zur Bedeutung demografischer Merkmale	69
		3.2.2	Ursachen in genetischen und biologischen Faktoren	72
		3.2.3	Persönlichkeit, Fähig- und Fertigkeiten, Werte	73
		3.2.4	Beziehungsfähigkeit	77
	3.3		Situative Einflüsse	78
		3.3.1	Faktoren der Arbeitstätigkeit	79
		3.3.2	Faktoren der Arbeitsorganisation	80
		3.3.3	Die Berufswahl als Einflussfaktor	82
		3.3.4	Gesellschaftliche Einflussfaktoren	83
	3.4		Besondere Einflüsse in der Sozialen Arbeit	88
		3.4.1	Das Helfersyndrom	89
		3.4.2	Spezifische Arbeitsbedingungen	90
		3.4.4	Öffentliche Wahrnehmung der Sozialen Arbeit	92
4	**Die Begegnung mit dem Burnout**			**95**
	4.1		Identifizieren von Burnout	96
		4.1.1	Erkennen bei sich selbst	96
		4.1.2	Frühwarnsymptome	99
		4.1.3	Erhebung im Kontext der Organisation	100
	4.2		Messen von Burnout	104
		4.2.1	Maslach Burnout Inventory MBI	105
		4.2.2	Tedium Measure TM	106
		4.2.3	Arbeitsbezogene Verhaltens- und Erlebnismuster AVEM	107
		4.2.4	Weitere Fragebögen und Erhebungsinstrumente	108
	4.3		Differenzialdiagnostik	111
5	**Wege aus dem Burnout**			**114**
	5.1		Behandlung – der Eingriff in das Burnout-Geschehen	115
	5.2		Persönliche Strategien gegen Burnout	117
		5.2.1	Wirksame Therapien für die Bewältigung von Burnout	118
		5.2.2	Aufbau von Bewältigungskompetenzen	122
		5.2.3	Stressbewältigungsprogramme	130
		5.2.4	Aufgaben Sozialer Arbeit bei der persönlichen Burnout-Bewältigung	133
	5.3		Entlastung im Arbeitsbereich	136
		5.3.1	Verbesserung der Arbeitssituation	138
		5.3.2	Soziale Unterstützung in der Arbeit	141
		5.3.3	Aufgaben Sozialer Arbeit bei der situativen Burnout-Bewältigung	144
	5.4		Wirksam kombinierte Behandlungen von Burnout	147

6	**Mit gesunder Arbeit dem Burnout vorbeugen**		**149**
	6.1	Was Prävention von Burnout bedeutet	150
		6.1.1 Präventionsstrategien gegen Burnout	152
		6.1.2 Präventive Soziale Arbeit	155
	6.2	Personenbezogene Präventionsmaßnahmen	159
		6.2.1 Einfluss auf die Ursachen nehmen	159
		6.2.2 Stärkung der Widerstandskraft und der Ressourcen	164
	6.3	Präventionsansätze in der Organisation	168
		6.3.1 Arbeitsbezogene Risikofaktoren angehen	169
		6.3.2 Protektiver Einfluss der Arbeit	171
		6.3.3 Gesundheitsfördernde Organisationsentwicklung	173
	6.4	Präventionsstrategien auf der Gesellschaftsebene	174
	6.5	Burnout-Prävention für soziale Berufe	175
		6.5.1 Besondere Herausforderungen sozialer Berufe	176
		6.5.2 Ausbildung und Studium	178
		6.5.3 Professionalisierung Sozialer Arbeit	178

Literaturverzeichnis **181**

Stichwortverzeichnis **191**

1 Die Herausforderungen des Burnouts – eine Einführung in das Thema

> **☞ Was Sie in diesem Kapitel lernen können**
>
> Durch das Outen von Personen des öffentlichen Lebens und die vielfache Nutzung des Begriffs im alltäglichen Sprachgebrauch hält sich das Thema Burnout seit Jahrzehnten hartnäckig im öffentlichen Interesse. Es mehren sich Berichte über die Zunahme von Arbeitsunfähigkeit genauso wie die Anzahl von Ratgebern über Burnout. So entsteht schnell der Eindruck, dass Burnout bereits den Charakter einer Volkskrankheit angenommen hat.
>
> In diesem Kapitel erfahren Sie,
>
> - weshalb es aus gesellschaftlicher Sicht wichtig ist sich mit dem Phänomen zu beschäftigen,
> - wie oft Burnout in der Bevölkerung auftritt und deshalb das Gesundheitssystem belastet und
> - welche Berührungspunkte das Thema Burnout mit der Sozialen Arbeit hat.

Du weißt nicht mehr wie die Blumen duften,
kennst nur die Arbeit und das Schuften
… so geh'n sie hin die schönsten Jahre,
am Ende liegst Du auf der Bahre
und hinter Dir da grinst der Tod:
Kaputtgerackert – Vollidiot.
(Joachim Ringelnatz)

Schon Ringelnatz urteilte, dass eine anstrengende Arbeit ohne entspannenden Ausgleich nicht gutgeheißen werden kann. Wie kommt es, dass manche Menschen sich von ihrer Arbeit derart fordern und überfordern lassen? Welche Wirkungen hat eine solche Verhaltensweise auf die Gesundheit und Lebenszufriedenheit? Was lässt Menschen ausbrennen?

Stress im Berufsleben ist heutzutage zwar nichts Außergewöhnliches. Ja, er ist für viele Arbeitstätige sogar anregend und herausfordernd, so dass sie motiviert an die Aufgaben herangehen und gute Leistungen erbringen. Doch wenn der Stress eine Qualität besitzt, die zu dauerhaft überlasteten und erschöpften Menschen führt, dann stimmt etwas nicht im System Arbeit. Oder stimmt vielleicht etwas mit diesen Menschen nicht? Warum trifft es nicht alle Arbeitstätigen, deren Berufe hohe Anforderungen und Leistungsdruck mit sich bringen? Dies sind nur einige Fragen, die in diesem Lehrbuch durchdacht werden sollen.

Das Leiden in einer solchen Arbeitssituation hat indes einen Namen: Burnout. Dieser Begriff ist heutzutage in aller Munde und findet gerade in den Medien eine bedeutungsschwangere Nutzung. So wird Burnout gern zur Beschreibung von Menschen eingesetzt, die uneigennützig Höchstleistungen vollbringen und dafür ihre Gesundheit opfern. Ein ›Burnout‹ zu haben bedeutet für viele Menschen als interessiert und arbeitsam zu gelten. Dieses Gestresst-Sein kann denn auch demonstrativ eingesetzt werden, um der Tatsache Ausdruck zu verleihen, dass jemand involviert und engagiert ist. Diese Selbstdarstellung wirkt nach außen, als ob die Person ein Idol für Fleiß und Ehre sein könne, klingt es doch eher nach starken Menschen, denen nachgeeifert werden sollte. Burnout gilt hier als geflügeltes Wort für Leistungsbereitschaft und verleiht den Personen damit einen gewissen gesellschaftlichen Status.

Jedoch wissen die wirklich von diesem Phänomen Betroffenen, dass dieses Ausbrennen und die Erschöpfung der Arbeitskraft zu ganz erheblichem Leiden führen. Burnout heißt eher ständig negative Gefühle wie Ärger und Angst mit sich zu tragen, gesundheitliche Probleme zu spüren und sich hilflos zu fühlen. Es hat weder etwas mit Leistung und Erfolg noch mit einem Ansehen in der sozialen Umgebung zu tun.

Das Attraktive am Phänomen Burnout ist hingegen, das jede Person glaubt, etwas dazu sagen zu können, es zu kennen. Dabei ist bis heute keine einheitliche Definition verfügbar. Wovon reden wir eigentlich? Das wäre etwas, was geklärt werden müsste, wenn sich Personen mit Erschöpfung brüsten. Um den Zugang zu dem zu erleichtern, was Burnout nun tatsächlich im Kern ausmacht, braucht es mehr als den Satz: »Ich fühle mich total erschöpft«. Hier liegt denn auch – wieder einmal – ein ganzes Buch dazu vor. Wozu denn nun noch ein Buch? – wird sich so manche Person denken. Um diese Frage zu beantworten, ist es hilfreich zuerst einen Blick auf die gesellschaftliche Relevanz des Themas zu werfen.

1.1 Zur Bedeutung von Burnout

Die sozialpsychologische Forschung bestätigt, dass Menschen im Erwachsenenalter zunehmend mit Leistungs- und emotionalem Druck, mehr Belastungen durch Stress, Mobbing, überhohen Erwartungen sowie Überforderung durch technischen Fortschritt zu kämpfen haben. Diese Bedingungen werden besonders auch im beruflichen Kontext sichtbar. Denn sie führen zu einer Zunahme von psychischen Belastungen durch die Arbeit. Nach dem Philosophen Han werden diese Entwicklungen durch den vollzogenen Wandel von der Disziplinargesellschaft zur *Leistungsgesellschaft* bestimmt (Han 2010, S. 18, 54).

Bis in die erste Hälfte des 19. Jahrhunderts bestimmte sich der Wert eines Menschen an der Disziplin, also wie stark er sich an Zeitmuster und Regeln hielt und damit bestimmte Normen erfüllte. Gelang es einem Menschen nicht diesen Normen zu entsprechen, dann wurde er bestraft, insbesondere durch Abwertung und sozialen Ausschluss (Foucault 1976). Während in einer Disziplinargesellschaft Stress und Überlastung bei Arbeitstätigen entsteht, weil sie ständig überwacht und bei Nichteinhaltung der Normen bestraft werden, kommt Druck in einer Leistungsgesellschaft durch andere Mechanismen zustande. Mit dem Wandel zur Leistungsgesellschaft erfolgen die soziale und vor allem auch die berufliche Positionierung von Menschen nach ihren individuellen Leistungen. Wir leben demnach in einer Gesellschaft, in der die Verteilung angestrebter Güter wie beispielsweise Macht, Prestige und Vermögen entsprechend der besonderen Leistung erfolgt, die jedem Gesellschaftsmitglied jeweils zugerechnet wird (Arzberger 1988, S. 24). Das heißt, der Stress entsteht bei den Arbeitstätigen, indem sie durch den gesellschaftlichen Anspruch, viel leisten zu müssen, unter Druck geraten. Denn nur durch Leistung und Erfolg werden Menschen in ihrem Wert erkannt und für würdig und nützlich für die Gesellschaft und die soziale Umwelt gesehen. Dieses Leistungsprinzip erreicht mittlerweile ein Ausmaß, das die Menschen überfordern kann. Sie sind erschöpft vom Erfolgsdruck, von der ständigen Anspannung und dem Nicht-nachlassen-Dürfen. Depression, Borderline-Persönlichkeitsstörung und Burnout werden in den wissenschaftlichen Abhandlungen daher auch als Leitkrankheiten des beginnenden 21. Jahrhunderts bezeichnet (Han 2010, S. 5). Dies sind die Zeichen der Überanstrengung von Menschen vor allem auch im Beruf.

1.1.1 Arbeitsbeeinträchtigung durch Burnout

Es handelt sich bei Burnout um ein Gesundheitsproblem, von dem sich offenkundig eine Vielzahl der Erwerbstätigen subjektiv betroffen fühlt. Aus repräsentativen Befragungen wie beispielsweise dem Stressreport Deutschland geht hervor, dass im Jahr 2018 ein gutes Drittel der Erwerbstätigen in Deutschland von körperlicher Erschöpfung und mehr als ein Viertel der Befragten von emotionaler Erschöpfung in ihrem Beruf berichteten (BAuA 2020, S. 37).

Auch diverse Studien der gesetzlichen Krankenversicherungen bestätigen diesen Eindruck. So fühlen sich laut der Stressstudie der Techniker Krankenkasse 43 % der deutschen Erwachsenen oft »abgearbeitet und verbraucht« (TK 2016, S. 27). Fast jede dritte Person (31 %) sagt in dieser Befragung aus, häufig erschöpft und ausgebrannt zu sein (TK 2016, S. 47). Diese Zahlen zeigen die subjektive Einschätzung der Arbeitenden auf, wie stark die Arbeit ihr Wohlbefinden beeinträchtigt und zu Stressempfinden führt. Dies gibt allerdings noch keinen Hinweis darauf, wie viele Menschen in Deutschland von Burnout betroffen sind.

Eine repräsentative und langfristig angelegte Studie zur Gesundheit Erwachsener in Deutschland (DEGS) präsentiert hingegen erste geeignete Daten. Hier wurden 7987 erwachsene Personen danach gefragt, ob bei ihnen bereits von ärztlicher oder psychotherapeutischer Seite ein Burnout diagnostiziert wurde. Im Ergebnis gaben 4,2 % aller Erwachsenen an, dass sie die *Diagnose* erhalten hatten. Dabei offenbarte sich, dass bei Frauen (5,2 %) häufiger ein Burnout-Syndrom festgestellt wurde als bei Männern (3,3 %). Hinsichtlich des Alters steigt das Vorkommen von Burnout zunächst von 1,4 % bei den 18- bis 29-Jährigen auf 6,6 %

bei den 50- bis 59-Jährigen an und sinkt danach wieder auf 3,4 % bei den 60- bis 69-Jährigen und 1,9 % bei den 70- bis 79-Jährigen ab (Kurth 2012, S. 987). Vorrangig erhielten demnach diejenigen Menschen die Diagnose, die mitten im Beruf stehen. Eine mögliche Interpretation liegt darin, dass Personen, die sich noch am Beginn des Arbeitslebens befinden, den Herausforderungen des Berufs noch ausreichend Reserven entgegenstellen können. Zudem könnte beim Berufseinstieg für viele junge Menschen das Erfolgreich-Sein noch den größten Wert für eine sozialen Anerkennung haben, und sie erlauben sich selbst daher keine Unzulänglichkeiten. Andererseits kumulieren vielleicht die Beschwerden gerade in der Altersgruppe der 50- bis 59-Jährigen, weil diese besser in der Lage sind, sich Schwächen einzugestehen, und sich Unterstützung im Gesundheitssystem suchen. Doch dies ist alles Spekulation.

> **Diagnose ≠ Häufigkeit von Burnout**
>
> Die Häufigkeit der ärztlich oder psychotherapeutisch vergebenen Diagnosen sagt wenig über die tatsächliche Häufigkeit von Burnout in der Bevölkerung aus. Denn es ist davon auszugehen, dass die Zahl der nicht diagnostizierten Burnouts sehr hoch ist. Nicht alle ausgebrannten Menschen begeben sich in die Gesundheitsversorgung und werden dort registriert. Zudem werden vermutlich einige der von Burnout Betroffenen unter einer anderen Diagnose eingruppiert und tauchen daher in den Statistiken nicht auf. Ein gewichtiger Grund dafür liegt auch an der schwierigen Definition und Differenzierung der Kriterien für Burnout. Näheres erfahren Sie dazu in den Kapiteln 2 »Das Phänomen Burnout« und 4 »Die Begegnung mit dem Burnout« (▶ Kap. 2, ▶ Kap. 4).

Derweil ist dieses Phänomen sowohl im Arbeits- und Wirtschaftsbereich als auch im Sozial- und Gesundheitssystem eine nicht zu vernachlässigende Größe. Schließlich sind arbeitende Menschen durch das Burnout beeinträchtigt, werden krankgeschrieben, können somit weniger leisten und verdienen.

In den sogenannten Stress- oder Gesundheitsreporten der gesetzlichen Krankenversicherungen finden sich weitere Daten zu Häufigkeiten und Dauer der *Krankschreibungen wegen Burnout* in der arbeitenden Bevölkerung. Und hier ist es interessant sich die Veränderungen im Zeitverlauf anzusehen (▶ Abb. 1).

Da es leider keine Übersicht oder Zusammenschrift aller Berichte der verschiedenen Krankenversicherungen in Deutschland gibt, soll hier als charakteristisches Beispiel der Gesundheitsreport der Betriebskrankenkassen (BKK) aus dem Jahr 2016 dienen (▶ Abb. 1). Laut dieser Statistik hat sich zwischen 2005 und 2011 die Dauer der Arbeitsunfähigkeit – damit ist die Länge der Krankschreibung gemeint – aufgrund von Burnout um nahezu das Neunfache erhöht (von 10,1 auf 86,8 AU-Tage je 1.000 Versicherte). Gleichzeitig stieg insgesamt die Anzahl der krankgeschriebenen Versicherten um das Fünffache an (von 0,5 auf 2,5 AU-Fälle je 1.000 Versicherte). Dies ist eine enorme Steigerung und bedeutet

1.1 Zur Bedeutung von Burnout

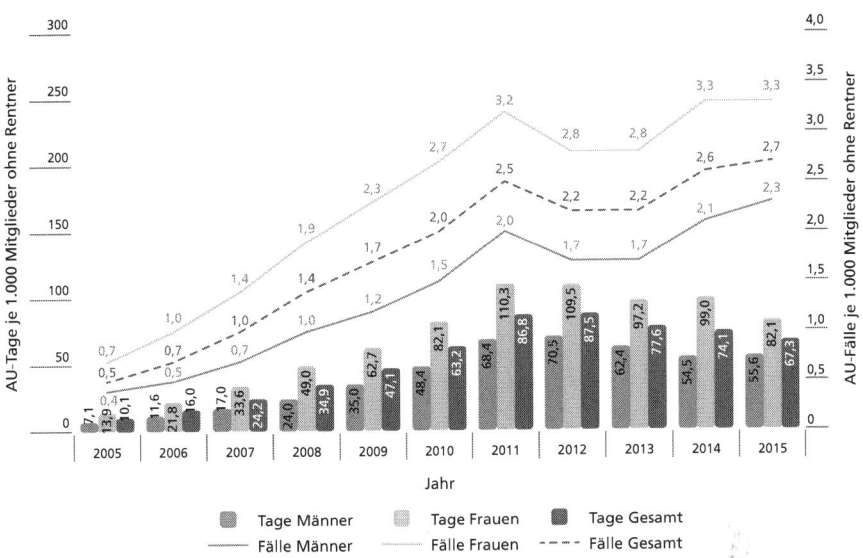

Abb. 1: Krankschreibungen wegen Burnout, BKK-Gesundheitsreport (aus: Knieps, F. & Pfaff, H. (Hrsg.). (2016). BKK Gesundheitsreport 2016. Berlin: MWV Medizinisch Wissenschaftliche Verlagsgesellschaft, S. 63)

denn auch, dass die Zeichen der Überarbeitung von Menschen nicht ignoriert werden können.

In den nachfolgenden Jahren zeigt sich eine Stagnation der Werte (▶ Abb. 1). Zwar schwankt die Anzahl der Fälle von Krankschreibungen wegen Burnout leicht, bleibt aber grundsätzlich auf diesem hohen Niveau bestehen. Und tatsächlich fanden ab 2012 verschiedene Interventionen statt: Es wurden Gesetze zum Arbeitsschutz eingeführt, die psychische Belastungen am Arbeitsplatz eindämmen sollten (▶ Kap. 1.1.3 »Relevanz in unserer Gesellschaft«). In Wissenschaft und Forschung gab es vermehrte Projekte und Diskussionen zu Burnout und dessen Bewältigung. Die ärztlichen und psychotherapeutischen Weiterbildungen gingen verstärkt auf Unterschiede zwischen Burnout und anderen psychischen Erkrankungen ein. In der Sozialversicherungspraxis wurde zunehmend kontrolliert, wenn die Diagnose Burnout auf der Arbeitsunfähigkeitsbescheinigung stand, denn diese Diagnose entspricht nicht dem Tatbestand einer *Krankheit* (Näheres in ▶ Kap. 2.4.4 »Unterschied zu verschiedenen Erkrankungen«). Deshalb achten seitdem die Krankenversicherungen verstärkt darauf, solche Diagnosen wie Burnout nicht als längerfristigen Arbeitsunfähigkeitsgrund gelten zu lassen.

Arbeitsunfähigkeitsrichtlinien des Gemeinsamen Bundesausschusses (Auszug)

§ 2 Definition und Bewertungsmaßstäbe
(1) Arbeitsunfähigkeit liegt vor, wenn Versicherte auf Grund von Krankheit

> ihre zuletzt vor der Arbeitsunfähigkeit ausgeübte Tätigkeit nicht mehr oder nur unter der Gefahr der Verschlimmerung der Erkrankung ausführen können.

Um die Relevanz der Krankschreibungen noch etwas plastischer zu formulieren, lohnt sich eine Berechnung des Vorkommens für die deutsche Bevölkerung: Ausgehend von den etwa 2,7 Fällen Krankschreibungen wegen Burnouts je 1.000 Versicherten (Knieps & Pfaff 2016, S. 63) und hochgerechnet auf die mehr als 44 Millionen Erwerbstätigen in Deutschland (Statistisches Bundesamt 2020a) bedeutet dies, dass jedes Jahr ca. 120.000 Menschen wegen eines Burnouts arbeitsunfähig sind. Und es ist bis jetzt noch keine Trendumkehr erkennbar. Allein die Dauer der Krankschreibung wegen Burnouts hat sich von 2012 bis 2015 um fast zehn Tage auf ca. 25 Arbeitsunfähigkeitstage pro Burnout-Betroffenen reduziert. Die Aktionen aus der Politik, dem Sozialversicherungswesen und der Medizin scheinen zumindest teilweise zu wirken.

1.1.2 Prävalenz von Burnout

> **Prävalenz**
>
> Die Prävalenz ist ein Ausdruck für die wahrscheinliche Häufigkeit von Erkrankungen oder Zuständen. Sie sagt aus, welcher Anteil von Menschen aus einer bestimmten Gruppe (z. B. Gesamtbevölkerung eines Staates) innerhalb eines bestimmten Zeitraumes (z. B. innerhalb eines Jahres) an einer bestimmten Krankheit leidet oder in einem bestimmten Gesundheitszustand steckt oder einen Risikofaktor aufweist (Gordis 2001, S. 37).

In Kapitel 1.1.1 »Arbeitsbeeinträchtigung durch Burnout« wurden zwar Zahlen zur Diagnosevergabe und zu Krankschreibungen wegen Burnouts aufgezeigt (▶ Kap. 1.1.1). Diese geben allerdings nicht die Prävalenz, also das tatsächliche Vorkommen des Burnout-Syndroms in der Bevölkerung wieder. Dies hängt vorrangig damit zusammen, dass Burnout an sich schwer zu definieren und damit auch von anderen Überlastungsreaktionen in der Arbeit schlecht unterscheidbar wird (▶ Kap. 2 »Das Phänomen Burnout«). Und deshalb ist es vor allem für die ärztliche und psychotherapeutische Diagnostik problematisch das Burnout-Syndrom zu erfassen. Einige internationale Forschungsstudien versuchten hingegen die Prävalenz von Burnout in der Bevölkerung – unabhängig von der Inanspruchnahme des Gesundheitssystems – zu untersuchen.

Eine Metaanalyse von Aronsson und Kolleg*innen aus dem Jahr 2017 extrahierte diejenigen internationalen Studien, die zwischen 1990 und 2013 durchgeführt wurden und als wissenschaftlich aussagekräftig gelten. Werden davon wiederum die Untersuchungen ausgewählt, die Burnout vollständig – also mit allen erforderlichen Symptomen – und empirisch eindeutig erfassen, dann bleiben drei repräsentative Studien übrig. So fand das Forscherteam in einer schwedischen Studie dass 6 % von den 4.810 untersuchten Erwerbstätigen zum Zeitpunkt der Studie eindeutige Zeichen für Burnout aufwiesen (Hallsten et al. 2002). Eine große epidemiologische Studie mit rund 12.000 niederländischen Arbeitenden schätzte, dass etwa 16 % der niederländischen Erwerbsbevölkerung von Burnout bedroht sind und dass jedes Jahr 6 % der niederländischen Arbeitnehmenden ernsthafte Burnout-Beschwerden entwickeln. Im nordamerikanischen Kontext liegt eine kanadische Studie mit einer Stichprobe von 2.162 Erwerbstätigen in 63 verschiedenen Arbeitsplätzen vor. Die Punktprävalenz (zum Zeitpunkt der Studie) von Burnout lag in Kanada bei 3,9 % (Marchand et al. 2015, S. 225).

Bemerkenswert an den Zahlen zu Burnout in der internationalen erwerbstätigen Bevölkerung ist, dass sie doch annähernd gleich ausfallen. Eine repräsentative Studie zur Prävalenz von Burnout bei deutschen Erwerbstätigen steht indes noch aus.

In der Gesamtschau ist anzunehmen, dass etwa jede zwanzigste Person während ihrer Erwerbstätigkeit ein Burnout erleidet. Die Zahlen sind vielleicht im ersten Moment nicht alarmierend. Im Vergleich dazu kommen Depressionen im Erwerbsalter bei jeder fünften Person vor (Wittchen et al. 2010, S 19). Unter chronischen Rückenschmerzen leidet gar jede dritte erwerbstätige Person (Raspe 2012, S. 13). Insofern schreit das Thema Burnout nicht nach einer sofortigen Löschreaktion. Dennoch ist es ein Zeichen der Überarbeitung von Menschen auf der ganzen Welt und ein Nährboden für Krankheitsfolgen.

1.1.3 Relevanz in unserer Gesellschaft

In einer Leistungsgesellschaft, wie die, in der wir gerade arbeiten, wird der Wert eines Menschen an seiner Leistung und seinem Erfolg gemessen. Der Druck auf die arbeitstätige Bevölkerung verschärft sich zudem, wenn enge strukturelle Rahmenbedingungen, finanzielle Einschränkungen und Unsicherheiten des Arbeitsplatzes wirken. Viele fühlen sich dadurch ›unter Strom gesetzt‹ und sind ständig angespannt. »Als ihre Kehrseite bringt die Leistungs- und Aktivgesellschaft eine exzessive Müdigkeit und Erschöpfung hervor« (Han 2010, S. 55).

In Anbetracht der eingeschränkten Leistungsfähigkeit von Burnout-Betroffenen und den möglichen Krankheitsfolgen wird das Thema für verschiedene Akteure unserer Gesellschaft relevant. Im Sozial- und Gesundheitssystem ist das Burnout bereits durch die Arbeitsunfähigkeitszeiten vieler Versicherter und die damit verbundenen *Krankengeldzahlungen und Behandlungskosten* angekommen. Die Politik hat dementsprechend reagiert und im Jahr 2015 das sogenannte Präventionsgesetz verabschiedet.

> **Gesetz zur Stärkung der Gesundheitsförderung und der Prävention (Präventionsgesetz – PrävG) vom 17. Juli 2015 (Auszüge)**
>
> § 20 Primäre Prävention und Gesundheitsförderung
> (1) Die Krankenkasse sieht in der Satzung Leistungen zur Verhinderung und

> Verminderung von Krankheitsrisiken (primäre Prävention) sowie zur Förderung des selbstbestimmten gesundheitsorientierten Handelns der Versicherten (Gesundheitsförderung) vor …
> (4) Leistungen nach Absatz 1 werden erbracht als
>   1. Leistungen zur verhaltensbezogenen Prävention …
>   2. Leistungen zur Gesundheitsförderung und Prävention in Lebenswelten für in der gesetzlichen Krankenversicherung Versicherte …
>   3. Leistungen zur Gesundheitsförderung in Betrieben (betriebliche Gesundheitsförderung) …

Die Krankenversicherungen werden unter anderem dazu verpflichtet, verhaltensbezogene Prävention zu erbringen. Diese findet sich als Präventionsprogramme, zum Beispiel auch zur Stressbewältigung der Versicherten, in den Leistungskatalogen wieder.

Interessant für den Arbeitsbereich ist vor allem die Maßgabe, dass die Krankenversicherungen verstärkt in die Gesunderhaltung der Erwerbstätigen direkt in den Betrieben investieren müssen. Dabei sollen insbesondere der Aufbau und die Stärkung gesundheitsförderlicher Strukturen in den Betrieben gefördert werden. Die Erwerbstätigen wie auch die Arbeit gebenden Betriebe werden dabei nicht aus ihrer Verantwortung entlassen und haben weiterhin für den Arbeitsschutz und ihre eigene Gesundheit zu sorgen. Neben der gesetzlichen Krankenversicherung sind auch die gesetzliche Rentenversicherung und die gesetzliche Unfallversicherung, die soziale Pflegeversicherung und auch die Unternehmen der privaten Krankenversicherung in das Präventionsgesetz eingebunden und zum Handeln verpflichtet. Die gemeinsamen Ziele und das zukünftige Vorgehen wurden zudem in einer Nationalen Präventionskonferenz unter Beteiligung der Sozialversicherungsträger, der Bundesagentur für Arbeit und der Interessenvertretungen der Patient*innen festgelegt. Eines der Ziele besteht hier in »Schutz und Stärkung der psychischen Gesundheit in der Arbeitswelt« (NPK 2018, S. 28). Die Versicherungen sollen dazu die Betriebe bei der Erfüllung ihrer gesetzlichen Verpflichtungen im betrieblichen Eingliederungsmanagement, zur betrieblichen Gesundheitsförderung und bei der Gefährdungsbeurteilung unterstützen.

Das Präventionspaket verspricht damit nicht nur eine Reduktion der möglichen Burnout-Folgen wie psychische und körperliche Erkrankungen oder Arbeitsunfähigkeit, sondern auch einen Ansatz zur Bekämpfung der Burnout-Ursachen.

Natürlich sind auch die Arbeit gebenden Betriebe selbst von den Auswirkungen überarbeiteter Menschen betroffen. Denn erschöpfte Erwerbstätige erbringen oft weniger oder schlechtere Leistungen. Das heißt, erstens hängt die *Wirtschaftssituation* eines Betriebes mit der Gesundheit der einzelnen Mitarbeitenden zusammen. Zweitens ist das Beziehungsgefüge in einem Betrieb betroffen. Bei einer Arbeitsunfähigkeit wegen Burnout müssen die Kolleg*innen die liegen gebliebenen Aufgaben übernehmen und begeben sich damit selbst in die Gefahr sich zu überarbeiten. Das kann das *Arbeitsklima* und die Produktivität des gesamten Unternehmens beeinträchtigen.

Das Ziel der Betriebe sollte vor allem im sogenannten ›gesunden Arbeiten‹ liegen. Hierbei geht es nicht nur um die Vermeidung negativer Wirkungen durch die Arbeit, wie Überlastung, Burnout oder Erkrankungen, sondern auch um die gesundheitsförderlichen Anteile von Arbeit. Sie erfüllt wichtige Funktionen für das Wohlbefinden und die Zufriedenheit von Menschen. Durch die Strukturierung des Alltags, soziale Anerkennung, Selbstwertsteigerung durch Eigenleistung und vieles mehr trägt gut gestaltete Arbeit zur Gesundheit der Menschen bei. Die Zukunft des Gesellschaftsbereichs Arbeit wird folglich wesentlich davon abhängen, wie Politik und Wirtschaft die Erwerbsarbeit gestalten. Die Politik muss dazu die gesetzlichen Grundlagen liefern. Die Betriebe sind dann aufgefordert gesunderhaltende und präventive Maßnahmen im Arbeitsbereich stärker als bisher zu forcieren und umzusetzen. Das heißt, sie müssen entsprechende Rahmenbedingungen für die Umsetzung der betrieblichen Gesundheitsförderung liefern. Dazu gehören ein bedarfsangepasster Arbeits- und Gesundheitsschutz, die beteiligungsorientierte Durchführung der psychischen Gefährdungsbeurteilung und ein transparentes Personalwesen (▶ Kap. 6.3 »Präventionsansätze in der Organisation«).

> **Das Bild von Burnout in der Gesellschaf**
>
> Die Sichtweise, dass es sich hier um Menschen handelt, die uneigennützig Höchstleistungen vollbringen und daher als starke Vorbilder gelten, ist gefährlich. Damit wird der Druck, immer mehr zu leisten, sich immer mehr selbst auszubeuten in unserer Gesellschaft stetig verstärkt. Burnout darf nicht als Zeichen von Stärke verkannt werden. Denn tatsächlich verbergen sich hinter einem manifesten Burnout auf der Ebene der Persönlichkeit Schwächen, die nicht nur zu ihrer eigenen Belastung führen, sondern auch auf die anderen Menschen im umliegenden Arbeitsfeld wirken (▶ Kap. 3.2 »Persönliche Faktoren als Nährboden für Burnout«). Menschen sind nicht deshalb stark, weil sie viel leisten und Erfolg haben. Die Kraft und die Macht von Menschen bemessen sich in der Gesellschaft zunehmend an anderen Kriterien, vor allem an immateriellen Werten wie beispielsweise ihrem sozialen Engagement.

1.1.4 Aufgaben sozialer Berufe

Berufliche Überlastung oder eben Burnout führen nicht nur zu Einschränkungen und Leiden für die Betroffenen selbst. Sie werden zu sozialen Problemen, denn es leiden sowohl die Beziehungen zu anderen Menschen darunter als auch die Leistung für die Gesellschaft. Burnout wird daher zum Thema für soziale Berufe. In vielen dieser Berufsfelder treffen wir meist indirekt auf das Phänomen. In der ambulanten Familienhilfe haben wir beispielsweise die Klientel, die durch die Anforderungen des Berufs völlig erschöpft ihre privaten Aufgaben und ihre Familie vernachlässigen. Es begegnen uns im klinischen Arbeitsfeld Patient*innen, die wegen Ermüdung oder depressiven Symptomen länger krankgeschrieben, wegen der Folgen behandelt und rehabilitiert werden müssten. In psychosozialen Beratungsstellen sitzen Ratsuchende am Tisch und wollen Hilfe für ihre Situation, die durch Überlastung und das Gefühl, nichts mehr leisten zu können, gekennzeichnet ist.

Mit diesen Anforderungen müssen die Professionellen in sozialen und psychosozialen Tätigkeiten umgehen. Dabei sind immer auch die Ziele und Aufgaben der sozialen Berufe zu beachten. Der deutsche Berufsverband für Soziale Arbeit e. V. definiert die Ziele wie folgt:

> **Berufsbild für Sozialarbeiter*innen und Sozialpädagogen*innen (Auszug)**
>
> »Leitziel professioneller Sozialarbeit ist es, dass Menschen, insbesondere Benachteiligte, Gruppen, Gemeinwesen und Organisationen, ihr Leben und Zusammenleben im Sinne des Grundgesetzes und der Menschenrechtskonvention der Vereinten Nationen zunehmend mehr selbst bestimmen und in solidarischen Beziehungen bewältigen zu können. Ziel des professionellen Handelns ist die Vermeidung, Aufdeckung und Bewältigung sozialer Probleme, auch durch präventive Maßnahmen« (DBSH 2009, S. 23).

Daraus lässt sich in Bezug zu überlasteten, erschöpften Menschen im Arbeitsbereich schlussfolgern, dass die speziellen Aufgaben der Sozialarbeit hier in der *Verbesserung der (Arbeits-)Stressresistenz* und der *Stärkung der Selbsthilfefähigkeit* liegen. Dabei kommt es darauf an, geeignete Methoden zur Stress- und Arbeitsbewältigung zu kennen und der Klientel näher zu bringen. Des Weiteren besteht die Aufgabe Sozialer Arbeit neben der allgemeinen Beratung und Unterstützung von Erwerbstätigen auch in der Mitwirkung einer bedarfsgerechten Organisations- und Personalpolitik in Betrieben (DBSH 2009, S. 23). Damit wird die betriebliche Sozialarbeit auch dafür eingesetzt, dass Burnout in der Arbeitswelt verhindert oder wenigstens bewältigbar wird (▶ Kap. 5 »Wege aus dem Burnout«).

1.2   Betroffenheit in sozialen Berufen

Der Sozialen Arbeit begegnet Burnout allerdings nicht nur über die Klientel. Nicht selten trifft es die sozial Tätigen selbst. Dazu ein Beispiel aus der Praxis:

> Frau P. ist alleinerziehende Mutter von zwei Söhnen. Die beiden sind schon in der Schule und müssen mehr oder weniger stark bei den Hausaufgaben unterstützt werden. Frau P. macht das gern, nimmt sich viel Zeit für ihre Söhne. Sie sagt, dass sie wirklich glücklich mit ihrer kleinen Familie ist. Der Haushalt

ist sauber und gut durchorganisiert. Ab und an geht Frau P. mit einer Freundin abends weg. Sie schwatzen dann stundenlang in einem Café oder besuchen kulturelle Events. Das gibt ihr enormen Schwung und Lebensfreude.

Frau P. arbeitet seit drei Jahren in einem Dienstleistungsberuf, in der Sozialpädagogischen Familienhilfe. Von ihrer Vorgesetzten bekommt sie vielfältige, komplexe Aufgaben und gern auch die schwierigen Fälle. Selbstverständlich erklärt sie sich auch bereit die neue Kollegin einzuarbeiten. Frau P. nimmt alle Zusatzaufgaben an und hofft auf eine Anerkennung ihres Fleißes. Deshalb bleibt sie häufig länger auf der Arbeit, um nachzuarbeiten oder noch einmal die letzten Fälle durchzugehen und die kommenden Termine vorzubereiten. Dabei empfindet sie es als ziemlich herausfordernd, die Probleme der Klientel zu verarbeiten und nicht mit nach Hause zu nehmen. All dies wird jedoch nicht mit den Kolleginnen besprochen, denn diese haben selbst genug zu tun. Ihre Vorgesetze reagiert auf Überlastungsanzeigen nicht. Im Gegenteil, Frau P. erhält immer noch mehr Aufgaben und wird nur darauf kontrolliert, ob sie die Fallzahlen einhält. In letzter Zeit merkt sie nun starken Frust in sich aufsteigen. Sie lächelt nur noch kurz auf, wenn die nächsten Klient*innen in den Raum kommen. Dann wird sie sofort ernst und arbeitet den Fall mechanisch ab. Nach jedem Termin ist sie müde, unmotiviert und würde am liebsten Feierabend machen. So wird jede der folgenden Beratungen von ihr spröder und distanzierter geführt. Die Gespräche mit der neuen Kollegin werden kürzer und beschränken sich auf reine Formalien. Punkt 16 Uhr verlässt Frau P. das Büro.

Das Beispiel zeigt, dass Burnout ein Phänomen ist, das häufiger auch die Helfenden selbst betreffen kann. Möglicherweise erleidet Frau P. gerade einen Burnout. Körperlich und psychisch ausgelaugt, mit dem Gefühl, nicht mehr genug leisten zu können und emotional abgestumpft zu sein, kann sie ihre Arbeit kaum noch bewältigen.

1.2.1 Burnout der Helfenden

Pädagogische, soziale und therapeutische Berufe wurden von Anbeginn der Burnout-Forschung besonders studiert. Schon frühzeitig fanden Untersuchungen heraus, dass Menschen in helfenden Berufen eher ein Burnout entwickeln als andere. So zeigten Enzmann und Kleiber in ihren Studien aus den 1980er Jahren, dass Sozialarbeitende im Vergleich zu anderen Berufsgruppen (Krankenpflegepersonal, Erziehende, Ärzt*innen, Psycholog*innen) in allen Merkmalen von Burnout negative Werte aufwiesen. Insgesamt würde sich diese Berufsgruppe damit an vorderer Stelle im Burnout-Empfinden bewegen (Enzmann & Kleiber 1989, S. 168–171).

Aktuelle Studien wie der Fehlzeitenreport des Wissenschaftlichen Instituts der AOK (▶ Abb. 2) bestätigen, dass sozial Tätige auch heutzutage *von Burnout häufig betroffen* sind (Badura et al. 2013). Führungskräfte in der Sozialarbeit teilen sich dabei mit Führungskräften pädagogischer und heilerzieherischer Einrichtun-

1 Die Herausforderungen des Burnouts – eine Einführung in das Thema

gen den dritten Platz sowohl in der Häufigkeit von Krankschreibungen wegen Burnout als auch in der Dauer der Arbeitsunfähigkeit (AU) wegen der Arbeitsüberlastung. Andere Tätigkeiten in der Sozialarbeit und Sozialpädagogik belegen den zehnten Platz der Krankschreibungen wegen Burnouts in der beruflichen Rangfolge (umfasst mehr als 700 berufliche Tätigkeiten; Bundesagentur für Arbeit 2020).

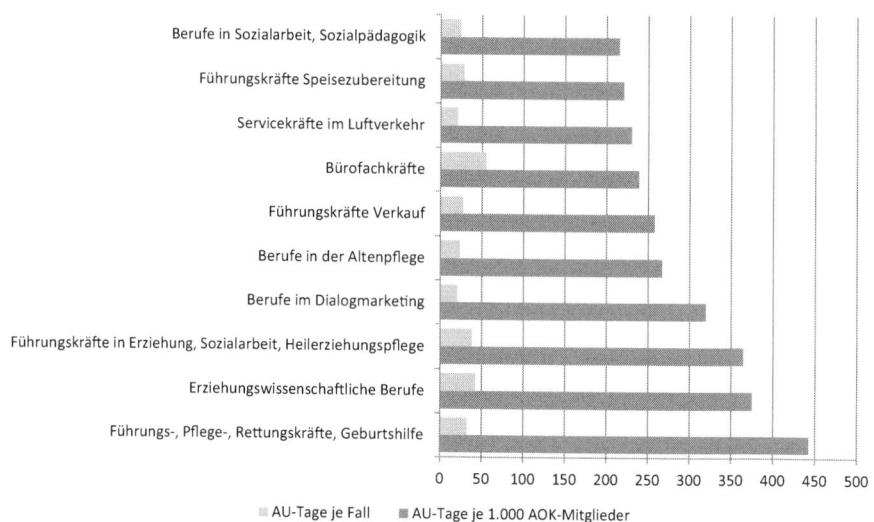

Abb. 2: Die zehn am häufigsten von Burnout betroffenen beruflichen Tätigkeiten, AU-Tage und AU-Fälle der Diagnosegruppe Z73 nach Berufen im Jahr 2012, AOK-Mitglieder (eigene Darstellung, Daten aus: Badura et al. 2013, S. 308)

In einem weiteren Report aus dem deutschen Gesundheitssystem und der Forschung werden die starke Belastungslage, zunehmende psychische Erkrankungen und damit einhergehend hohe Fehlzeiten gerade in den sozialen Berufen deutlich. Der Stressreport Deutschland 2019 hebt für soziale Berufe vergleichsweise viele Anforderungen hervor, die andere Berufszweige nicht in dem Maße belasten (BAuA 2020). So zeigt sich in der Studie, dass vor allem abhängig Beschäftigte in sozialen Berufen *überdurchschnittlich viele Anforderungen in ihrer Tätigkeit* haben und *häufig verschiedenartige Tätigkeiten gleichzeitig* ausüben müssen (BAuA 2020, S. 162, 168). Wie bei Frau P. aus unserem Eingangsbeispiel liegt dies meist an zu hohen Fallzahlen, die den Professionellen abverlangt werden und wodurch dann die Qualität der Betreuung leiden kann. Zudem ist in sozialen Berufen die *Arbeitsdurchführung oft detailliert vorgeschrieben* und somit kaum Entscheidungs- und Handlungsspielraum gegeben (BAuA 2020, S. 169). Hinzu kommt, dass Sozialarbeit *überdurchschnittlich häufig in Befristung* ausgeübt werden muss (BAuA 2020, S. 177). Mit dem Blick auf die besonderen Rahmenbedingungen in sozialen Berufen ist es eigentlich nicht verwunderlich, wenn sie in den Statistiken mit hohen Fallzahlen zu Burnout und weiteren psychischen Beeinträchtigungen oder

Erkrankungen auffallen. Damit befinden sich die Sozialarbeitenden häufig selbst in den schwierigen Lebenslagen wieder, bei der sie eigentlich ihre Klientel unterstützen sollen.

Das Problem, dass Burnout gerade in sozialen Berufen verstärkt auftritt, hat in den letzten Jahren zu einer enormen Vielfalt von Forschungsstudien geführt, und das nicht nur in Deutschland, sondern auch international. Allein die Recherche für dieses Buch ergab für die letzten zehn Jahre eine Masse von knapp einhundert wissenschaftlichen Studien, die sich in irgendeiner Weise mit Burnout in der Sozialarbeit beschäftigt haben. Hervorzuheben ist indes, dass Burnout in allen Arbeitsfeldern der Sozialen Arbeit wiederzufinden ist. Die Studien reichen von der Kinder- und Jugendhilfe über Hospizdienste und klinische Sozialarbeit bis hin zur Arbeit mit migrierten Personen oder auch Studierende der Sozialen Arbeit. Es sind demnach unterschiedliche Ursachen und Einflüsse aus der Arbeitsaufgabe in einzelnen Arbeitsfeldern der Sozialen Arbeit zu erwarten.

Enzmann und Kleiber haben hierzu ausgewählte Bereiche der Sozialarbeit untersucht. Sie fanden die höchsten Werte von Burnout in den Arbeitsbereichen Familienfürsorge und Jugendfreizeitheim. Wie bei Frau P. aus der sozialpädagogischen Familienhilfe sind im Bereich der Familienfürsorge (heute als Allgemeiner Sozialdienst bezeichnet) die Helfenden am stärksten durch Zeit- und Verantwortungsdruck überfordert, haben die unklarsten Erfolgskriterien und erleben sich gleichzeitig als die am stärksten kontrollierte Gruppe. Auch die Analysen zur Zielgruppe ergaben, dass die Arbeit mit der Klientel ›Familie‹ oder ›Kinder und Jugendliche‹ vermehrt zu Burnout führte. Die Betreuung von Menschen mit Behinderung oder psychiatrischer Klient*innen ergaben die geringsten Burnout-Werte (Enzmann & Kleiber 1989, S. 172–175). Die Autoren schlussfolgerten daraus:

> »Je alltagsnäher die Arbeit der Helfer und je weniger eng umgrenzt die von ihnen angetroffenen Probleme sind, desto stärker sind sie durch Burnout in ihrer Wirksamkeit und Leistungsfähigkeit bedroht« (Enzmann & Kleiber 1989, S. 175).

Auch in aktuellen Studien werden die Anforderungen verschiedener Arbeitsfelder der Sozialarbeit untersucht. Leider liegen keine vergleichenden Untersuchungen zu verschiedenen Arbeitsfeldern der Sozialen Arbeit vor. Deshalb existieren keine aktuelleren Aussagen dazu, welche Arbeitsfelder stärker von Burnout betroffen sind und welche weniger. Insgesamt wird aus den Ergebnissen dennoch deutlich, dass in jedem sozialen Beruf bestimmte Faktoren wirken, die mit Burnout assoziiert sind (▶ Kap. 3.4 »Besondere Einflüsse in der Sozialen Arbeit«). Insofern fordert die Gefahr eines Burnouts die Soziale Arbeit zu einer stärkeren Professionalisierung auf.

1.2.2 Ein Beitrag zur Professionalisierung Sozialer Arbeit

Poulsen zeigt die positiven und herausfordernden Aussichten sozialer Berufe auf:

> »Das Berufsfeld der Sozialen Arbeit bietet eine spannende und interessante Tätigkeit, die von den Fachkräften mit Engagement, wissenschaftlicher Neugier und mit einer ganz-

heitlichen Sicht vom Menschen in seiner individuellen Eigenart und Entwicklung, seinem Lebensraum und seiner jeweils spezifischen Lebenssituation ausgeführt wird. Sie setzt die Achtung der Würde des Einzelnen und den Respekt der Einzigartigkeit jedes Individuums voraus und zielt darauf ab, soziale Hilfen zur Prävention, zur Minderung und zur Bewältigung von Problemen, Schwierigkeiten und Missständen anzubieten« (Poulsen 2009, S. 13).

Natürlich gibt es viele positive Aspekte in sozialen Berufen. Gerade die ›Arbeit am Menschen‹ eignet sich als besonders stark wirkende und positive Quelle für Wohlbefinden, Anerkennung und Motivation. Daran können Sozialarbeitende wachsen und sich zu selbstbewussten, engagierten Professionellen entwickeln. Zudem ist die Soziale Arbeit eine Arbeit *für* mehr Menschlichkeit in unserer Gesellschaft.

Durch den Wandel zur Leistungsgesellschaft und im Zuge neuer Anforderungen an die Arbeitswelt (▶ Kap. 3.3 »Situative Einflüsse«) ändern sich derweil die fachlichen Anforderungen der in der Sozialen Arbeit tätigen Menschen. Die Professionellen müssen sich verstärkt *psychologisches, medizinisches und rechtliches Wissen* aneignen, um auf die schwierigen Lebenslagen ihrer Klient*innen reagieren zu können. Der Beruf verlangt zudem neben Empathiefähigkeit und Engagement mehr als zuvor ein *professionelles Nähe-Distanz-Verhältnis* zur Klientel. Die Vermittlung dieser Kompetenzen ist deshalb fest im Bereich der Qualifizierung Sozialer Arbeit – das heißt sowohl im Studium als auch in der beruflichen Weiterbildung von Sozialarbeitenden – zu implementieren.

Da gleichzeitig die psychosozialen Belastungen für Akteure der Sozialen Arbeit selbst steigen, ist es unabdingbar psychologisches Wissen nicht nur zur fachlichen Qualifizierung, sondern auch zur eigenen Persönlichkeitsstärkung und Erhaltung der Arbeitsfähigkeit heranzuziehen. Um beruflich handlungsfähig bleiben zu können, ist es ebenso essenziell die Sozialarbeitenden frühzeitig auf Anforderungen und Ressourcen ihrer zukünftigen Tätigkeit vorzubereiten (▶ Kap. 6.5 »Burnout-Prävention für soziale Berufe«).

> Das Thema Burnout muss in einem Lehrbuch der Reihe ›Grundwissen Sozialer Arbeit‹ demnach aus zwei Perspektiven betrachtet werden. Einerseits benötigen die sozialen Fachkräfte theoretisch fundierte Methoden, beraterische Werkzeuge und ein Hilfenetzwerk, um der von Burnout betroffenen Klientel professionelle Unterstützung zukommen zu lassen. Andererseits ist es für sozial Tätige wichtig, auf das persönliche Befinden, die individuellen Grenzen und das eigene Empowerment zu schauen, um professionell und langfristig im Beruf arbeiten zu können.

Literaturempfehlungen

Literatur zur Relevanz von Burnout

Aronsson, G., Theorell, T., Grape, T., Hammarström, A., Hogstedt, C., Marteinsdottir, I, Skoog, I., Träskman-Bendz, L. & Hall, C. (2017). A systematic review including meta-

analysis of work environment and burnout symptoms. BMC Public Health, 17: 264–276.
Kurth, B.-M. (2012). Erste Ergebnisse aus der »Studie zur Gesundheit Erwachsener in Deutschland« (DEGS). Bundesgesundheitsblatt, 55: 980–990.

Literatur zu Burnout und Soziale Arbeit

DBSH – (2009). Grundlagen für die Arbeit des DBSH e. V. Deutscher Berufsverband für Soziale Arbeit. Abrufbar unter www.dbsh.de.
Enzmann, D. & Kleiber, D. (1989). Helfer-Leiden: Streß und Burnout in psychosozialen Berufen. Heidelberg: Asanger.
Poulsen, I. (2009). Burnoutprävention im Berufsfeld Soziale Arbeit – Perspektiven zur Selbstfürsorge von Fachkräften. Wiesbaden: Springer VS.
Sendera, A. & Sendera, M. (2013). Trauma und Burnout in helfenden Berufen. Wien: Springer.

2 Das Phänomen Burnout

> ☞ **Was Sie in diesem Kapitel lernen können**
>
> Ihr Interesse an diesem Buch über Burnout wird vermutlich irgendwo zwischen eigener Betroffenheit, fachlichem Wissensdurst und gespannter Neugier liegen. Aber wovon reden wir hier eigentlich? Der Begriff Burnout wird von den meisten Menschen für die Beschreibung aller möglichen negativen Zustände benutzt. Dabei bezeichnet er einen sehr spezifischen chronischen Stresszustand, der eindeutige Merkmale aufweist.
>
> In diesem Kapitel erfahren Sie,
>
> - was Burnout ist und wie es innerlich und äußerlich aussieht,
> - womit Burnout fälschlicherweise häufig verwechselt wird und wie es davon abgrenzbar ist,
> - wie Burnout verläuft und
> - welche Auswirkungen und Folgen ein länger bestehender Burnout-Zustand für die Betroffenen und die Umgebung haben kann.

Eine Fallgeschichte zu Burnout

Eines Tages kam eine Ratsuchende in meine Beratungsstelle. Sie lächelte mir zur Begrüßung zu, setzte sich sehr aufrecht hin und begann aktiv zu erzählen. Sie sei vom Hausarzt für zwei Wochen krankgeschrieben worden, weil es auf Arbeit gar nicht mehr ging. Seit sie zu Hause sei, würde sie sich allerdings blendend und überhaupt nicht krank fühlen. Deshalb sähe sie auch gar nicht ein, die empfohlene psychotherapeutische Behandlung anzufangen. Andererseits wisse sie genau, dass der Wiedereinstieg in die Arbeit so anstrengend wird, dass alles wieder von vorn anfangen würde. Die Ratsuchende wollte von mir erfahren, ob sie wirklich krank sei und was sie gegen den Widerwillen der Arbeitsaufnahme machen könne.

Im weiteren Gespräch zeigte sich mir folgendes Bild: Die Ratsuchende war alleinstehend und von Beruf Lehrerin. Sie konnte sich noch gut erinnern, wie gern sie früher unterrichtet hatte. Alle Unterrichtsstunden hatte sie zu Hause sorgfältig vorbereitet und durchgesprochen, danach aufgearbeitet und korrigiert. Die Schüler*innen waren immer aufmerksam bei ihr, da sie viele praktische Beispiele und vor allem ihren Enthusiasmus in den Unterricht brachte. Wenn eine Schülerin Schwierigkeiten beim Lernen oder auch in der Familie hatte, dann kümmerte sie sich gern darum. Sie betreute diese Schülerin besonders intensiv, führte Gespräche mit den Eltern, vermittelte Unterstützungsangebote. Auch der Schuldirektor schätzte ihren Fleiß und übertrug ihr die Organisation der Schulfeste. Ihr gelang es, alles ins Detail durchzuplanen, den Ablauf zu kontrollieren, Fehler der Beteiligten auszugleichen und dabei immer freundlich zu bleiben. Allerdings ging es in den darauffolgenden Lehrerkonferenzen meist um das, was dem Direktor oder den Kolleg*innen nicht gefallen hatte und die Probleme, welche die Eltern auf den Festen ansprachen. Das wirkte auf die Ratsuchende, als wären die Feste schlecht gelaufen.

Auf die Frage, was die Ratsuchende an sich selbst für Veränderungen wahrgenommen habe, dachte sie länger nach. Sie habe gemerkt, dass sie in letzter Zeit auf falsche Antworten der Schüler*innen oft ironisch, manchmal auch sarkastisch reagierte. Probleme der Schützlinge würde sie gar nicht mehr wahrnehmen. Die Freude am Organisieren der Schulfeste sei komplett verloren gegangen und eigentlich auch die Lust irgendetwas für die Schule zu tun. Sie sei zu erschöpft. Den Kolleg*innen und dem Direktor würde sie nun eher gleichgültig gegenüberstehen und neue Aufgaben abwehren. Das Bemühen sei ›eh für die Katz‹, denn sie habe das Gefühl, die gewünschten Leistungen nicht erbringen zu können. Sie habe sich dann in ihrer Freizeit mit Sport ausgepowert und mehr ferngesehen, um schöne Dinge zu erleben. Das habe gut funktioniert. Letztens gab es in der Schule jedoch neue Regelungen für die Belehrung der Schüler*innen. Als sie die Klassenlehrerstunde vorbereiten wollte, seien ihr dann aber diese Regelungen nicht mehr eingefallen. Da habe sie weinend am Schreibtisch gesessen und sei am nächsten Tag zum Hausarzt gegangen.

Eines war recht schnell deutlich: Die Ratsuchende hatte keine Depression, wie es die Verdachtsdiagnose auf dem Krankenschein angab. Allerdings wiesen alle beschriebenen Denk- und Verhaltensweisen auf Burnout hin. Was dieses Phänomen tatsächlich ist und welche Unterschiede unter anderem zu einer Depression existieren, das soll in diesem Kapitel aufgezeigt werden.

2.1   Alltags- und Wissenschaftsbegriff

Burnout ist zunächst einmal ein Alltagsbegriff. Jeder versteht intuitiv, was mit Burnout gemeint ist und dass dieses Phänomen von persönlicher Bedeutung ist. Schließlich hat es mit Unwohlsein, Unzufriedenheit und Defiziten zu tun. Burnout wird im Allgemeinen als negativer Zustand eingeordnet. Dass dieses innere Bild von Burnout in den Menschen existiert, ist eindeutig ein Vorteil, da hierdurch die Verständigung zwischen Wissenschaftler*innen, Professionellen und Bürger*innen – der sogenannte Wissenschafts-Praxis-Transfer – erleichtert wird.

Allerdings wird der Begriff von Laien auch oft falsch genutzt und eher als Synonym für Müdigkeit nach Anstrengung, Ärger mit Arbeitskolleg*innen oder depressive Verstimmung eingesetzt. Im Alltag verwenden manche dann das Wort Burnout, um die Situation bedeutsamer erscheinen zu lassen. Klingt doch ›Ich habe ein Burnout‹ irgendwie fachlicher und stärker als ›Die Arbeit frustet mich‹ oder ›Ich bin so schlapp‹. Schließlich ist der Begriff seit Jahren in den Medien zu finden und wird dort vielfach als ein durch die Arbeit und Gesellschaft verursachtes Phänomen angesehen, wofür die einzelnen Personen nicht wirklich etwas können. Das ist jedoch nur die halbe Wahrheit (▶ Kap. 3 »Wie Burnout entsteht«). Umso wichtiger ist es, am Anfang dieses Buches den Begriff Burnout genauer zu untersuchen. Gerade im professionellen Kontext sollte hier sauber gearbeitet werden. Fachlich gut fundierte Arbeit kann erst entstehen, wenn die theoretischen Hintergründe und Forschungserkenntnisse genutzt und methodisch integriert werden.

Die reine Übersetzung von Burnout aus dem Englischen bedeutet »Ausbrennen«. In der innerlichen Vorstellung bezeichnet der Begriff etwas, das sehr beschädigt ist, daher kaum wiedererkannt wird und wohl nicht mehr funktioniert. So verliert ein Baum durch beispielsweise einen Waldbrand viele seiner Lebensfunktionen. Er kann nicht mehr atmen, weil seine Blätter verkohlt sind. Die Rinde, seine Schutzhülle, hält nicht mehr dicht. Damit besteht die Gefahr, dass Regen oder Pilze eindringen und die restlichen Lebensfunktionen beeinträchtigen. Positiv gedacht haben die Wurzeln vielleicht noch Kraft und könnten den Baum wieder sprießen lassen. Dazu müssen jedoch die Umweltbedingungen stimmen.

Abb. 3: Burnout eines Baumes (eigene Fotografie)

Das ist ein sehr starkes Bild, was wohl eher einer extremen Form von dem nahekommt, was unter Burnout letztendlich verstanden wird. Im Gegensatz zu dem ausgebrannten Baum auf dem Foto (▶ Abb. 3) hat Burnout beim Menschen wesentlich weniger einschneidende Auswirkungen auf die Lebensfunktionen. In jedem Fall ist den meisten Burnout-Betroffenen ihr Dilemma nicht äußerlich anzusehen. Das gedankliche Bild, welches der Begriff Burnout abgibt, ist also durchaus übertrieben. Es liefert dennoch wichtige Hinweise auf die Merkmale, die auch von Burnout betroffene Personen aufweisen.

Soviel also schon vorweg: Menschen, die ein Burnout erleiden, funktionieren noch. Atmen, Essen, Trinken oder Schlafen sind grundsätzlich möglich. Auch höhere Funktionen wie Denken, Entscheiden, Sprechen oder Fühlen können Burnout-Betroffene ausführen. All dies war der ratsuchenden Lehrerin aus dem Fallbeispiel vollständig möglich. Und doch waren einige ihrer psychischen Funktionen verändert oder eingeschränkt. Sie konnte keine Freude mehr empfinden, wenn sie an die Arbeit dachte, weinte gar bei einer beruflichen Herausforderung. Die Aufmerksamkeit bei den schulischen Aufgaben hatte arg gelitten und die Motivation, den Lehrbetrieb durchzuführen, ja überhaupt zur Schule zu gehen, ließ stark nach. Menschen mit Burnout zeigen sich demnach funktionsfähig. Dennoch sind sie in ihrem Energiehaushalt und ihrer Motivation beschädigt, erleben ihre Umwelt anders, haben ihr Verhalten verändert und zeigen eine verminderte Leistung.

In der Wissenschaft wurde der Begriff Burnout durch eine Veröffentlichung von Herbert Freudenberger 1974 eingeführt. Der niedergelassene Psychiater und Psychotherapeut arbeitete in eigener Praxis zehn Stunden am Tag und betreute danach noch ehrenamtlich jugendliche, drogensüchtige und oft sich prostituierende Aussteiger*innen. Er beschrieb in seinem Artikel, was er nach vielen Jahren der Überlastung bei seinen Kolleg*innen und an sich selbst wahrnahm: körperliche Erschöpfung und Müdigkeit, Frustration und Misstrauen, Depressivität und Reizbarkeit bis hin zu Zynismus (Freudenberger 1974, S. 160). Diese Erlebens- und Verhaltensweisen nannte er Burnout. Für diesen Artikel interessierte sich auch Christina Maslach. Sie führte in ihren Forschungen an der Universität von Kalifornien Untersuchungen zu Grundhaltungen in medizinischen Berufen durch. Dabei nahm sie an, dass eine distanzierte Anteilnahme in der Ärzteschaft und beim Pflegepersonal gegenüber den Patient*innen als ideale Grundhaltung gilt. Maslach unterstellte also schon damals ein ausbalanciertes Nähe-Distanz-Verhältnis in Dienstleistungsberufen am Menschen als entscheidend für gesundes Arbeiten. Sie beschrieb dagegen die Dehumanisierung als ein Anzeichen für Überlastung in der Arbeit. Damit meinte sie den Prozess, bei dem sich Menschen in fürsorgenden Berufen innerlich immer mehr von den Mitmenschen distanzieren und emotional abstumpfen. Im Zusammenhang mit weiteren Merkmalen könne sich daraus ein Burnout entwickeln (Maslach 1976).

So entstanden erste Forschungsprojekte zur Untersuchung des Phänomens Burnout, dessen Messbarkeit und zu möglichen Bewältigungsansätzen (z. B. Freudenberger & Richelson 1980, Cherniss 1980, Maslach & Jackson 1981, Pines & Aronson 1988). In all diesen Studien wurde immer wieder versucht eine allgemeingültige Definition des Begriffes Burnout für die Wissenschaft zu finden.

Durch die sehr unterschiedlichen methodischen und theoretischen Herangehensweisen und die individuellen Unterschiede im Erleben des Phänomens wird dies in der Fachliteratur bis heute als nicht wirklich gelungen angesehen.

2.2 Was ist Burnout?

Eine der Ursachen für das Fehlen einer einheitlichen Definition wird darin begründet, dass Burnout bereits ein in der Praxis bekanntes Phänomen war, bevor es in der Wissenschaft in den Fokus rückte. Schon lange bevor Freudenberger seine Beschreibung von Burnout in einem Fachjournal veröffentlichte, fanden sich Fallbeispiele in der Literatur wieder. Sowohl Enzmann und Kleiber als auch Burisch haben dazu einen sich gut ergänzenden Abriss der Geschichte zu Burnout verfasst (Enzmann & Kleiber 1989, S. 18ff., Burisch 2014, S. 3ff.).

Beispielhaft sei hier das mehrfache Vorkommen des Themas in der Bibel, dem Alten Testament, genannt. So wird im 1. Buch der Könige von Elias berichtet, der durch seine erste Niederlage nach einer Reihe von vielen Erfolgen in Verzweiflung gerät und in einen tiefen Schlaf fällt. Das Phänomen wurde später in der theologischen Praxis auch Elias-Müdigkeit genannt. Ebenso findet sich jeweils im 2. und 4. Buch Mose die Erschöpfung sowie Überlastung von Moses, die ihn durch fast unlösbare Aufgaben ereilen. Im Alten Testament wurden offenkundig die Merkmale von Burnout schon treffend beschrieben.

Das englische Verb ›to burn out‹ taucht das erste Mal 1599 in einer Sammlung von Liebesgedichten von Shakespeare auf: »She burn'd with love, as straw with fire flameth. She burn'd out love, as soon as straw outburneth« (George Mason University, o. J. – Shakespeare, The Passionate Pilgrim, Act I, Scene 7). Shakespeare verwendet den Begriff allerdings eher für das schnelle Entbrennen und ebenso schnelle Ersterben von Verliebtsein und nicht nach dem heutigen Gebrauch.

In späteren Werken, wie zum Beispiel im 1901 erschienenen Roman ›Buddenbrooks‹ von Thomas Mann, werden dann Figuren mit den vollständigen Merkmalen des Phänomens Burnout sichtbar. Thomas Mann beschreibt in seinem Werk, wie die Hauptfigur des Thomas Buddenbrooks zuerst förmlich für seinen Beruf brennt und dann stetig anfängt an seinen Leistungen zu zweifeln. Es setzt sich bei ihm zunehmend eine pessimistische Grundstimmung und das Gefühl der Erschöpfung durch:

> »Wie bis zur Unkenntlichkeit verändert sein Gesicht sich ausnahm, wenn er sich allein befand! Die Muskeln des Mundes und der Wangen, sonst diszipliniert und zum Gehorsam gezwungen, im Dienste einer unaufhörlichen Willensanstrengung, spannten sich ab, erschlafften; wie eine Maske fiel die längst nur noch künstlich festgehaltene Miene der Wachheit, Umsicht, Liebenswürdigkeit und Energie von diesem Gesichte ab, um es in dem Zustande einer gequälten Müdigkeit zurückzulassen; die Augen, mit trübem und stumpfem Ausdruck auf einen Gegenstand gerichtet, ohne ihn zu umfassen, röteten sich, begannen zu tränen – und, ohne Mut zu dem Versuche, auch sich selbst noch zu

täuschen, vermochte er von allen Gedanken, die schwer, wirr und ruhelos seinen Kopf erfüllten, nur den einen, verzweifelten festzuhalten, daß Thomas Buddenbrook mit zweiundvierzig Jahren ein ermatteter Mann war« (Mann 1997, S. 466).

Ab den 30er Jahren des zwanzigsten Jahrhunderts finden sich zunehmend Darstellungen realer Fälle wieder, die entweder im Sport, im Schulbereich, bei Krankenschwestern oder auf der Führungsebene auftraten.

Ausgangspunkt für die Entwicklung und Verbreitung des Phänomens Burnout waren demnach praktische Erlebnisse und Erfahrungen. Insofern besitzt Burnout keine akademischen Wurzeln. Das eröffnete nun den verschiedenen Paradigmen und Theorien der Wissenschaft alle Tore. Die darauffolgenden Forschungen setzten an unterschiedlichen Stellen an. Unter diesen Umständen scheint eine einheitliche Definition von Burnout auf den ersten Blick unmöglich.

Die bisher entstandenen unterschiedlichen Betrachtungsweisen zu Burnout lassen sich danach einordnen, ob »eher die Persönlichkeit des Helfers, die organisatorischen bzw. institutionellen Bedingungen oder gesellschaftliche Prozesse in den Vordergrund gerückt werden« (Enzmann & Kleiber 1989, S. 21). Tabelle 1 zeigt in der Übersicht die frühen begrifflichen Ableitungen aus den Perspektiven des Individuums, der Arbeitsbedingungen und der sozial-gesellschaftlichen Bedingungen (▶ Tab. 1).

Tab. 1: Definitionen von Burnout aus verschiedenen Perspektiven

Autor	Definition
	Perspektive: Individuum – Persönlichkeit
Edelwich & Brodsky 1984	Zunehmender Verlust an Energie und Engagement in helfenden Berufen als Folge der Arbeitsbedingungen, Prozess der Desillusionierung (idealistische Begeisterung durch Überidentifikation mit Klient*innen, Stagnation, Frustration, Apathie)
Freudenberger 1974	Erschöpfung körperlicher und seelischer Reserven, Ermüdung, Frustration, Enttäuschung unrealistischer Erwartungen im Beruf
Fisher 1983	Anspannung und Erschöpfung durch Versuche, bedrohte Größenwahnphantasien aufrechtzuerhalten
	Perspektive: Institution – Arbeitsbedingungen
Pines, Kafry & Aronson 1983	• Körperliche Erschöpfung (Energiemangel, chronische Ermüdung, Schwäche, Krankheitsanfälligkeit, Kopfschmerzen, Appetitverlust, Schlafstörungen), • geistige Erschöpfung (negative Einstellung zum Selbst, zum eigenen Leben und zu anderen Menschen) • emotionale Erschöpfung (Gefühle von Depressionen, Hilf- und Hoffnungslosigkeit, Leere, Reizbarkeit, Entmutigung, Verzweiflung) durch emotionalen Stress (andauernde oder wiederholte emotionale Belastung im langfristigen, intensiven Einsatz für andere Menschen)
Maslach & Jackson 1981	Emotionale Erschöpfung, Depersonalisation und Gefühle mangelnder Kompetenz/reduzierter Leistungsfähigkeit durch stresshafte Interaktionen

Tab. 1: Definitionen von Burnout aus verschiedenen Perspektiven – Fortsetzung

Autor	Definition
Harrison 1980	Arbeitsunzufriedenheit und Blockierung von Selbstentfaltung durch Rollenkonflikt und -ambiguität
Bramhall & Ezell 1981, Daley 1979	Erschöpfung/Demoralisierung und Frustration als Folge von Arbeitsstress
Kahn 1978	Stressreaktion auf Rollenkonflikte, Rollenüberforderung und Verantwortung
Cherniss 1980	Psychischer/physischer Rückzug als defensive Copingreaktion auf Stress, Verlust von Kompetenzgefühl und psychologischem Erfolg, Apathie, Zynismus, Rigidität, Veränderungen in Einstellungen zur Arbeit und zum Klientel, gelegentlich Erschöpfung und Anspannung
Berkeley Planning Associates 1977	Entfremdungsgefühle gegenüber der Klientel oder Kolleg*innen und der Einrichtung als Reaktion auf stresshafte Arbeitsbedingungen
Perspektive: Gesellschaft – Sozialisierung	
Cherniss 1982	Verlust von Gemeinschaftsgefühl und moralischen Vorsätzen durch wissenschaftlich-technisches Paradigma
Karger 1981	Entfremdung (Distanzierung eines sozial Arbeitenden vom Klientel, Vergegenständlichung dieser Beziehungen)

Eigene Darstellung

Die Sichtung der aktuellen Fachliteratur und der Vergleich bisheriger Veröffentlichungen geben indes eine fast unüberschaubare und diverse *Vielfalt an Definitionen* her. Damit kann sich die Fachwelt jedoch nicht zufriedengeben. Was wäre also, wenn aus all den Definitionen die Ursachenerklärungen, Folgen oder Zusätze gestrichen werden? Übrig bleiben die reinen *Beschreibungen*, wie Betroffene das Burnout erleben und wie dies nach außen sichtbar wird. Und diese zeigen überraschenderweise ein durchaus einheitliches Bild.

So wurde Burnout bisher bezeichnet als:

- ein Zustand »körperlicher, emotionaler und geistiger Erschöpfung« (Pines et al. 1992, S. 27);
- ein »Zustand der Ermüdung oder Frustration« (übersetzt nach Freudenberger & Richelson 1980, S. 13);
- »ein fortschreitender Abbau von Idealismus, Energie, Zielstrebigkeit und Anteilnahme als Resultat der Arbeitsbedingungen« (übersetzt nach Edelwich & Brodsky 1980, S. 14);
- »ein Prozess, in dem sich ein ursprünglich engagierter Mitarbeiter von seiner Arbeit zurückzieht, als Reaktion auf Beanspruchung und Belastung im Beruf« (übersetzt nach Cherniss 1980, S. 18);

- »ein psychologisches Syndrom, welches emotionale Erschöpfung, Depersonalisation und negative Bewertung der eigenen Leistungsfähigkeit beinhaltet« (übersetzt nach Maslach & Jackson 1981, S. 99);
- »ein dauerhafter, negativer, arbeitsbezogener Seelenzustand ›normaler‹ Individuen« (übersetzt nach Schaufeli & Enzmann 1998, S. 36);
- fast schon poetisch: »eine Erosion der Werte, der Würde, des Geistes und des Willens – eine Erosion der menschlichen Seele« (übersetzt nach Maslach & Leiter 1997, S. 17);
- oder eher dramatisch: ein »Infarkt der Seele« (Poulsen 2012, S. 16).

Die größte Gemeinsamkeit der Definitionen besteht darin, dass Burnout »eine negative, beeinträchtigende Erfahrung ist, einen Verlust an Energie bedeutet bzw. Symptome von Erschöpfung beinhaltet« (Enzmann & Kleiber 1989, S. 63). Weitere Merkmale ergänzen die Beschreibungen (▶ Kap. 2.3 »Merkmale von Burnout«). Als wesentlicher Rahmen für das Phänomen wird stets der *Bezug zur Arbeit* gesehen.

Eine sehr umfassende Definition, die auch die Grundlage für dieses Lehrbuch darstellt, ist Schaufeli und Enzmann bereits 1998 gelungen. Diese Begriffsbestimmung beschreibt die vielen Facetten des Bildes von Burnout, ohne zu ausschweifend zu werden. Die Definition kann gerade deshalb im Übergang von Theorie zur Praxis am ehesten nützlich werden.

> **Definition von Burnout**
>
> »Burnout ist ein dauerhafter, negativer, arbeitsbezogener Seelenzustand ›normaler‹ Individuen. Er ist in erster Linie von Erschöpfung gekennzeichnet, begleitet von Unruhe und Anspannung (distress), einem Gefühl verringerter Effektivität, gesunkener Motivation und der Entwicklung dysfunktionaler Einstellungen und Verhaltensweisen bei der Arbeit« (aus dem Englischen übersetzt nach Schaufeli & Enzmann 1998, S. 36).

Schaufeli und Enzmann haben in ihrer Definition vor allem eine Reihe von Erlebens- und Verhaltensweisen aufgezählt, die bei Burnout-Betroffenen auftreten. Damit wird das Phänomen besser vorstellbar. Das zeigt jedoch auch, dass Burnout eine komplexe Erscheinung ist. Um in Forschung und Praxis von der gleichen Sache zu reden, müssen deshalb notwendige und ergänzende Symptome klarer gefasst werden. Ebenso wichtig ist die Abgrenzung von Burnout zu ähnlichen Phänomenen.

2.3 Merkmale von Burnout

Die Geschichte mit dem Stein

Wetten, dass Sie es nicht schaffen, einen ganzen Arbeitstag lang einen ein Pfund schweren Stein mit sich herumzutragen (▶ Abb. 4)? Stellen Sie sich vor, Sie haben mit mir gewettet. Ein halbes Kilo? Das ist doch nicht schwer, wird sich so mancher sagen und die Sache in die Hand nehmen. Sie werden merken, nach ein paar Minuten wirkt der Stein schwerer als er ist. Vielleicht wechseln Sie ja immer mal von einer Hand in die andere. Nach etwa einer halben Stunde werden jedoch die Arme müde, fühlen sich unendlich schwer an. Gut, dann stecken Sie den Stein eben in einen Rucksack, dann verteilt sich das Gewicht besser. Schon geht es weiter, Sie haben die Hände frei und können weiterarbeiten. Aber auch auf dem Rücken ist der Stein nach ein paar Stunden eine ungewohnte Last und drückt. Wenn Sie aufstehen, sieht das wenig elegant aus, der Gang wirkt nicht mehr flüssig. Denn Ihr Körper muss die Muskeln und Sehnen nun anders verwenden und das Gegengewicht des Steins ausgleichen. Auch die normalen Lebensfunktionen wie Atmung, Herzfrequenz oder Stoffwechsel wird Ihr Körper verändern und mehr Energie verbrauchen als sonst.

Abb. 4: Die Geschichte mit dem Stein (eigene Fotografie)

Spätestens gegen Mittag, wenn der Körper schon einige Zeit ermüdet ist, fangen die Gedanken an zu kreisen: Was mache ich eigentlich? Warum kämpfe ich mich mit diesem Stein ab? Was soll mir das einbringen? Da Sie diese Fragen nicht ausreichend beantworten können, merken Sie Frust und Ärger in

2.3 Merkmale von Burnout

sich aufsteigen. Gedanklich wehren Sie sich gegen diesen Stein. Sie wollen ihn nicht mehr tragen. Aber Sie haben es mir zugesagt. Und wie würden Sie denn sonst den anderen gegenüber dastehen? Nun, dafür ist die Zeit mit dem Gewicht endlich und Sie wissen, dass Sie es am Abend ablegen dürfen. Da Sie Ihre Energie schonen müssen, denn der Tag ist noch lange nicht um, fangen Sie an vieles effizienter zu gestalten. Sie stehen nicht mehr bei jeder Aufgabe auf, bündeln Ihre Handlungen, lassen einiges weg. Da Sie ständig an die Last in Ihrem Rucksack denken müssen, werden Sie unaufmerksam, machen Fehler.

Der ersehnte Feierabend naht. Zu Hause können Sie sich endlich fallenlassen und den Stein ablegen. Sie sind so erschöpft, dass es länger als sonst dauert, bis Sie die Erholung spüren und sich Ihrem Privatleben widmen können. Wahrscheinlich rufen Sie mich dann an, beschweren sich über die Einschränkung Ihrer Arbeitsfähigkeit durch den Stein und betonen, dass Sie das morgen nicht noch einmal brauchen. Das mit dem Stein hatten Sie wohl anders erwartet.

Selbst wenn diese Geschichte Sie nicht im Burnout-Zustand beschreibt, so finden sich hier eindrückliche Vorstellungen wieder, die ein dienliches Bild für Burnout abgeben, aber uns vor allem auch zur Abgrenzung von Burnout nützlich werden.

Bevor Sie weiterlesen, können Sie deshalb zur Geschichte alle Gefühle und besondere Reaktionen bzw. Verhaltensweisen herausschreiben, die Ihnen darin auffallen. Mit Sicherheit finden Sie einiges davon bei den Merkmalen von Burnout unten wieder und können dann besser nachvollziehen, warum der Stein Sie nicht ins Burnout getrieben hat.

Um Burnout zu beschreiben und begreifbar machen zu können, wurde in den wissenschaftlichen Anfängen diese Erscheinung oftmals durch die Aufzählung der sichtbaren Symptome erklärt. Hier entstanden lange Listen von auffälligen Merkmalen, die Burnout-Betroffene aufweisen können. Während Cherniss im Jahre 1980 insgesamt 28 Symptome aufzählte (S. 17), veröffentlichten Schaufeli und Enzmann 1998 eine Übersicht aus der Literatur von mehr als 130 Symptomen (S. 21ff.). Die Autoren beklagen in ihrer Publikation gleichzeitig, dass es eigentlich kaum noch ein Symptom gäbe, dass hier nicht aufgeführt sei (Schaufeli & Enzmann 1998, S. 24). Damit war es weder möglich, einer Person Burnout zu bescheinigen, noch sie von Personen mit anderen Lebensschwierigkeiten abzugrenzen.

Hilfreicher war da die Einteilung typischer Zeichen von Burnout in Kategorien. Die Forschungsergebnisse von Christina Maslach und ihren Kolleg*innen spielen hier eine entscheidende Rolle, denn diese Kategorisierung wird bis heute am häufigsten verwendet. In ihren Forschungsprojekten entwickelte Maslach mit ihrem Team eine Einteilung der Merkmale von Burnout in die drei bereits in der Definition vorkommenden Kategorien emotionale Erschöpfung, Depersonalisation und reduzierte Leistungsfähigkeit (Maslach & Leiter 1997).

2.3.1 Emotionale Erschöpfung

Burnout-Betroffene sehen sich höheren Anforderungen ausgesetzt, als sie Ressourcen mobilisieren können. Die Energiereserven sinken, so dass Regeneration dringend notwendig wird. Da ausgebrannte Personen durch den chronifizierten Stresszustand kaum noch Bewältigungsmöglichkeiten besitzen und die Anforderungen im Arbeitsbereich bestehen bleiben, können die Reserven kaum wieder aufgefüllt werden.

Nun tritt bei vielen Stresserscheinungen oder auch Erkrankungen physische oder psychische Ermüdung auf. Auch das Schleppen eines Steines führt im Allgemeinen zu körperlicher Erschöpfung. Müssen zeitgleich anspruchsvolle Denkaufgaben erledigt werden, dann kann durch die Ablenkung des Gewichtes die Daueraufmerksamkeit sinken, es kommt zu Fehlern bei der Arbeit. Allerdings funktioniert am nächsten Tag die Leistungsfähigkeit wieder. Es gibt keine Veränderungen im Umgang mit den Kolleg*innen oder der Klientel. Steinträger*innen können sich außerdem immer noch über den erfolgreichen Abschluss einer Arbeitsaufgabe und auf das Betriebsfest freuen, von Burnout Betroffene nicht. Insofern reicht körperliche Erschöpfung nicht aus, um von Burnout zu reden.

Das Hauptmerkmal der Ermüdung oder Erschöpfung, wie es in fast allen Definitionen (▶ Kap. 2.2 »Definitionen von Burnout«) immer wieder vorgeführt wird, äußert sich bei einem Burnout auf mehreren Ebenen: körperlich, kognitiv (bedeutet die Wahrnehmung, das Erkennen, Begreifen, Bewerten und Urteilen betreffend), emotional (bedeutet die Gefühle betreffend) und motivational. Wie schon geschrieben, sind körperliche und kognitive Erschöpfung allein keine Zeichen, die der Differenzierung dienen. Diese Formen von Erschöpfung finden sich auch beim Steinschleppen wieder. Für Burnout ist als *unbedingtes Symptom* das Vorliegen von emotionaler Erschöpfung zu nennen. Diese entsteht gewöhnlich nicht allein durch körperliche Beanspruchung.

> Mit emotionaler Erschöpfung (Emotional Exhaustion) ist eine *Überlastung auf der Gefühlsebene* gemeint. Die Betroffenen fühlen sich in ihrer Zusammenarbeit mit anderen Menschen, also in der Tätigkeit mit den Klient*innen oder auch in der Teamarbeit mit den Kolleg*innen, überfordert. Sie erleben sich nicht (mehr) geborgen im sozialen Kontext der Arbeit. Das Erleben und die Regulation von Gefühlen sind insofern verändert, dass ausgebrannte Personen entweder kaum noch Gefühle zulassen können und daher kaltherzig und teilnahmslos agieren. Oder es überwiegen wie im Beispiel der ratsuchenden Lehrerin (eine Fallgeschichte zu Burnout, am Anfang des Kapitels 2, ▶ Kap. 2) negative Gefühle im Kontext der Arbeitstätigkeit: Sie ärgern sich, sind frustriert, fühlen sich unglücklich und deplatziert. Daraus können sich zunehmend Ängste gegenüber der Arbeit entwickeln, zum Beispiel Ängste, die Arbeitstätigkeiten nicht mehr zu schaffen, nicht mehr qualitativ zu genügen oder auch von den Kolleg*innen belächelt zu werden. Im Extremfall erlangen die Betroffenen den Eindruck, von der Arbeit derartig ausgelaugt zu sein, dass sich Gefühle der Hilf- und Hoffnungslosigkeit ausbreiten. Die Kombination

> von Ängsten und Hilflosigkeit führt zu Frustration und einer inneren Unruhe oder Anspannung. Emotionale Erschöpfung heißt gleichzeitig, dass keine Ressourcen mehr mobilisiert werden können, um sich den Anforderungen der täglichen Arbeit zu stellen. Das zeigt sich auch bei der Lehrerin, die berichtet der Arbeit überdrüssig zu sein, und keine Lust mehr hat, am nächsten Tag wieder zur Arbeit zu gehen.

Das Hauptmerkmal der Erschöpfung allein reicht wiederum nicht aus, um Burnout als ein eigenständiges und komplexes Phänomen zu beschreiben. Deshalb müssen dem Burnout weitere Merkmale zugeordnet werden, die in den folgenden Unterkapiteln beschrieben werden. Es bieten sich hier die mit der emotionalen Erschöpfung verbundenen, auffälligen Denk- und Verhaltensweisen an.

2.3.2 Depersonalisation

Depersonalisation – Depersonalisierung – Dehumanisierung: Zunächst sei hier angemerkt, dass die Bezeichnung dieses Merkmals in der Literatur unterschiedlich ist, inhaltlich aber das Gleiche meint. Das Problem bei der Begriffsfindung liegt darin, dass alle diese Fachwörter nur einen Teil von diesem Burnout-Merkmal bzw. in anderen Wissenschaftszweigen eigentlich etwas anderes beschreiben.

Die Begriffe Depersonalisation oder Depersonalisierung werden beispielsweise in der Psychiatrie für andere Erlebenszustände verwendet. Hinter der psychiatrischen Definition verbirgt sich bei verschiedenen psychischen Erkrankungen wie zum Beispiel bei Angst- und Panikstörungen ein Zustand der Selbstentfremdung, bei dem es zum Verlust oder einer Beeinträchtigung des Persönlichkeitsbewusstseins kommt. Betroffene erleben sich selbst oder auch die Umgebung als fremdartig oder unwirklich (Dorsch 2016). Obwohl Freudenberger und North in ihrem Buch ›Burn-out bei Frauen‹ Depersonalisation im Sinne von »Verlust des Gefühls für die eigene Persönlichkeit« aufführen (Freudenberger & North 1992, S. 146ff.), wird in der weiteren Burnout-Forschung das Symptom von ausgebrannten Personen entsprechend der psychiatrischen Definition nicht mehr verwendet. Gerade im klinischen Kontext muss diesbezüglich eine genaue Erfassung der Symptome erfolgen, um nicht versehentlich die falsche Diagnose zu stellen oder eine fehlwirkende Behandlung einzuleiten.

Burisch (2014, S. 36) wiederum hat die Problematik erkannt und nennt die folgend beschriebenen Denk- und Verhaltensweisen ›Dehumanisierung‹. Allerdings wird auch mit diesem Begriff nur ein Teil des Merkmals von Burnout getroffen.

> Mit Depersonalisierung im Sinne von Dehumanisierung wird eine *negative Einstellung zum Beruf*, den darin befindlichen Arbeitsinhalten und -methoden sowie zu den mit der Arbeitstätigkeit verbundenen Personen beschrieben (Rösing 2003, S. 20). Die negativen Einstellungen zeigen sich dabei in erster Linie

> *gegenüber den Personen*, mit denen im Arbeitsbereich Kontakt besteht. So fällt ein kaltes, unpersönliches Verhalten gegenüber den Kolleg*innen, den Vorgesetzten, auch bezüglich der Kundschaft oder Klientel auf. Die Betroffenen sind immer weniger in der Lage, zu anderen Personen eine herzliche Beziehung herzustellen. Aus Schutz vor emotionaler Überlastung werden die Mitmenschen im Arbeitsbereich zum Gegenstand gemacht. Gespräche verlaufen distanziert und unpersönlich, als wären plötzlich alle anderen Personen fremd. Wie bei der Lehrerin im Fallbeispiel am Anfang des zweiten Kapitels gehen die Gedanken und Meinungen über andere Personen in Zynismus oder Sarkasmus über. Das kann bis zu Schuldzuweisungen an Kolleg*innen oder an Betreuende für die eigenen Schwierigkeiten mit der Arbeit führen, im Extremfall sogar zu körperlicher oder psychischer Gewalt.

Die soeben dargestellten negativen Einstellungen gegenüber den Personen im Arbeitsbereich waren in der Burnout-Forschung lange Zeit die einzige Dimension des Merkmals von Burnout. Dies liegt sicherlich darin begründet, dass in den Anfängen vor allem helfende Berufe mit ihrer ›Arbeit am Menschen‹ studiert und die Veröffentlichungen den Folgeuntersuchungen zugrunde gelegt wurden.

> Dagegen hatten bereits 1977 die Angehörigen der Berkeley Planning Associates im Zusammenhang mit Burnout festgestellt – jedoch nicht publiziert –, dass Distanzierung und Entfremdungsgefühle nicht nur gegenüber der Klientel und den Mitarbeitenden, sondern auch *bezüglich der Arbeit* auftreten können. Dabei sei »das Ausmaß entscheidend, in welchem die arbeitende Person sich von der ursprünglichen Bedeutung der Arbeit trennt oder ihrer Tätigkeit der Zweck entzogen wird« (übersetzt nach Cherniss 1980, S. 16). In späteren Studien, in denen nicht nur soziale Berufe, sondern Tätigkeitsfelder mit einer ›Arbeit am Gegenstand‹ im Zentrum standen, wurden die Untersuchungsinstrumente differenzierter. Dadurch wurde bald deutlich, dass Depersonalisation zugleich hinsichtlich der Arbeit selbst vorhanden sein kann (z. B. Schaufeli & Enzmann 1998). Von Burnout Betroffene zeigen entsprechend wenig Interesse an ihrer Arbeitstätigkeit und den möglichen Ergebnissen. Für viele wird der außerberufliche Erfahrungsbereich wesentlich bedeutsamer. Die Arbeitszeit und die Qualität der Aufgabenerledigung werden auf ein nötiges Minimum beschränkt. Damit geht auch ein Motivationsverlust einher, der Betroffene nicht mehr gern zur Arbeit gehen lässt, wie es im Beispiel der Lehrerin der Fall war.

Die Depersonalisation beschreibt ein Merkmal von Burnout, das sich in anderen Stresszuständen wie zum Beispiel dem Tragen eines Steins nicht wiederfindet. Viele Burnout-Texte gehen zudem davon aus, dass dies eigentlich ein Schutzmechanismus ist, mit dem sich bereits erschöpfte Personen von weiteren Belastungen abschirmen wollen (z. B. Maslach & Jackson 1981). Durch das Zurückziehen von der Arbeit und die Distanzierung zu anderen Personen im Arbeitsbereich wird ein Kollabieren verhindert, denn Ressourcen sind in der Phase sowieso schon knapp geworden. Daraus lässt sich schlussfolgern, dass Depersonalisation das typische Merkmal von Burnout darstellt. Es kann daher als ein *notwendiges, zu Abgrenzung dienendes Symptom* begriffen werden.

2.3.3 Gefühl reduzierter Leistungsfähigkeit

> Das Gefühl reduzierter Leistungsfähigkeit beschreibt die *empfundene berufliche Inkompetenz* und Ineffektivität. Dieser Eindruck entsteht entweder dadurch, dass die Betroffenen sich körperlich, geistig und emotional erschöpft fühlen, oder die empfundene berufliche Inkompetenz ist eine der Ursachen, dass Menschen ausbrennen. Darin sind sich die Forscher*innen nicht einig (mehr dazu ▶ Kap. 2.5 »Zum Verlauf von Burnout – Phasenmodelle«). Werden die Arbeitserfolge, und seien sie noch so klein, nicht mehr wahrgenommen, dann fühlen sich Arbeitstätige unzureichend kompetent und verlieren an Selbstwert. Sie werden mit sich und ihrem Arbeitsleben unzufrieden. Aus dieser *negativen Selbstbewertung* heraus können ausbrennende Personen schließlich den Gegenstand ihrer Arbeit kaum noch im Blick behalten. Anstatt Ziele der Arbeit zu verfolgen und Aufgaben zu bearbeiten, schauen die Betroffenen nur noch darauf, was nicht funktioniert, wo sie Fehler machen, welche Bedingungen stören. Die ratsuchende Lehrerin aus der obigen Falldarstellung nimmt beispielsweise alle Problembesprechungen in den Lehrerkonferenzen nur noch als negativ wahr und bezieht sie auf eigene Fehlleistungen. Im schlimmsten Fall wird dies als persönliches und professionelles Versagen empfunden. Die Betroffenen sind erschöpft, ihre Ressourcen aufgezehrt. Das führt nicht selten dazu, dass die Betroffenen auch tatsächlich weniger leisten, ob nun weniger Menge (Quantität) oder wenig sinnhaften Inhalt (Qualität).

Die Ergebnisse der Studie von Riedrich und Kolleg*innen bestätigen in diesem Zusammenhang, dass die Merkfähigkeit und die Daueraufmerksamkeit von Burnout-Betroffenen stark eingeschränkt sind (Riedrich et al. 2017). Die Unaufmerksamkeit wird der Lehrerin dann auch zum Verhängnis, als sie die neuen Regelungen zur Belehrung der Schüler*innen bearbeiten will und sich nicht mehr erinnert. Sie nimmt es als Bestätigung, dass mit ihr nicht alles in Ordnung ist und geht zum Arzt.

Das dritte Merkmal von Burnout – das Gefühl reduzierter Leistungsfähigkeit – kann als *ergänzendes Symptom* betrachtet werden. Bei den meisten ausgebrannten Personen scheint es am Beginn des Prozesses als eine der Ursachen zu stehen. Bei anderen entwickelt es sich vermutlich erst mit der Erkenntnis, dass der Erschöpfung keine Ressourcen mehr gegenüberstehen oder dass die zynischen Bemerkungen anderen Personen gegenüber als Unzulänglichkeit interpretiert werden.

Falls Sie sich nach dem Lesen der Geschichte mit dem Stein etwas notiert haben, können Sie nun noch einmal Resümee ziehen.

Die Gefühle, Denk- und Verhaltensweisen, die Sie durch das Tragen des Steins entwickelt haben, zeigen eine typische Stressreaktion, und zwar eine akute. Die Zeit mit dem Stein war viel zu kurz, als dass sich der Stress chronifiziert hätte. Sie sind noch lange nicht an die Grenzen Ihrer Ressourcen gestoßen, es gab noch genügend Bewältigungsmöglichkeiten. Und das heißt schließlich: Burnout entsteht nicht an einem Tag. Menschen in einem Burnout-Zustand haben schon eine längere Geschichte mit Stressbelastungen, fehlenden Bewältigungsstrategien, ungünstigen Bedingungen und eingeengtem Erleben der Situation hinter sich. Dadurch entwickeln sie weitere Symptome, die als typisch oder auch ausschlaggebend für Burnout gelten.

> **Burnout ist**
>
> = ein Zustand emotionaler Erschöpfung im Beruf (unbedingtes Merkmal),
> = mit negativen Einstellungen zur Arbeit oder gegenüber den Kolleg*innen und/oder der Klientel (notwendiges und abgrenzendes Merkmal) und dem
> = Gefühl reduzierter Leistungsfähigkeit (ergänzendes Merkmal).

2.4 Was Burnout nicht ist

Wie eingangs in diesem Kapitel erwähnt, wird von Laien der Begriff Burnout häufig als Synonym für andere, wohl auch ähnliche Phänomene genutzt. Um die Unterschiede deutlich zu machen, werden folgend einige der häufigsten synonym verwendeten Begriffe von Burnout abgegrenzt.

2.4.1 Mehr als bloße Unzufriedenheit, Ärger, Frustration

Bei Burnout handelt es sich nicht einfach um Unzufriedenheit mit der derzeitigen Situation oder – um den Bezug zum Ursachengebiet zu nutzen – um Arbeitsunzufriedenheit. Zwar können sowohl Burnout als auch Arbeitsunzufriedenheit ähnliche Quellen haben, die vor allem aus Stress, Konflikten mit Kolleg*innen oder nicht den Rahmenbedingungen entsprechenden Ansprüchen an die Arbeit bestehen.

Arbeitsunzufriedenheit stellt sich dabei als eine erste Reaktionsform auf das Auseinanderklaffen von Erwartungen und Ergebnissen dar. Sie gehört damit zur emotionalen Verarbeitung von erlebten Differenzen. Handelt es sich um ›nichts weiter als‹ Unzufriedenheit mit der Arbeitstätigkeit, dann weisen die Arbeitenden oft eine *erhöhte emotionale Aktivität* auf. Sie entfalten Gefühle wie Wut oder Angst. Manche zeigen diese Emotionen deutlich nach außen, indem sie andere Personen kommunikativ einbeziehen. Andere verarbeiten die Unzufriedenheit innerlich und drücken sich eher körperlich mit ablehnender Körperhaltung oder abwehrenden Gesten aus. In der Folge schränken unzufriedene Personen, im Sinne von Trotz, oft bewusst die Arbeitsleistung ein. Es finden sich hier keine Gefühle der Hilf- und Hoffnungslosigkeit, wie sie beim Burnout vorhanden sind. Im Gegenteil, die bewusste Einschränkung der Arbeitsleistung ist eine *aktive Handlungsoption*.

> Eine Person, die ausgebrannt ist, zeigt dagegen eine emotionale Erschöpfung mit Hilf- und Hoffnungslosigkeit und hemmender Frustration (Enzmann & Kleiber 1989, Rösing 2003, S. 28). So sah die Lehrerin im Fallbeispiel keine Möglichkeit mehr etwas gegen die Frustration zu tun und aktiv zu werden. Bei der nächsten Herausforderung hatte sie das Gefühl, nichts mehr leisten zu können, zeigte sich hilflos und stieg mittels Krankschreibung aus der Arbeitssituation aus.

2.4.2 Ermüdung und Erschöpfung

> »Ermüdung des täglichen Lebens ist eine durch fortgesetzte Tätigkeit im Verlaufe von Stunden bis zu einem Tag entstehende, durch Tätigkeitswechsel, Umwelteinflüsse oder Anregungsmittel vorübergehend und durch Schlaf vollständig aufhebbare Schutzhemmung der Leistungsbereitschaft« (Richter & Hacker 2014, S. 71).

Es handelt sich bei der Ermüdung demnach um einen *akuten Verteidigungsmechanismus* des Körpers, damit die Person den Fehlzustand erkennt und die Energiereserven wieder auffüllen kann. Die Definition von Richter und Hacker liefert gleichzeitig den Unterschied zu Burnout deutlich mit. Eine Ermüdung durch die Arbeitstätigkeit, sei sie körperlich oder geistig, ist *durch relativ einfache Maßnahmen zu kompensieren*. Hat eine Person beispielsweise die körperlichen Reserven verbraucht, weil sie zu lange und zu viele Steine getragen hat, dann benötigt deren Körper eine Ruhezeit, um die Muskeln zu entspannen, die Sehnen zu lockern und dem Stoffwechsel wieder Energie zuzuführen. Bei der Ermüdung der kognitiven Leistung, vielleicht durch das Bearbeiten komplexer Denkaufgaben, kann eine Ablenkung durch das Denken an leichte, erfreuliche Themen oder das Träumen beim Schlafen eine entsprechende Erholung bringen.

> Im Kontrast dazu entsteht bei Burnout durch längerfristige Einwirkung von komplexen Einflüssen eine Erschöpfung, die nicht durch kleinere Maßnahmen aufhebbar ist. Die Ermüdung findet hier meist auf allen Ebenen des Erlebens und Verhaltens statt: körperlich, kognitiv, emotional und motivational. Während die körperliche und geistige Erschöpfung noch einigermaßen handhabbar bleiben, ist die emotionale und damit einhergehend die motivationale Erschöpfung unzureichend auflösbar. Gefühlsleere, Ängste, Hilfs- und Hoffnungslosigkeit sind mitnichten durch eine anregende oder entspannende Handlung zu verändern.

2.4.3 Abgrenzung zu Stress

Sehr beliebt ist das Wort Stress bzw. Arbeitsstress im Zusammenhang mit Burnout. Dazu muss im Vorfeld geklärt werden, was unter Stress zu verstehen ist.

> **Was ist Stress?**
>
> Selye als der Pionier der Stressforschung bezeichnet mit Stress eine »unspezifische Reaktion des Körpers auf Beanspruchung« (Selye 1973, S. 692). Demnach ist für das Auftreten von Stress nicht nur das grundsätzliche Einwirken von Stressoren (= stressauslösende Reize) ausschlaggebend, sondern die individuelle Verarbeitung und Bewertung der jeweiligen Situation durch die Person. Stress tritt nach Lazarus und Folkman (1984, S. 19) dann auf, wenn Personen das Gefühl entwickeln, dass sie die an sie gestellten Anforderungen mit ihren persönlichen Ressourcen bzw. Möglichkeiten nicht bewältigen können. Baut der Körper überdies die aufgestauten Stresshormone aufgrund von Bewegungsmangel und zu kurzen Entspannungspausen nicht ab, entwickelt sich aus einem akuten ein chronischer Stresszustand. Ermüdung bzw. Erschöpfung sind die Folge, meist gepaart mit sinkender Lebensfreude und Anfälligkeiten für Erkrankungen.

Stress gehört damit zu den einflussreichsten Faktoren, welche den Gesundheitszustand der Menschen beeinflussen und in Zusammenhang mit Arbeit das Wohlbefinden der Beschäftigten bedrohen. Bis dahin laufen die Prozesse der Entstehung von chronischem Stress und Burnout gleich ab. Es findet sich für beide Phänomene die Gemeinsamkeit im Leitsymptom der Erschöpfung.

Allerdings zeigen sich bei Burnout noch weitere Besonderheiten, die nicht auf alle Stresszustände übertragen werden können. Menschen im Burnout-Zustand sind vor allem emotional betroffen. Nicht die körperliche oder geistige Ermüdung ist hier entscheidend, sondern die *emotionale Erschöpfung*. Burnout-Betroffene fallen durch Gleichgültigkeit oder Gefühlsleere auf. Manche entwickeln Ängste und Misstrauen bzw. ein Gefühl der Hilf- und Hoffnungslosigkeit. Und sie weisen weitere Abwehrmechanismen auf wie die Distanzierung von und die negative Einstellung gegenüber der Arbeit sowie den dortigen Personen (Übersicht in Rösing 2003, S. 65ff.). Unterschiede offenbaren sich auch durch die Beziehungen zwischen dem, was die Arbeitenden antreibt – ihren Motiven – und welchen *Wert* sie *ihrer Arbeit* zuschreiben (Richter & Hacker 2014, S. 145). Ein häufiges Motiv bei Erwachsenen ist soziale Anerkennung durch die Arbeit, was hier als Beispiel dienen kann. Wirkt Arbeitsstress auf Menschen ein, vielleicht in Form von ständiger Kritik durch die Führungsperson oder Streit mit Kolleg*innen, dann nutzen sie normalerweise verschiedene Bewältigungsstrategien. Da die Anerkennung als Motiv in dem Fall von der Führungskraft und den Kolleg*innen nicht mehr erfüllt wird, sucht sich der arbeitende Mensch diese dann eher im privaten und Freizeitbereich. Für Burnout-Betroffene ist es allerdings typisch, dass sie ihrer Arbeitstätigkeit eine überstarke Bedeutung in ihrem Leben zuschreiben. Dadurch hat die fehlende Anerkennung durch die Führungskraft und die Kolleg*innen eine besonders starke Auswirkung. Das Motiv kann im Arbeitsbereich nicht erfüllt werden und besitzt im privaten Bereich kaum einen Wert.

> Stress alleine führt also erst einmal dazu, dass Menschen angespannt sind, mehr Energie für den Körper und für Hirntätigkeiten benötigen als im Normalzustand. Bestehen bei einer Person weitere ungünstige Voraussetzungen wie eine überstarke Bedeutung der Arbeit im Leben und ein Hang zu Perfektionismus, dann bleibt es nicht bei einer einfachen Stressreaktion. Die Person erschöpft ihre Energie, kann Gefühle nicht mehr verarbeiten und erleidet ein Burnout.

Mit diesem Hintergrund gingen bereits Maslach und Jackson (1981, S. 99) davon aus, dass Burnout durch länger anhaltenden und damit chronifizierten Stress entstehen kann. Wenn Ressourcen fehlen und Bewältigungsfertigkeiten nicht ausreichen, wenn sich Bedingungen nicht verändern lassen, dann kommen aus einer Hilflosigkeit negative Einstellungen und Distanzierung zur Arbeitstätigkeit und den dortigen Personen auf. Zusammenfassend drücken es Hillert und Marwitz so aus:

»Burnout stellt sich demnach erst als Folge von länger anhaltendem Stress ein, und zwar nur dann, wenn dem Betroffenen eine erfolgreiche Bewältigung der Belastungen nicht gelingt. Burnout ist demnach das Ergebnis einer verfehlten oder missglückten Anpassungsleistung« (Hillert & Marwitz 2006, S. 154).

2.4.4 Unterschied zu verschiedenen Erkrankungen

Schwieriger stellt sich die Abgrenzung von Burnout zur *Neurasthenie* dar. Während vor gut 100 Jahren Neurasthenie eine häufig vergebene Diagnose war, hat Burnout heutzutage oft ihren Platz auf einer Arbeitsunfähigkeitsbescheinigung eingenommen. Beide Phänomene haben sich aus den gesellschaftlichen Anforderungen ihrer jeweiligen Zeit entwickelt und damit ihre Berechtigung bewiesen.

> **Die zwei Hauptformen der Neurasthenie**
>
> Laut der Internationalen Klassifikation der Erkrankungen ICD-10-GM (International Statistical Classification of Diseases and Related Health Problems, 10. Revision, German Modification) lassen sich hinsichtlich der Neurasthenie zwei Hauptformen unterscheiden (DIMDI 2020). Wesentlich für die erste Form ist eine gesteigerte Müdigkeit in Folge von geistigen Anstrengungen, die oftmals eine verminderte Effektivität in Bezug auf Leistungen mit sich bringt. Die zweite Form legt den Fokus auf physische Erschöpfung schon durch geringe körperliche Anstrengung in Verbindung mit einem Sich-nicht-entspannen-Können und vielen körperlichen Beschwerden. Zudem treten bei beiden Arten der Neurasthenie zusätzliche Symptome wie Kopfschmerzen,

Sorge um das abnehmende Wohlbefinden, Depression, Reizbarkeit und Ängste auf.

Daraus lässt sich ablesen, dass die Gemeinsamkeit von Neurasthenie und Burnout in der einerseits gesteigerten körperlichen und/oder kognitiven Erschöpfung bzw. Müdigkeit und dadurch oftmals verminderten Leistung liegt. Gerade die erstbeschriebene Form von Neurasthenie weist schon deutliche Ähnlichkeiten zu Burnout auf.

Wenn überhaupt Unterschiede existieren, dann sind sie einmal in der differierenden Beschreibung des Merkmals Erschöpfung zu finden. In der Charakteristik von Neurasthenie fehlen die eindeutigen Elemente der emotionalen Erschöpfung und der Depersonalisation. Es werden weder Symptome emotionaler Anstrengung, negativer Denkweisen oder Hilf- und Hoffnungslosigkeit angegeben, noch eine innere Distanzierung von bestimmten Themen oder Personen. Ein weiteres Indiz für die mögliche Differenz der Phänomene ist der Lebensbereich, in dem die Symptome entwickelt werden. Während Neurasthenie-Symptome in allen Lebensbereichen, vor allem bei der Bewältigung täglicher Aufgaben wie Abwaschen oder Zeitunglesen entstehen können, kommen beim Burnout die Beschwerden nur im Zusammenhang mit der Arbeitstätigkeit vor. Die Einschränkung bei Burnout auf den bestimmten Lebensbereich der Arbeit lässt dennoch eine Überschneidung der zwei Phänomene zu. Für eine klare Abgrenzung von Neurasthenie und Burnout geben die Beschreibungen beider Syndrome in der Internationalen Klassifikation der Erkrankungen nicht genügend Argumente und es bleibt eine subjektive Betrachtung.

Chronic Fatigue Syndrom

Das *Chronic Fatigue Syndrom* (CFS) oder auch chronisches Erschöpfungssyndrom könnte ebenfalls mit Burnout verwechselt werden, lautet doch schon die Bezeichnung genauso wie das Hauptsymptom bei Burnout. In der ICD-10-GM fällt das CFS unter die Klassifikation der Erkrankungen des Nervensystems (DIMDI 2020), das lässt auch die alternativ gebräuchliche Bezeichnung ›Myalgische Enzephalomyelitis‹ (griech.: enzephalo = Gehirn) erahnen. Die Beschreibung des chronischen Erschöpfungssyndroms stellt vor allem die schnelle körperliche Erschöpfung der Erkrankten heraus. Bereits minimale Anstrengungen wie beispielweise der Toilettengang oder das Schreiben einer Einkaufsliste führen bei Betroffenen zur Entkräftung. Es liegen dabei vielfältige körperliche Funktionseinschränkungen vor, das sind vorrangig Fehlregulationen des Nervensystems, des Immun- oder des Hormonsystems. Dies kann in extremen Fällen zu Behinderung oder Pflegebedürftigkeit führen. Mitunter kommt es auch zu kognitiven Leistungseinbußen wie verlangsamtes Denken und Sprechen oder Schwierigkeiten mit dem Kurzzeitgedächtnis.

Eine emotionale Erschöpfung, geschweige denn Merkmale einer Depersonalisation – wie für Burnout charakteristisch – werden in der Darstellung des chronischen Erschöpfungssyndroms nicht genannt. Vergleichbar der Neurasthenie ist die Erschöpfung bei CFS zudem generell auf alle Lebensbereiche bezogen und nicht allein auf den Bereich Arbeit beschränkt.

Viele Forscher haben sich mit dem Vergleich von Burnout und der psychischen Erkrankung *Depression* (nach ICD-10-GM F32 Depressive Episode) beschäftigt und fanden dabei oft hohe Korrelationen, also starke Zusammenhänge zwischen beiden Begriffen. Diese zeigen sich insbesondere im Bereich der emotionalen Erschöpfung, die mit Interessen- und Motivationsverlust, Rückzug und dem Gefühl mangelnder Kompetenz einhergeht (Enzmann & Kleiber 1989, S. 87).

Die Studien machen andererseits deutlich, dass sich die beiden Phänomene zwar überlappen, jedoch auch gut voneinander abgrenzen lassen (Übersicht ▶ Tab. 2).

Depression

Personen, die an einer Depression erkrankt sind, haben ein allgemein niedriges Selbstwertgefühl und ein grundlegendes Gefühl der Hoffnungslosigkeit ausgeprägt (Sendera & Sendera 2013, S. 112, Brenninkmeyer et al. 2001, S. 879). In allen Lebensbereichen fühlen sie sich nicht wichtig genug, haben kaum ein Verständnis dafür, was sie bewirken und welche Leistung sie erbringen können. Es hilft nur eine umfassende, die Einstellungen und Verhaltensweisen des gesamten Lebens verändernde Therapie.

Von Burnout Betroffene beziehen dies nur auf den Bereich, den sie ursächlich für ihre Erschöpfung ansehen: die Arbeit. Wie im Fallbeispiel der Lehrerin (siehe Anfang des zweiten Kapitels, ▶ Kap. 2) können Menschen mit Burnout in anderen Lebensbereichen sehr wohl funktionieren. Sobald die Lehrerin krankgeschrieben zu Hause war, fühlte sie sich wohl und unternahm Aktivitäten. In der Beratungssituation konnte sie sich zudem an freudige Gesprächsthemen anpassen, lachte und zeigte sich interessiert. Diese emotionale Schwingungsfähigkeit – eine Anpassung der Gefühle an die Situation – wäre einer depressiven Person nicht möglich.

In einer Metaanalyse von Glass & McKnight (1996, S. 33) stellte sich anhand von 18 Publikationen aus 20 Jahren Burnout-Forschung heraus, dass Depersonalisation – die Distanzierung von Personen und von der Tätigkeit der Arbeit – mit Burnout korreliert, aber nicht mit Depression. Depersonalisation scheint also ein Burnout-typisches Symptom zu sein. Enzmann und Kleiber (1989, S. 92) vermuten sogar, dass dieses Symptom vor einem Abgleiten in eine echte Depression schützen kann. Sie begründen es damit, dass Depersonalisation nur im Arbeitsbereich wirkt und damit keine Distanzierung von Personen und Aufgaben im privaten Bereich stattfindet. Hier bleiben demnach Ressourcen im Sinne einer sozialen Unterstützung erhalten. Indes kann Depersonalisation auch als eine

Form von Bewältigungsverhalten betrachtet werden, da die emotionale Belastung dadurch reduziert wird.

Tab. 2: Unterschiede zwischen Burnout und Depression

Burnout	Depression
Emotionale Erschöpfung mit Gefühlsleere oder negativen Gefühlen (Wut, Frustration, Ängste) in *Bezug zum Arbeitskontext*	Emotionale Erschöpfung mit *wenig veränderbarer depressiver, gedrückter Stimmung* und Freudlosigkeit oder Gefühllosigkeit *unabhängig vom Lebensbereich, allgemeines Gefühl der Hoffnungslosigkeit*
Gefühl reduzierter Leistungsfähigkeit und von *Inkompetenz im Arbeitsbereich*, verminderte Aufmerksamkeit und Konzentration, *Kompetenzgefühl in anderen Lebensbereichen* vorhanden	*Generell niedriges Selbstwertgefühl, Rückzug aus dem sozialen Umfeld*, verminderte Aufmerksamkeit und Konzentration, allgemeines Gefühl mangelnder Kompetenz, *Schuldgefühle*
Depersonalisation im Sinne von *Distanzierung von Personen* (Kälte) und Demotivation *von Tätigkeiten* (Unlust) im Arbeitsbereich als *Schutzhandlung vor emotionaler Erschöpfung*	*Interessenverlust* mit *Rückgang des Aktivitätsniveaus in Alltagsbereichen* und bisher erfreulich empfundenen Freizeitaktivitäten, *dadurch ungehinderte emotionale Überlastung, keine emotionalen Bewältigungsmöglichkeiten*

Eigene Zusammenstellung
Erläuterung: Unterschiede zwischen Burnout und Depression sind kursiv gedruckt. Depression wurde unter Beachtung der Kriterien des ICD-10-GM, F32 Depressive Episode ausgewertet.

Schließlich kommen Forschungsteams, die sich intensiv mit dem Vergleich von Burnout und Depression beschäftigt haben, zu der Auffassung, dass Burnout ein Vorläufer von Depression sein kann. Wenn bei erschöpften, ausgebrannten Personen weitere Ursachen und Bedingungen dazu führen, dass die Bewältigungsmöglichkeiten auch in anderen Lebensbereichen nicht mehr ausreichen, dann kann ein Burnout eine Depression auslösen (Korczak et al. 2010, S. 96).

Und noch eines muss an dieser Stelle deutlich gemacht werden. Auch wenn in vielen medizinischen Veröffentlichungen von Burnout als einer *Krankheit* gesprochen wird, so ist es offiziell keine. Im Klassifikationssystem der Weltgesundheitsorganisation (WHO), dem ICD-10-GM, wird Burnout im Kapitel 11 unter den sogenannten Z-Diagnosen geführt. Hier werden ›Faktoren, die den Gesundheitszustand beeinflussen und zur Inanspruchnahme des Gesundheitssystems führen‹ beschrieben (DIMDI 2020). Das Kapitel beinhaltet demnach keine Krankheiten, sondern einzelne Faktoren, bei deren Verarbeitung sich Menschen Hilfe im Gesundheitssystem suchen.

> **Z73 Probleme mit Bezug auf Schwierigkeiten bei der Lebensbewältigung**
>
> Inklusive
>
> - Akzentuierung von Persönlichkeitszügen
> - Ausgebranntsein [Burn-out]
> - Einschränkung von Aktivitäten durch Behinderung
> - Körperliche oder psychische Belastung (ohne nähere Angaben)
> - Mangel an Entspannung oder Freizeit
> - Sozialer Rollenkonflikt, anderenorts nicht klassifiziert
> - Stress, anderenorts nicht klassifiziert
> - Unzulängliche soziale Fähigkeiten, anderenorts nicht klassifiziert
> - Zustand der totalen Erschöpfung
>
> Exklusive
>
> - Probleme mit Bezug auf Pflegebedürftigkeit
> - Probleme mit Bezug auf sozioökonomische oder psychosoziale Umstände
>
> (Auszug aus der ICD-10-GM, DIMDI 2020)

Für Burnout, das im Schlüssel Z73 als ›Ausgebranntsein [Burn-out]‹ bezeichnet wird, liegen nach dem ICD-10-GM Schwierigkeiten bei der Lebensbewältigung vor. Um als Erkrankung im Sinne der internationalen Klassifikation zu gelten, sind die Merkmale einfach nicht spezifisch genug. Sie sind individuell zu unterschiedlich und können zum Teil ebenso bei anderen Erkrankungen oder Phänomenen auftreten. Dazu kommt, dass bei Burnout der berufliche Bereich eine überstarke Bedeutung einnimmt. Koch und Kolleg*innen beschreiben es in dem Sinne, dass die Betroffenen wohl eher »Nebenwirkungen aktueller Fehlentwicklungen in Gesellschaft und Arbeitswelt« zeigen als eine eigens ausgebildete Krankheit (Koch et al. 2015, S. 15). Auch wenn die Autor*innen dies nicht weiter präzisieren, kann unter den Fehlentwicklungen beispielsweise die Kluft zwischen dem Bedarf an bestimmten sozialen Dienstleistungen (z. B. die sozialpädagogische Betreuung von Kindern und Jugendlichen am Nachmittag) und deren fehlender Anerkennung in der Gesellschaft (die reine ›Spielestunde‹) gefasst werden (▶ Kap. 3.3 »Situative Einflüsse« und ▶ Kap. 3.4.4 »Öffentliche Wahrnehmung der Sozialen Arbeit«).

> **Was Burnout nicht ist**
>
> ≠ reine Unzufriedenheit, Verärgerung oder Frustration in der Arbeit,
> ≠ Ermüdung, die dem akuten Schutz des Körpers dient,
> ≠ Arbeitsstress, wie er entsteht, wenn es zu viele Anforderungen auf einmal gibt,
> ≠ Erkrankung, wie beispielsweise Depression oder Neurasthenie.

2.5 Zum Verlauf von Burnout – Phasenmodelle

Burnout ist nicht plötzlich da, sondern schleicht sich über einen längeren Zeitraum ein. Darüber sind sich die Autor*innen in der Literatur einig (z. B. Korczak et al. 2010, S. 17, Burisch 2014, S. 40). Verändern sich die Bewältigungskompetenzen der gestressten Personen und/oder die äußeren Bedingungen im beruflichen Bereich nicht, wird das Erscheinen weiterer Burnout-typischer Merkmale immer wahrscheinlicher. Einige Forscher*innen haben dabei Regelmäßigkeiten gefunden, welche Symptome in welcher Reihenfolge bei den Betroffenen auftreten. Daraus wurden Phasenmodelle zum Verlauf von Burnout entwickelt, die allerdings bisher nicht systematisch empirisch geprüft wurden (Burisch 2014, S. 40). Die rein auf theoretischen Ableitungen beruhenden Verlaufsmodelle unterscheiden sich somit erheblich.

Als eines der ersten komplex beschriebenen Phasenmodelle wurde die Darstellung von Freudenberger und North (1992, S. 121ff.) bekannt. In ihrem Buch über Burnout bei Frauen veröffentlichten die Autor*innen das ›Zwölf-Phasenmodell‹ (▶ Tab. 3).

Tab. 3: Zwölf-Phasenmodell des Burnout-Verlaufs

Verlauf	Bezeichnung	Erläuterung
Phase 1	Der Zwang sich zu beweisen	Diese Phase ist durch übersteigerten Ehrgeiz und Perfektionismus gekennzeichnet.
Phase 2	Verstärkter Einsatz	Personen wollen alles selbst und dringlich machen. Etwas zu delegieren fällt schwer.
Phase 3	Vernachlässigung der eigenen Bedürfnisse	Soziale Bedürfnisse werden sekundär empfunden. Der Lebensstil wird zunehmend ungesünder und es treten erste kleinere Fehler in der Arbeitsleistung auf.
Phase 4	Verdrängung von Konflikten und Bedürfnissen	Zunehmende Konflikte mit Arbeitskolleg*innen oder in der Partnerschaft werden ebenso wenig wahrgenommen wie Schlafmangel und erste körperliche Symptome. Außerdem mehren sich Fehlleistungen.
Phase 5	Umdeutung von Werten	Die Wahrnehmung verändert sich, die Betroffenen stumpfen ab, werden oft hart und berechnend. Der Zeitbegriff ist gestört, es gibt nur mehr die Gegenwart. Personen und Dinge, die den Betroffenen vormals wichtig waren, treten hinter die Arbeit zurück.
Phase 6	Verleugnung der Probleme	Betroffene werden zunehmend zynisch und verbittert, beginnen sich abzukapseln. Ungeduld, Intoleranz, Aggressivität prägen den Umgangston. Körperliche Beschwerden und Leistungseinbußen werden deutlich.
Phase 7	Rückzug	Partner*in, Familie und Freund*innen werden als Belastung, oft sogar als feindlich erlebt, Kritik wird nicht mehr ertragen; die Betroffenen beschreiben sich als

2.5 Zum Verlauf von Burnout – Phasenmodelle

Tab. 3: Zwölf-Phasenmodell des Burnout-Verlaufs – Fortsetzung

Verlauf	Bezeichnung	Erläuterung
		orientierungs- und hoffnungslos. Ersatzbefriedigungen kommen auf. Dienst nach Vorschrift.
Phase 8	Verhaltensänderung	Den Betroffenen wird zunehmend alles egal, sie werden im Sinne von Martin Seligman (1975) apathisch. Jede zusätzliche Arbeitsanforderung wird als Belastung empfunden; Betroffene greifen auf Ausflüchte zurück.
Phase 9	Depersonalisation	Menschen in dieser Phase haben das Gefühl, nicht mehr sie selbst zu sein; sie beschreiben sich als ›Maschinen, die funktionieren müssen‹ und sehen ihr Leben als sinnlos an. Sie vernachlässigen ihre Gesundheit.
Phase 10	Innere Leere	In dieser Phase sind die Betroffenen bereits völlig mutlos und fühlen sich leer, nutzlos, ausgezerrt, ängstlich bis panisch. Phobien und Panikattacken sind möglich.
Phase 11	Depression	Es treten depressive Symptome auf: tiefe Verzweiflung, Selbsthass, Erschöpfung, Wunsch nicht mehr aufwachen zu müssen bis hin zu Suizidgedanken.
Phase 12	Völlige Erschöpfung	Körperlicher (Krankheit), psychischer und emotionaler Zusammenbruch; absoluter Notfall.

Eigene Darstellung

In der Darstellung wird deutlich, dass Freudenberger und North bis zur Phase vier vor allem Ursachen von Burnout, aber auch anderen Stresserscheinungen beschreiben. Erst ab der fünften Phase sind die für Burnout typischen Elemente emotionale Erschöpfung und Depersonalisation erkennbar, die sich im weiteren Verlauf verstärken. Tatsächliche Leistungseinbußen sind bereits zeitig auffällig, während das Gefühl der reduzierten Leistungsfähigkeit mit negativer Selbstbewertung im Zwölf-Phasen-Modell erst ab der siebten Phase – wirklich deutlich ab der zehnten Phase – formuliert wird.

In der Folge haben die Burnout-Forscher*innen die einzelnen Symptome anders und stärker zusammengefasst. So nennen Maslach, Jackson und Leiter (1996) *vier Phasen des Burnout-Verlaufs*: emotionale Erschöpfung, physische Erschöpfung, Dehumanisierung und das terminale Stadium (Endstadium, in dem das Burnout mit allen Symptomen vollständig ausgebildet ist). Die Differenz zu Freudenberger und North (1992) besteht vorrangig im späteren Auftreten des Merkmals Depersonalisation sowie darin, dass die Entwicklung bis zum Auftreten typischer Burnout-Merkmale nicht dargestellt wurde. Weitere Veröffentlichungen zum Verlauf von Burnout ähneln diesen Phasenmodellen, auch wenn das zeitliche Auftreten der Burnout-Merkmale oft in unterschiedlicher Reihenfolge beschrieben wird.

Zusammenfassend kann aus dem Erfahrungswissen über Burnout-Betroffene ein typischer Verlauf dargestellt werden, der aufgrund unterschiedlicher individueller Ursachen und Einflussfaktoren im Einzelfall abweichen kann (▶ Abb. 5).

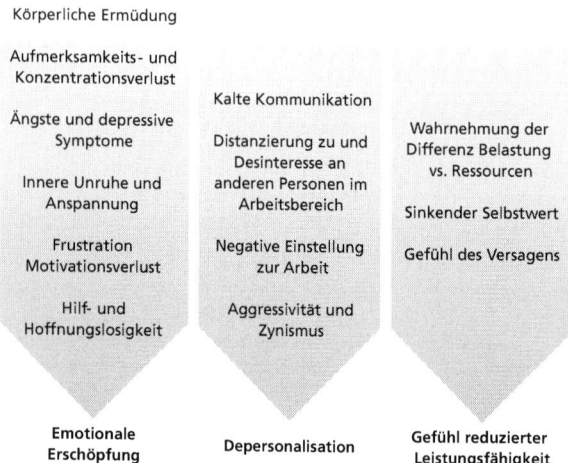

Abb. 5: Entwicklung der Merkmale und typischer Verlauf von Burnout (eigene Darstellung)

In Abbildung 5 findet sich ein Verlaufsmodell, das die in der Literatur häufig genannten Burnout-Prozesse widerspiegelt und die zeitliche Entwicklung der Merkmale von Burnout veranschaulicht. Eine empirische Überprüfung des Verlaufs von Burnout mittels Langzeitstudien bleibt angesichts der bereits lange währenden Forschung zu diesem Phänomen überfällig.

2.6 Auswirkungen von Burnout

Burnout wäre als Stresszustand in Wissenschaft, Forschung und Praxis nicht so interessant, wenn es nicht in vielerlei Hinsicht Wirkungen auf das soziale Zusammenleben, die Solidargemeinschaft und auch auf die Wirtschaft eines Landes hätte.

2.6.1 Folgen auf Ebene der Betroffenen

In der Literatur wird zunehmend der *Spillover-Effekt* (Deutsch: Effekt des Überlaufens) beschrieben. Damit ist die Übertragung einer psychischen Belastung innerhalb einer Person auf weitere Mikrosysteme gemeint. Der erlebte Stress in einem Lebensbereich wie beispielsweise Burnout in der Arbeit kann Stress in einem anderen Lebensbereich dieser Person wie in Partnerschaft oder Familie hervorrufen (Westman 2001). Die Ergebnisse einer Studie von Westman zeigen deutlich, dass sich bei Arbeitstätigen die Belastungen negativ auf das Familienleben auswirken können, wenn sie mit viel Stress in der Arbeit konfrontiert werden. Bei vielen chronisch gestressten Personen erhöhte sich das Gefühl der Erschöpfung auch im Privatbereich und minderte damit die allgemeine Lebenszufriedenheit (Westman 2001, S. 729).

Vermutlich sind hierin auch die Ursachen für weiterreichende Folgen bei ausgebrannten Personen zu suchen. Denn wenn Burnout-Betroffene keine Bewältigungsfähig- und -fertigkeiten für die Situation entwickeln und auch in anderen Lebensbereichen kaum noch Ressourcen verfügbar sind, dann funktionieren sie auf Dauer psychisch und/oder körperlich nicht mehr ausreichend. Das Risiko, dass auf den Burnout-Zustand eine Erkrankung folgt, verwirklicht sich. Besonders bei Personen mit einer genetischen Veranlagung oder mit einem Krankheitspotenzial, das durch frühere Belastungen erworben wurde, kann Burnout den *Auslöser für psychische Störungen* darstellen (Berger et al. 2012, S. 5). Sowohl in Forschungsstudien als auch in klinischen Berichten werden häufig Depressionen und Angsterkrankungen als Folgen von Burnout genannt. Zudem ist ein anwachsender Substanzmissbrauch in Form von Alkohol oder Drogen keine Seltenheit, um Beeinträchtigungen zu kompensieren und die Belastungen nicht mehr bewusst ertragen zu müssen. Weitere psychische Störungen, die durch unzureichende Burnout-Bewältigung entstehen können, sind folglich Abhängigkeitserkrankungen (z. B. Maslach & Jackson 1981, S. 100, Ahola & Hakanen 2014, S. 12). Mit einer längerfristigen Krankschreibung, wie sie bei psychischen Störungen typisch ist, bricht wiederum ein ganzer Lebenszweig weg. Die Chance zum Aufbau von Resilienzen und Bewältigungsfertigkeiten schwindet somit. Denn eine Arbeitstätigkeit kann mehr noch als private Aufgaben für einen positiven Einfluss auf die Lebenszufriedenheit sorgen und Ressourcen mobilisieren.

Sowohl in kleineren Forschungsprojekten als auch in internationalen Längsschnittstudien wurde überdies der Zusammenhang zwischen Burnout und der *Ausbildung von körperlichen Erkrankungen* nachgewiesen. Die repräsentative finnische Studie ›Health 2000 Study‹ sei hier als empirisch wertvolles Beispiel genannt. Die Ergebnisse weisen auf ein vermehrtes Auftreten von Herz-Kreislauf-Erkrankungen, Muskel-Skelett-Erkrankungen, Allergien und Infektionserkrankungen bei Burnout-Betroffenen hin (Honkonen et al. 2006, Ahola & Hakanen 2014, 13.). Eine detaillierte Analyse unter Einbezug weiterer Variablen führt dahin, dass bei ausgebrannten Männern eher Herz-Kreislauf-Erkrankungen auftreten, bei Frauen mit Burnout eher Muskel-Skelett-Erkrankungen (Honkonen et al. 2006, S. 64).

Die klinische Erfahrung zeigt zudem, dass im Zusammenhang mit Burnout weitere körperliche Auffälligkeiten entstehen können. Korczak und Kolleginnen beschreiben Veränderungen im Hormonhaushalt oder in der Blutzusammensetzung (hämostatische und inflammatorische Veränderungen) und einen Anstieg von Entzündungsmarkern (Korczak et al. 2010, S. 6). Es handelt sich dabei um Funktionsveränderungen des Körpers, wie sie auch bei anderen chronischen Stresszuständen auftreten können.

Die psychobiologischen Mechanismen, die den körperlichen Auswirkungen zugrunde liegen, sind bis jetzt noch nicht vollständig geklärt. Es wird vermutet, dass ausgebrannte Personen oft unerwünschtes Gesundheitsverhalten aufweisen, im Sinne von wenig Bewegung, ungesunde Ernährung und unzureichende Psychohygiene. Sehr wahrscheinlich ist zudem, dass der Körper von ausgebrannten Menschen viel Energie in autonome, physiologische Stressreaktionen steckt, um sich vor anderen Überlastungen zu schützen und das Überleben zu sichern. Dies führt auf Dauer zu biologischen Veränderungen, wie beispielsweise eine erhöhte Gerinnungsneigung des Blutes sowie ein relativ verminderter Kortisolspiegel und damit einhergehende erhöhte entzündliche Aktivität im Blut (von Känel 2012, S. 147). Somit weist der Körper mehr Risikofaktoren für die Entstehung von psychischen und körperlichen Erkrankungen auf. Söderström und Team zeigten des Weiteren in ihren Studien auf, dass Burnout-Betroffene Durchschlafschwierigkeiten sowie erhöhte Erregungen während des Schlafens haben (Söderström et al. 2004, S. 1374). Dadurch ist die Nacht weniger erholsam und der Körper kann sich nicht ausreichend regenerieren.

Neben den direkten Folgen von Burnout für die Betroffenen selbst kann der chronische Stresszustand auch Auswirkungen auf das unmittelbare soziale Umfeld haben. So berichteten bereits Maslach und Jackson von vermehrten *Ehe- und Familienproblemen* (Maslach & Jackson 1981, S. 100), die zusätzlich den persönlichen Gesundheitszustand belasten. In manchen Partnerschaften kann es dabei zu einer Ansteckung mit der psychischen Belastung kommen. So überträgt sich zum Beispiel der erlebte, chronifizierte Arbeitsstress auf den Partner oder die Partnerin (Bakker, Demerouti & Schaufeli 2005, S. 679, Westman et al. 2001). Diese Person erlebt dann ebenfalls eine emotionale Erschöpfung und eingeschränkte Leistungsfähigkeit. Daraufhin entwickelt sie möglichweise Schutzmechanismen, wie sie für Burnout typisch sind. In der Literatur wird dies mit Burnout-Contagion (Deutsch: Burnout-Ansteckung) oder *Burnout-Crossover* (deutsch: Burnout-Übergang) bezeichnet.

2.6.2 Folgen für Arbeitsorganisationen

Einige der Merkmale von Burnout haben direkten Einfluss auf die *Arbeitsleistung* der Betroffenen. Gerade die emotionale Erschöpfung mit den Symptomen der Konzentrationseinschränkung, Frustration und Motivationsverlust führt zu einer Minderleistung der Burnout-Betroffenen. Fehler bei der Arbeit, nicht eingehaltene Termine und Fristen, verzögerte Kommunikation – das sind alles Verhaltensweisen, die den Arbeitsablauf stören und negative Effekte auf Erfolge des Teams oder der gesamten Organisation haben können. Kalte Kommunikation, sichtbares Desinteresse und Zynismus oder Aggression bei den ausgebrannten Personen – allesamt Formen der Depersonalisation – setzen den Arbeitsprozessen zu. Das bleibt nicht ohne Folgen, die für Arbeitsorganisationen, deren Image und Erfolg relevant sind.

Der Zusammenhang zwischen Burnout und der resultierenden *Arbeitsqualität* wurde bisher vorrangig in Gesundheitsberufen untersucht. Mehrere Studien ergaben dazu negative Korrelationen zwischen Burnout und der Qualität der Versorgung von Patient*innen (z. B. Meta-Analyse von Salyers et al. 2016). Die Untersuchungen berichten von medizinischen-pflegerischen Fehlern (z. B. Verwechslung der Medikamente), mangelnder Sicherheit (fehlende Begleitung, Stürze von Patient*innen) und Unzufriedenheit der Betreuten mit dem Service (z. B. durch verbale Anfeindungen). Es ist zu vermuten, dass sich diese Folgen auch auf soziale Berufe übertragen lassen. Denkbar wären unzureichende Fallanalysen aufgrund von Unaufmerksamkeit und emotionaler Abwehr. Dies kann zu vermehrten Fehlberatungen sowie Abschreckung der Klientel und in der Folge zu einer verstärkten Belastung des Gesundheits- und Sozialsystems durch die Klient*innen führen.

Die Meta-Analyse von Swider und Zimmerman (2010) zeigt daneben auch Zusammenhänge von Burnout und dem sogenannten *Absentismus* (auch in Maslach & Jackson 1981). Damit ist die Neigung von Personen gemeint, Terminen, Verpflichtungen oder einer Vereinbarung nicht nachzukommen. Burnout-Betroffene haben subjektiv natürlich Hinderungsgründe, denn sie sehen sich nicht in der Lage, bestimmte Aufgaben zu erledigen. Aufgrund der veränderten Kommunikation und der fehlenden Motivation können sie es jedoch der Führungskraft gegenüber nicht rechtfertigen.

Demerouti und Kollegen weisen in ihren Studien nach, dass auch das Gegenteil von Absentismus – der sogenannte *Präsentismus* – ein bei Burnout typischerweise auftretendes Verhalten ist (Demerouti et al. 2009). Dabei kommen Personen trotz Erschöpfung und krankhaften Beschwerden zur Arbeit, um den Leistungsansprüchen der Arbeitsstelle zu genügen. Das wiederum verstärkt die Erschöpfungssymptome wie auch die Unaufmerksamkeit und es können tatsächlich Fehler entstehen. Präsentismus wird daher als unpassende Strategie bezeichnet, um die Leistungseinbußen auszugleichen (Demerouti et al. 2009, S. 61).

Darüber hinaus gibt es Untersuchungen, die belegen, dass Burnout verstärkt mit krankheitsbedingten, oft langfristigen *Fehlzeiten* (z. B. Peterson et al. 2008, S. 161), mit der *Fluktuation* aus dem Arbeitsfeld (z. B. Swider & Zimmerman 2010, S. 497) sowie mit einem erhöhten Risiko der *Erwerbsminderung* assoziiert ist (z. B. Ahola et al. 2009). Die nicht mehr vorhandene Arbeitskraft fehlt dann in der Arbeitsorganisation. In vielen Fällen, vor allem wenn nicht schnell genug Ersatz gefunden wird, müssen dann die Kolleg*innen die Aufgaben der ausgebrannten Person übernehmen. Diese Zusatzbelastung kann bei Vorliegen der gleichen Arbeitsbedingungen in der Organisation und ähnlicher persönlicher Voraussetzungen zum *kollegialen Burnout-Contagion* bzw. Burnout-Crossover führen (Bakker et al. 2001, S. 93 bei Hausärzt*innen, Bakker, Le Blanc & Schaufeli 2005, S. 284 bei Pflegekräften, Bakker & Schaufeli 2000, S. 2302 bei Lehrer*innen). Gerade für besonders intensiv zusammenarbeitende Menschen wird es wahrscheinlicher, dass das Phänomen auf die umliegende Belegschaft überspringt.

2.6.3 Folgen für die Gesellschaft

Wenn ausgebrannte Personen Einschränkungen in der Arbeitsfähigkeit aufweisen, vielleicht langfristig krankgeschrieben oder gar aus dem Beruf ausgestiegen sind, dann können sie der *Solidargemeinschaft* nicht mehr dienen. Gerade eine demokratische Gesellschaft lebt jedoch von einem ausgeglichenen Geben und Nehmen. Für das Wohl aller ist daher die Erhaltung jeder einzelnen Arbeitskraft wichtig.

Brendt und Sollmann (2012, S. 8) haben indes die *finanzielle Belastung* von Burnout für den deutschen Staat geschätzt. Wenn alle Lohnfortzahlungen, Krankengelder, Behandlungs- und Therapiekosten sowie Kosten der Reintegration für Burnout-Betroffene zusammengerechnet werden, dann würden nach den Autoren davon etwa 2 bis 3 % des jährlichen Bruttoinlandprodukts verbraucht. Übertragen auf das Jahr 2019, in dem das Bruttoinlandsprodukt Deutschlands vom Statistischen Bundesamt mit 3.449 Milliarden Euro angegeben wird (Statistisches Bundesamt 2020b, S. 9), würden etwa 86 Milliarden Euro rechnerisch auf die Kosten von Burnout fallen. Wenngleich diese Zahl nur eine Schätzung ist, kann davon ausgegangen werden, dass Burnout einschließlich seiner Folgen die Wirtschaft und das Sozial- und Gesundheitssystem erheblich belasten.

Politisch gesehen ist das Thema Burnout noch nicht weit gediehen. Flammt es bei einzelnen Fallberichten in den Medien mal auf, dann nehmen freilich Politiker*innen gern darauf Bezug. Tiefergehende Analysen der vorliegenden Studien mit Folgerungen für den Arbeitsmarkt, die Wirtschaft und die Verwaltung wären angesichts der beschriebenen Folgen geboten. Immerhin wurde von der Gesetzgebung die Gefahr stressbedingter Arbeitsfolgen und Leistungsverluste erkannt. Seit 2013 ist im Arbeitsschutzgesetz für die Gefährdungsanalyse in Arbeitsorganisationen auch die *Erhebung der psychischen Belastung* zwingend vorgeschrieben (§ 5 Abs. 3 Nr. 6 ArbSchG). Eine nähere Erläuterung dazu erfolgt im Kapitel 4.1.3 »Erhebung im Kontext der Organisation« (▶ Kap. 4.1.3).

2.7 Burnout einer Lehrerin

Eines Tages kam eine Ratsuchende zu mir in die Beratungsstelle. Sie war Lehrerin und zeigte alle Merkmale des Phänomens Burnout (eine Fallgeschichte zu Burnout, siehe Anfang des Kapitels 2, ▶ Kap. 2).

Dass sie keine Freude und Lust mehr an den früher so gern ausgeführten Arbeitstätigkeiten empfand und schließlich sogar anfing zu weinen, weist auf das Hauptmerkmal der *emotionalen Erschöpfung* hin. Die Lehrerin konnte die überwiegend negativen Gefühle nicht ausreichend verarbeiten und empfand den Arbeitsraum Schule nicht mehr als angenehm. Diese emotionale Überlastung zeigte sich des Weiteren darin, dass sie zugab die Probleme der Schüler*innen nicht mehr wahrnehmen zu können. Genauso verhielt sie sich den Kolleg*innen und dem Direktor gegenüber eher gleichgültig, wenn aus dieser Richtung für sie negativ besetzte Anforderungen kamen. Die Lehrerin konnte nicht noch mehr Ärger, Enttäuschung und Angst an sich heranlassen.

In der Antwort zu den wahrgenommenen Veränderungen an sich selbst wird das zweite notwendige Merkmal von Burnout – die *Depersonalisation* – erkenntlich. Es entwickelte sich bei der Ratsuchenden aus einem anfänglich starken Fürsorgevorhalten und der enthusiastischen Haltung. Kümmerte sich die Lehrerin sonst selbstlos um die Probleme der Schüler*innen, so reagierte sie nun mit einem ironischen oder sarkastischen Ton. Das vorher freudige Engagement bei der Organisation der Schulfeste wandelte sich in Gleichgültigkeit und Abwehr. Hier zeigt sich, dass sie weitere negative Reize nicht mehr verarbeiten konnte. Die Anerkennung im Schulbereich fehlte und deshalb baute sie eine innere Distanz zu den Schüler*innen und Kolleg*innen sowie zum Unterrichten und anderen Tätigkeiten in der Schule auf.

Das dritte Merkmal von Burnout – das *Gefühl reduzierter Leistungsfähigkeit* – zeigt sich vor allem in typischen Denkweisen der Ratsuchenden. Sie bezog das Missfallen der Kolleg*innen an den Schulfesten sowie die Problemberichte der Eltern auf ihre eigene Unzulänglichkeit. So entstand bei ihr das Gefühl, die gewünschten Leistungen nicht erbringen zu können. Ein solches Gefühl des Versagens führt im Allgemeinen dazu, dass die Betroffenen nur noch mehr von sich fordern und ständig grübeln, was sie falsch gemacht haben. Das lässt jedoch irgendwann die mentale Kapazität nicht mehr zu. Die Betroffenen werden unaufmerksam und können sich nur schwerer konzentrieren. Die Situation der Lehrerin gipfelte deshalb bei der Einführung neuer Regelungen für die Belehrung an der Schule. Sie fielen ihr einfach nicht mehr ein. Dieses gefühlte Defizit brachte das Fass für die Ratsuchende zum Überlaufen.

Alle drei Merkmale von Burnout waren vorhanden. Möglicherweise hatte die Lehrerin ein Burnout erlitten.

Wichtig erscheint dennoch eine Abgrenzung zu anderen Phänomenen bzw. Erkrankungen herzustellen. Im Fall der ratsuchenden Lehrerin bietet sich die Depression an, da diese Verdachtsdiagnose auf ihrem Krankenschein vermerkt war. Auffällig ist, dass die Ratsuchende allein von *Beschwerden durch die Arbeit* sprach. Sobald sie krankgeschrieben war, gingen die Symptome stark zurück. Im privaten und im Freizeitbereich gab es für sie keine Einschränkungen. Im Gegenteil, die Lehrerin nutzte die privaten Aktivitäten und den Sport eher als Ablenkung und Ausgleich und das mit Erfolg. Allerdings hatte der private Lebensbereich für sie eine wesentlich geringere persönliche Bedeutung als die Arbeit. Es gab keine Partnerschaft oder Kinder und auch keine besonderen Hobbys, die sie mit Interesse und Fürsorge belegen und aus der sie Anerkennung ziehen konnte. Die überstarke Bedeutung der Arbeitstätigkeit für ihr Leben hatte demnach stärkere Auswirkungen auf das Wohlbefinden als bei anderen Menschen.

In Abgrenzung zu einer Depression kann schließlich noch bekräftigt werden, dass die Ratsuchende im Gespräch keine generelle depressive, niedergeschlagene Stimmung aufwies. Sie zeigte sich freundlich, *motiviert und aktiv*. Sie konnte mit Begeisterung von ihrem früheren Engagement erzählen und die derzeitige Auszeit von der Arbeit als positiv erleben. Es ergaben sich keine weiteren Hinweise auf das Vorliegen einer Depression.

Letztendlich konnte im ersten Beratungsgespräch mit der Lehrerin keine eindeutige Diagnose gestellt werden. Es blieb vorerst dabei, dass sie mit hoher Wahrscheinlichkeit an einem Burnout litt. Erst mit einer folgenden medizinisch-psychologischen Untersuchung konnte ausgeschlossen werden, dass keine körperliche oder psychische Störung vorlag. Die Durchführung weiterer Analysen (▶ Kap. 4 »Die Begegnung mit dem Burnout«) in der nächsten Beratungssitzung bestätigte, dass die Ratsuchende ausgebrannt war.

 Literaturempfehlungen

Berger, M., Linden, M., Schramm, E., Hillert, A., Voderholzer, U. & Maier, W. (2012). Positionspapier der Deutschen Gesellschaft für Psychiatrie, Psychotherapie und Nervenheilkunde (DGPPN) zum Thema Burnout. Abrufbar unter www.dgppn.de.

Burisch, M. (2014). Das Burnout-Syndrom – Theorie der inneren Erschöpfung – Zahlreiche Fallbeispiele – Hilfen zur Selbsthilfe, 5., überarbeitete Auflage. Berlin, Heidelberg: Springer.

Enzmann, D. & Kleiber, D. (1989). Helfer-Leiden: Streß und Burnout in psychosozialen Berufen. Heidelberg: Asanger.

Richter, P. & Hacker, W. (2014). Belastung und Beanspruchung – Stress, Ermüdung und Burnout im Arbeitsleben, 4. Auflage. Kröning: Asanger.

Rösing, I. (2003). Ist die Burnout-Forschung ausgebrannt? Analyse und Kritik der internationalen Burnout-Forschung. Kröning: Asanger.

3 Wie Burnout entsteht – Ursachen und Einflussfaktoren

> **Was Sie in diesem Kapitel lernen können**
>
> Von Beginn an hat sich die Forschung nicht nur mit der Beschreibung von Burnout befasst. Vielmehr stand immer auch die Frage nach den Ursachen im Fokus. Bereits in den frühen Beiträgen finden sich Ansätze zur Erklärung des Phänomens. So meinte Freudenberger, dass Burnout entsteht, wenn arbeitende Personen zu hohe Erwartungen an ihren Beruf haben und dann enttäuscht werden (Freudenberger 1974). Maslach dagegen sah die Ursachen für Burnout hauptsächlich in der Überlastung durch die Arbeitsbedingungen (Maslach 1976). Entsteht nun Burnout primär in der Person selbst oder ist eher die Arbeitsumwelt als Quelle von Burnout zu erachten?
>
> In diesem Kapitel erfahren Sie,
>
> - welche Prozesse die Entwicklung von Burnout erklären können,
> - welche Ursachen häufig in der Person selbst vorliegen,
> - welche Einflussfaktoren aus der Arbeitssituation, dem sozialen Umfeld und aus der Gesellschaft, die Burnout auslösen können, und
> - welche besonderen Rahmenbedingungen in sozialen Berufen zu finden sind.

> Frauen brennen eher aus.
> Burnout ist eine Modeerkrankung.
> Wer viel arbeitet, bekommt einen Burnout.
> Wer sein Leben ›im Griff‹ hat, bleibt verschont.
> Burnout tritt nur bei Manager*innen auf.
> Schwache Menschen bekommen Depressionen, starke Menschen Burnout.

Dies sind nur einige der Mythen, die über das Phänomen Burnout kursieren und angebliche Ursachen vortäuschen. Einer wissenschaftlichen Überprüfung halten all diese Aussagen nicht stand. Warum sich die Mythen dennoch hartnäckig in der Bevölkerung verbreiten, liegt sicher zum Großteil daran, dass sie aus einem Cocktail aus Erzählungen, Darstellungen im Film und in anderen Medien, Überlieferungen oder kollektiven Erlebnissen entstanden sind, an die sich die Menschen später verklärend erinnern. Andererseits helfen unseriöse Ratgeber und vor allem auch die oft wenig aussagekräftigen Forschungsergebnisse nicht gerade bei der Aufklärung.

Tatsächlich finden sich bei genauer Suche durchaus Studien, die in empirischen Forschungsdesigns die Ursachen, Gründe, Einflüsse oder Auslöser für ein Ausbrennen untersucht haben. Diese sollen in diesem Kapitel Platz finden und zur Aufklärung über die Entstehung von Burnout beitragen.

Vorab ist es wichtig einen Unterschied zu machen zwischen den Faktoren, die eine Ursache für Burnout im Sinne einer Disposition darstellen, und denen, die eher als Einflussfaktoren gelten.

Disposition

Eine *Disposition* (Deutsch: Anordnung, Fügung) meint in diesem Zusammenhang die Faktoren, die ursächlich sind, ohne die ein Mensch niemals einen Burnout erleiden würde. Dazu gehören einerseits die vererbten Anlagen wie das biologische Geschlecht oder eine bestimmte Hormonkonzentration im Körper und andererseits die im Laufe des meist jungen Lebens erworbenen Anlagen, die sich in der Persönlichkeit eines Menschen offenbaren. Die vererbten oder erworbenen Anlagen bergen das Risiko, dass diese Menschen ein Burnout erleiden können, aber nicht müssen. Je nachdem, welche weiteren Einflüsse auf diesen Menschen einwirken und welche Ressourcen dieser Mensch innehat, steigt oder sinkt das Risiko auszubrennen.

Einflussfaktoren

Auf der anderen Seite gibt es die *Einflussfaktoren*, die auf arbeitende Menschen jeden Tag einströmen. Dazu zählen die Arbeitsbedingungen mit einer Fülle und Komplexität der Aufgaben, die mehr oder weniger funktionierenden Beziehungen zu den Kolleg*innen und zur Führungskraft. Aber auch die Einflüsse aus dem Privatleben spielen eine Rolle. Sind Kinder zu versorgen und läuft deren Entwicklung vielleicht nicht geradlinig, ist die Partnerschaft mit Schwierigkeiten verbunden oder gibt es Misserfolge in der Freizeit, dann wirkt sich das unweigerlich auf das Denken und Fühlen aus. Arbeitnehmende können dies nicht hundertprozentig in ihrer beruflichen Tätigkeit ausblenden. Und schließlich bewegen sich arbeitende Menschen auch innerhalb einer Gesellschaft mit all ihren Gesetzen und Regelungen, an denen sie sich stoßen, oder innerhalb eines Kulturkreises, mit dessen Werten sie sich arrangieren.

Treffen zu viele und ungünstige Einflussfaktoren auf Menschen mit einer Disposition zu Burnout, dann können sie eine Stressreaktion des Ausbrennens auslösen. Die gefährdeten Personen erleiden ein Burnout. Liegen dagegen bei einer Person keinerlei disponierende Faktoren für einen Burnout vor, dann kann auch bei Einfluss von viel Stress kein Burnout entstehen. Die Menschen ohne Disposition zu Burnout entwickeln dann andere Formen von Reaktionen. Im positiven

3 Wie Burnout entsteht – Ursachen und Einflussfaktoren

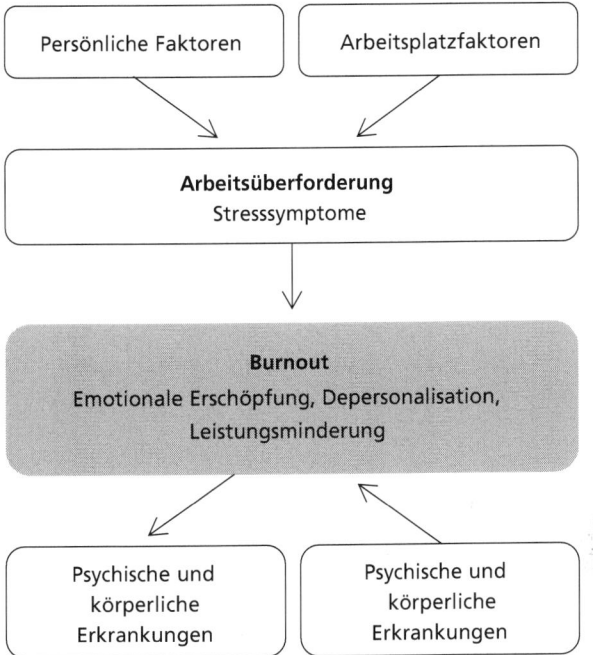

Abb. 6: Entstehung von Burnout (eigene Darstellung)

Falle lernen sie aus den Stresssituationen und sind dadurch in der Lage ihre Widerstandsfähigkeit noch weiter auszubauen. Allenfalls können sich bei ihnen andere Schwierigkeiten entwickeln. Vielleicht kündigt ein von zu viel Stress betroffener Mensch und sieht lieber die Arbeitslosigkeit als herausfordernden Zustand an. Diese Reaktion hat jedenfalls nichts mit Burnout gemein. Damit wird auch die häufig verbreitete Ansicht widerlegt, dass Burnout durch schlechte Arbeitsbedingungen und den Wandel der Gesellschaft verursacht wird. Nein, die Ursachen liegen in den Personen selbst, während die Einflüsse durch Arbeit und Gesellschaft das Burnout auslösen bzw. aufrechterhalten können.

> Um die Ausführung mit kurzen Worten zusammenzufassen: Burnout entsteht aus der Kombination einer persönlichen Disposition und situativen Arbeits- und Lebensbedingungen (Maslach et al. 2001, S. 413).

Die Deutsche Gesellschaft für Psychiatrie, Psychotherapie und Nervenheilkunde DGPPN hat das multifaktorielle Geschehen in ihrem Positionspapier zu Burnout veranschaulicht (▶ Abb. 6). Aus der Abbildung wird ersichtlich, dass durch die verschiedenen Ursachen und Einflüsse zunächst eine Arbeitsüberforderung mit typischen Stresssymptomen entsteht. Erst wenn ein solcher Zustand über mehrere Wochen bis Monate anhält und ein Ende nicht absehbar ist, dann reichen die kurzen Erholungsphasen wie an den Abenden und Wochenenden nicht zu einer Regeneration (Berger et al. 2012, S. 4). Können die Betroffenen dem andauernden Überforderungszustand nicht genügend Widerstandskraft entgegensetzen und greifen die erwogenen Bewältigungsmaßnahmen zu kurz, wird ein Burnout-Zustand ausgelöst.

Da bei jedem potenziell Betroffenen die Ursachen und Einflussfaktoren einen unterschiedlich starken Anteil haben, ist für jeden einzelnen Fall eine individuelle Analyse sinnvoll. Es lohnt sich also in der Beratung von potenziell Burnout-Betroffenen einerseits die persönlichen Merkmale, typischen Denk- und Verhaltensweisen und biografischen Hintergründe zu erfragen. Andererseits sind die Arbeitssituation und die umliegenden Sozialsysteme auf ungünstige Einflüsse zu prüfen. Nur dann können für die Betroffenen daraus passende und hilfreiche Bewältigungsmaßnahmen entwickelt und gestaltet werden.

3.1 Erklärungsmodelle zur Burnout-Entstehung

Bevor es um einzelne Ursachen und Einflussfaktoren geht, soll der Blick darauf gelenkt werden, wie die Faktoren zusammenwirken, so dass daraus ein Burnout entsteht. In verschiedenen Forschungstraditionen, insbesondere im Bereich der Gesundheitsforschung, wurden in den letzten Jahrzehnten dazu zahlreiche Modelle entwickelt. Im Folgenden sollen zwei der Modelle, die eher als übergeordnete Rahmenmodelle gelten, zur Erklärung des Entstehungsprozesses von Burnout dienen.

3.1.1 Burnout als Form der Stressbewältigung

Aus dem Bereich der Stressforschung ist hier in erster Linie das *Transaktionale Stressmodell* von Lazarus und Folkman (1984) zu nennen (▶ Abb. 7). Darauf beziehen sich die meisten Trainings zur Stressbewältigung, die sich auch für die Bewältigung von Burnout bewährt haben (▶ Kap. 5 »Wege aus dem Burnout«). Nach diesem Modell hängt es entscheidend davon ab, wie Personen eine Situation bewerten und welches Bewältigungsverhalten ihnen möglich ist (weitere Erläuterungen in Lazarus & Folkman 1984, Lazarus & Launier 1981).

Treffen stressauslösende Reize auf eine Person, dann bewertet sie zuerst, ob diese *Reize* für sie überhaupt *relevant oder positiv oder bedrohlich* sind. Das ist je nach Person unterschiedlich.

> **Beispiel: Der neue Kollege**
>
> Beispielsweise kann die Tatsache, dass jemand einen neuen Kollegen bekommt, verschieden beurteilt werden. Manche Menschen sehen den neuen

> Kollegen als nicht relevant für sich an, weil sie lieber allein für sich arbeiten und jegliche Teamarbeit vermeiden. Somit bleibt die personale Veränderung für sie ohne Einfluss auf ihre Arbeitsweise. Andere Menschen bewerten es dagegen positiv und für sie angenehm, wenn sie dadurch das Gefühl bekommen Unterstützung zu erhalten, nicht mehr allein im Büro zu sein und jemanden für den informellen Austausch an der Seite zu haben. Diese Menschen werden den Reiz des neuen Kollegen als freudvoll, motivierend und anregend empfinden und müssen daher keine besonderen Bewältigungsstrategien anwenden. Dann gibt es allerdings auch Personen, die den neuen Kollegen als bedrohlich erleben. Denkbar ist, dass sie die Erweiterung des Kolleg*innenkreises als Konkurrenz empfinden und ihren Erfolg und die Anerkennung ihrer Leistung in Gefahr sehen. Vielleicht bewerten diese Personen die Einstellung einer weiteren Arbeitskraft auch als Kritik an der eigenen Arbeitsleistung. Möglicherweise stellt die Veränderung im Team für sie auch eine starke Herausforderung dar, weil nun noch weitere Befindlichkeiten in Teambeziehungen einfließen, die Arbeitsaufgaben neu verteilt werden und damit Veränderungen anstehen, auf die sich solche Personen schwer einstellen können.

Diese Arten von Bewertung der Situation führen laut Lazarus zu einem ersten Stressempfinden verbunden mit negativen Emotionen wie Angst, Ärger oder Sorge.

Es folgt laut dem Transaktionalen Stressmodell eine zweite innere Bewertungsinstanz, bei der die zuletzt beschriebenen Personen prüfen, inwieweit die eigenen Fähigkeiten und Optionen zur Klärung der Situation ausreichen. Es wird abgewogen, welche *Bewältigungsmöglichkeiten* verfügbar sind, welche *Erfolgswahrscheinlichkeit* diese haben und inwieweit die Bewältigungsstrategien beherrscht werden.

Beispiel: Der neue Kollege

> Am Beispiel des neuen Kollegen wird folglich von der Person eingeschätzt, ob die eigene Leistung besser ist als die des Neuen, damit die soziale Anerkennung durch die Führungskraft bestehen bleibt. Möglicherweise muss die Person auch abwägen, inwiefern die Veränderungen in der Aufgabenverteilung oder die Neuverteilung von Arbeitsmitteln ihre Leistungsfähigkeit und Arbeitsmotivation gefährdet. Ergibt sich aus der Bewertung, dass die Fähigkeiten und Ressourcen nicht ausreichen könnten, dann entsteht akuter Stress.

Lazarus und Launier (1981, S. 226) weisen darauf hin, dass es in dem Fall zu ersten Stressphänomenen wie der Erschöpfung oder Anspannung kommen kann.

Der dritte Prozess im Modell besteht aus der Wahl der *Bewältigungsstrategie*. Menschen im Stress können dabei an der Umwelt, an der eigenen Person oder an beidem ansetzen. Stressbewältigung auf der Umweltebene meint hierbei, dass die auslösenden situativen Bedingungen bearbeitet werden. Lazarus bezeichnet dies auch als *problemorientierte Bewältigung*. Gestresste Personen können demnach versuchen die belastenden Reize auszuschalten oder zu reduzieren. Das heißt, sie verändern die stressende Situation.

> **Beispiel: Der neue Kollege**
>
> Zum Beispiel könnte ein gestresster Mensch ungeliebte Aufgaben an den neuen Kollegen delegieren und damit die Hoffnung hegen, dass der Kollege schnell frustriert wird und kaum besondere Leistungen vorweisen kann. Auch eine klare Absprache der Arbeitsziele mit einer Trennung der Aufgabenbereiche zum neuen Kollegen kann das Problem in die Richtung verändern, dass die Arbeitssituation mit mehr Stress erlebt wird. Ebenso ist es möglich die Problemsituation zu verändern, indem sich der gestresste Mensch krankschreiben lässt und dadurch die belastende Situation einfach verlässt.

Die andere Bewältigungsstrategie mit dem Ansatz bei der eigenen Person nennen Lazarus und Kolleg*innen *emotionsregulierende Bewältigung*. Diese zielt auf die Veränderung stressbezogener Gefühle und Gedanken ab, um die durch die Stresssituation entstandene emotionale Erregung abzubauen.

> **Beispiel: Der neue Kollege**
>
> So könnte eine gestresste Person Sport treiben, Entspannungsübungen durchführen oder auch schreien und weinen. All diese Maßnahmen können eine innere Erregung reduzieren. Um stressbezogene Gedanken und Gefühle zu bearbeiten, ist es ebenso denkbar, sich mit einem Hobby abzulenken oder sich mit einer Freundin zu besprechen und dabei die Denkprozesse zu verändern. Den negativen Gefühlen, die mit der Stresssituation einhergehen, wie Angst oder Frustration werden somit positive Gefühle entgegengesetzt. Die Situation wird als weniger stressend empfunden. Eine weitere Form der emotionsregulierenden Bewältigung stellt die innere Distanzierung von der Stresssituation dar (Lazarus und Folkman 1984, S. 150). Wenn also eine Person nichts mit dem neuen Kollegen zu tun haben will, ihn meidet und auch keine Zusammenarbeit annimmt, dann werden negative Gefühle vermieden.

Sich nicht mit einer Konkurrenzbedrohung auseinandersetzen zu müssen, kann somit eine Übererregung und negative Gefühle verhindern. Die Gefahr einer Erschöpfung wird reduziert.

> Burnout entsteht nach dem Transaktionalen Stressmodell (▶ Abb. 7), indem Einflüsse aus der Arbeitswelt als bedrohlich und die verfügbaren persönlichen Ressourcen als mangelhaft erlebt werden. Werden diese Pfade in verschiedenen Arbeitssituationen in immer gleicher Weise durchlaufen, dann chronifiziert sich der Stress. Auffallend im Burnout-Geschehen sind die mangelnden problemzentrierten Bewältigungsstrategien der Betroffenen. Sie besitzen kaum Fähig- oder Fertigkeiten, an der stressenden Arbeitssituation etwas zu verän-

dern – oder sie nehmen ihre Möglichkeiten nicht bewusst wahr und können sie deshalb nicht einsetzen. Es bleiben ihnen die emotionsregulierenden Bewältigungsstrategien, welche jedoch auf Dauer nicht ausreichen. Denn die stressende Arbeitssituation ändert sich dadurch nicht. Ein steter Einfluss von Stress kann längerfristig jedoch nicht mehr durch alleinige Emotionsregulierung bewältigt werden, da eine ständige Verarbeitung von negativen Emotionen sehr viel Energie benötigt und das Wohlbefinden und die Zufriedenheit beeinträchtigt. Die Betroffenen erleben zunehmend, dass sich die Emotionsregulierung in einen aussichtslosen Kampf verwandelt. Das frustriert. Wie Maslach und Jackson (1984, S. 134) beschrieben, entwickeln Menschen im Burnout dann einen Abwehrmechanismus: die Depersonalisation. Dieses Merkmal von Burnout, das in der innerlichen Distanzierung von den und die Abwertung der Personen im Arbeitsumfeld besteht, ist demzufolge eine emotionsregulierende Bewältigungsstrategie.

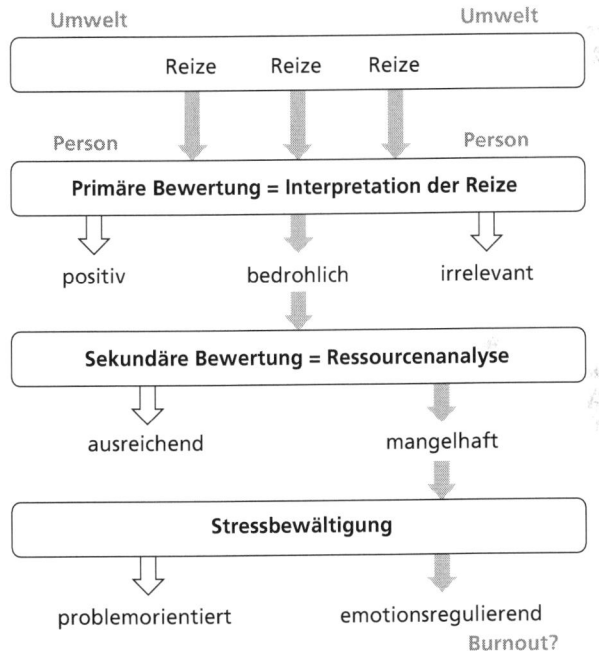

Abb. 7 Der Weg von Burnout im Transaktionalen Stressmodell (Burnout = grauer Pfad; eigene Darstellung)

Zahlreiche Burnout-Forschende beziehen sich in ihren theoretischen Erklärungsansätzen auf das Transaktionale Stresskonzept. Der Grundgedanke sagt aus, dass Stress und damit auch Stressfolgen durch das Aufeinandertreffen von Umweltanforderungen und Personen mit ihren Fähigkeiten und Eigenschaften entsteht. Dies findet sich in fast allen nachkommenden Modellen wieder, die versuchen, die Entstehung von Burnout zu erklären. Unklar bleibt, welcher der Erklärungsansätze den Prozess am besten abbildet. Alle Modelle haben ihre Berechtigung, wenn sie für die Entwicklung von Bewältigungs- und Präventionsmaßnahmen bei Burnout und anderen Stressfolgen nützlich sind.

3.1.2 Arbeitsanforderungen versus Ressourcen

Aus der Vielfalt der Modelle, die sich für die Erklärung von Burnout eignen, soll hier noch eines ausgewählt werden, das sich konkret auf die Erhaltung und Förderung von Gesundheit im Arbeitskontext bezieht: das *Job Demands-Resources Model*, zu Deutsch: Anforderungs-Ressourcen Modell der Arbeit (nach Bakker & Demerouti 2007). Dieses Modell kann am ehesten als ein Rahmenkonzept betrachtet werden, während andere Konzeptionen aus der Gesundheitsforschung sehr detailliert einzelne Teilbereiche des Geschehens beleuchten.

Arbeitsanforderungen nach dem Job Demands-Resources Model schließen bio-psycho-soziale, aber auch organisatorische Merkmale der Arbeit ein. Von den Forschenden werden unter Letzteren Charakteristika der Arbeitsaufgabe im engeren Sinne verstanden. Es handelt sich auszugsweise um Faktoren wie Zeitdruck, eine zu hohe Arbeitsmenge, Schichtarbeit, eine laute oder heiße Arbeitsumgebung und emotionale Anforderungen wie beispielsweise Umgang mit Beschwerden der Klientel (Demerouti et al. 2001, S. 501ff.). Typische arbeitsbezogene Ressourcen sind ein angemessener Handlungs- und Entscheidungsspielraum, Unterstützung durch Kolleg*innen und Vorgesetzte oder ein regelmäßiger Informationsaustausch.

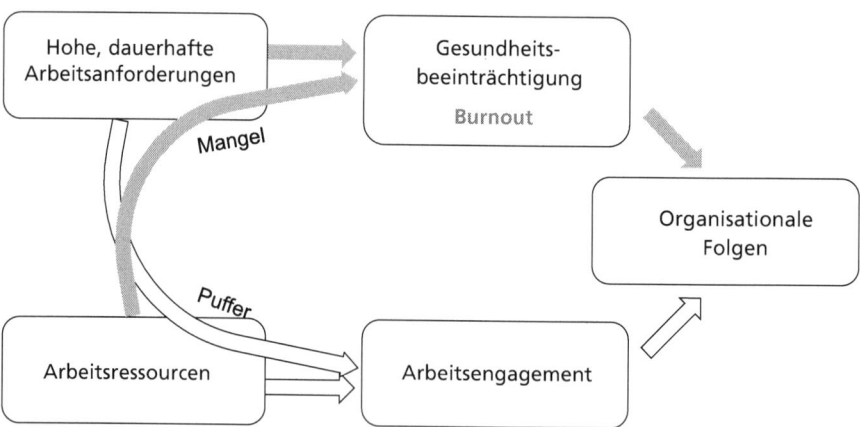

Abb. 8: Anforderungen und Ressourcen in der Burnout-Entstehung nach dem Job Demands-Resources Model (Burnout = grauer Pfad; eigene Darstellung)

Das Job Demands-Resources Model (vgl. Bakker & Demerouti 2007) ermöglicht es, generelle Aussagen zu treffen, wie *Arbeitsanforderungen und Arbeitsressourcen* zusammenspielen. Einerseits können hohe Arbeitsanforderungen, wie beispielsweise ein enormer Leistungsdruck, die psychischen und körperlichen Ressourcen der arbeitenden Personen erschöpfen. Das führt zu einem hohen Energieverbrauch sowie zu gesundheitlichen Problemen. Andererseits sind persönliche Ressourcen wie zum Beispiel schnelle Auffassungsgabe und hohe Strukturierung diejenigen Aspekte, die dazu beitragen, die Arbeitsanforderungen zu reduzieren. Dadurch können Arbeitsziele mühelos erreicht und persönliches Wachstum gefördert werden.

Burnout entsteht nach diesem Modell (▶ Abb. 8), indem dauerhaft hohe Anforderungen auf arbeitende Personen einwirken.

> **Beispiel: Der neue Kollege**
>
> Beispielsweise hat eine Person ein sehr hohes Arbeitspensum zu bewältigen, weil nicht genügend Personal, aber ein großer Dienstleistungsbedarf vorhanden ist. Dann kann möglicherweise die Einstellung eines neuen Kollegen eine weitere Belastung darstellen. Die Einarbeitung benötigt Zeit und Aufmerksamkeit. Eine Entlastung ist in der Anfangszeit nicht zu erwarten. Gelingt es in der Folge nicht, dem neuen Kollegen Arbeitsaufgaben abzutreten, oder benötigt er weiterhin Anleitung, dann fordert das von der Person eine permanente Anstrengung. Das führt zu einem hohen Verbrauch an physischer und psychischer Energie. Die Gesundheit wird beeinträchtigt. Es kann zu körperlichen Symptomen wie beispielsweise Herzrasen, Bluthochdruck oder einer gesteigerten Hormonaktivität kommen. Die Auswirkungen sind meist auch mit psychischen Beeinträchtigungen wie der Unterdrückung von psychischen Bedürfnissen oder dem Überwiegen von negativen Gefühlen auf der Arbeit verbunden. Die Personen fühlen sich erschöpft, von der Arbeit demotiviert und distanzieren sich innerlich von den Anforderungen (Bakker & Demerouti 2007, S. 313). Burnout ist entstanden.

Auf der anderen Seite wird im Job Demands-Resources Model auch ein zweiter, motivationaler Pfad berücksichtigt. Dieser erklärt, dass vorhandene Arbeitsressourcen eine unmittelbare Wirkung auf die Arbeitsmotivation und die Arbeitsleistung haben.

> **Beispiel: Der neue Kollege**
>
> Kann beispielsweise eine Person selbst entscheiden, wie viel Zeit sie in die Anleitung des neuen Kollegen investiert und welche Arbeitsaufgaben in der Zwischenzeit ausgelagert oder verschoben werden können, dann bleibt ihr mehr Flexibilität und der Leistungsdruck sinkt. Das führt entsprechend dem Modell dazu, dass die Person die Einarbeitung des neuen Kollegen motiviert angeht und sich engagiert in den Prozess einbringt (Bakker & Demerouti 2007, S. 313).

Neben diesen zentralen Wirkmechanismen werden im Job Demands-Resources Model auch *Interaktionseffekte* angenommen. Einerseits können Ressourcen negative Auswirkungen von Arbeitsanforderungen abpuffern. Hat eine Person eine schwierige Arbeitsaufgabe zu bewältigen, besitzt jedoch das nötige Wissen und Können oder nutzt die kollegiale Unterstützung, dann empfindet sie die Aufgabe nicht mehr als zu schwierig. Ein ungünstiger Einfluss von Arbeitsanforderungen auf die Gesundheit kann dadurch vermieden werden. Dieser Wirkprozess wird für die Präventions- und Interventionsmaßnahmen gegen Burnout in den nächsten Kapiteln noch relevant. Andererseits können überhöhte Anforderungen den positiven Effekt von Ressourcen auf das Arbeitsengagement auch reduzieren. Werden die Ressourcen als nicht ausreichend erlebt, dann entstehen Gefühle der Frustration und einer herabgesetzten Leistungsfähigkeit. Eine Motivation, die Arbeitsziele zu erreichen, ist in diesem Falle nicht mehr gegeben. In der Konsequenz distanzieren sich die Personen innerlich von der Arbeitstätigkeit wie auch von den Kolleg*innen.

> Zusammengefasst kann nach dem Job Demands-Resources Model auf zwei Wegen Burnout entstehen. Zum einen wird durch überhöhte dauerhafte Arbeitsanforderungen die physische und psychische Energie von Personen verbraucht, was zu gesundheitlichen Beeinträchtigung wie Burnout führt. Zum anderen entstehen die Merkmale des Ausbrennens, wenn die persönlichen Ressourcen als nicht ausreichend oder nicht nützlich erlebt werden.

Die beiden aufgeführten Modelle erklären maßgeblich das komplexe Geschehen in der Burnout-Entwicklung. In den folgenden Kapiteln werden indessen die einzelnen Elemente der persönlichen Disposition und der beeinflussenden situativen Bedingungen für das Ausbrennen dargelegt.

3.2 Persönliche Faktoren als Nährboden für Burnout

Unter persönlichen oder auch personalen Faktoren werden solche verstanden, die in einem Menschen selbst zugrunde gelegt sind und die entscheidenden Einfluss auf das Erleben und Verhalten haben. Das sind zunächst *demografische Merkmale*, die spezifische Informationen über die Person angeben. Dazu gehören unter anderem das Alter, das Geschlecht, die Muttersprache, der Wohnort und soziale Merkmale wie der Beruf, der Familienstand oder das Einkommen, der Bildungsstand und die Religionszugehörigkeit. Des Weiteren zählen zu den persönlichen Faktoren sogenannte *Persönlichkeitsmerkmale*, manchmal auch als Charakter oder Eigenschaften bezeichnet. Damit sind typische Erlebens- und Verhaltensmuster gemeint, die ein Mensch in seiner eigenen Weise in ähnlichen Situationen immer wieder zeigt. So ist eine Person, deren hervorstechende Persönlichkeitseigenschaft ›Extraversion‹ heißt, dafür bekannt, dass sie sich in sozialen Lebenssituationen gesellig, impulsiv und lebhaft verhält. Ein Mensch, dessen Persönlichkeitsmerkmal ›Neurotizismus‹ stark ausgeprägt ist, fühlt sich dagegen in sozialen Situationen oft unsicher und ängstlich. Das zeigt sich nach außen dann darin, dass er häufig launisch wirkt und sich entweder reserviert zurückzieht oder auch aggressiv abwehrend reagiert.

Im Folgenden werden diejenigen persönlichen Faktoren vorgestellt, die einen Bezug zu Burnout haben. Da die Daten allerdings oft nur in Querschnittsstudien erhoben wurden – also nur die Situation zu einem Zeitpunkt und nicht die Entwicklung über eine lange Zeit – geben die Forschungsergebnisse lediglich Zusammenhänge her und weniger die tatsächlichen Ursachen. Dennoch kann im Großen und Ganzen davon ausgegangen werden, dass es sich höchstwahrscheinlich um disponierende Faktoren für Burnout handelt.

3.2.1 Zur Bedeutung demografischer Merkmale

Alter und Burnout

Von allen demografischen Merkmalen, die in Bezug auf Burnout berichtet werden, erweisen sich die Zusammenhänge hinsichtlich des Alters als am stabilsten. In mehreren Forschungsstudien konnte festgehalten werden, dass bei jüngeren Arbeitnehmenden eine höhere Burnout-Rate zu finden ist als bei älteren (z. B. Maslach et al. 2001, Meta-Analyse von Lim et al. 2010). Die Forschenden haben sich jedoch hier die Frage gestellt, ob es tatsächlich das Älterwerden ist, was hier wirkt, und stellten weitere Analysen an. Litzke und Kollegen führen die Tendenz, dass Jüngere höhere Werte im Burnout aufweisen als Ältere, auf einen Realitätsschock beim *Eintritt in das Arbeitsleben* zurück (2013, S. 151). So gesehen ist Burnout vorrangig ein Phänomen der beruflichen Findungsphase. Nach der schulischen Betreuung und einer vorrangig theoretischen Ausbildung ist der Einstieg in den beruflichen Alltag oft hart. Die praktischen Anforderungen entsprechen häufig nicht den bisherigen Vorstellungen zum Beruf. Daraus entsteht Enttäuschung, vielleicht auch schon Überlastung, wenn die in der Ausbildung erworbenen Methoden nicht für ein erfolgreiches Arbeiten ausreichen. Demgegenüber stehen die *langjährig Berufserfahrenen*. Je länger sich Menschen in ihre Tätigkeit eingearbeitet haben, Wissen und Kompetenzen aufbauen und erweitern konnten, desto eher sind sie in der Lage, mit Schwierigkeiten und Herausforderungen im Arbeitsalltag zurechtzukommen.

> **Je älter, desto weniger Burnout?**
>
> In der Literatur wird einstimmig angenommen, dass nicht das Alter, sondern die Berufserfahrung ausschlaggebend für einen Schutz vor Burnout ist.

Geschlecht und Burnout

Eine Studie aus den 1980er Jahren, die von Maslach und Jackson (1985, S. 383) durchgeführt wurde, ging von der Hypothese aus, dass Frauen eher ausbrennen. Die Forscherinnen hatten drei Annahmen aufgestellt, wie dies zu erklären sei. Das erste Argument lautete, dass Frauen als Folge der Sozialisierung der *Geschlechterrollen* stärker emotional in die Probleme ihrer Kundschaft verwickelt wären und sich damit emotional überfordern. Die zweite Annahme bestand darin, dass Frauen eher in der Arbeit mit anderen Menschen tätig sind und deshalb häufiger in direktem, auch abhängigem Kontakt zu anderen Personen stehen. Drittens nahmen Maslach und Jackson an, dass Frauen eher für die emotionalen Bedürfnisse ihrer Familie verantwortlich sind als Männer und daher mit einer doppelten Dosis der Anstrengung konfrontiert sind sich um andere zu kümmern (sowohl zu Hause als auch am Arbeitsplatz). Entgegen der aufgestellten Hypothesen zeigte sich in den Studien, dass es keine Unterschiede im Burnout-Vorkommen zwischen den Geschlechtern gab. Bei den betroffenen Personen wiesen Männer sogar leicht höhere Werte in einzelnen Burnout-Merkmalen als Frauen auf (Maslach & Jackson 1985, S. 844). Maslach und Jackson diskutieren dieses Ergebnis vor dem Hintergrund der ›Sex-Role Socialization‹. Damit beschreiben sie die These, dass Männer gemäß ihrer gesellschaftlichen Rolle dem beruflichen Erfolg mehr Bedeutung beimessen als Frauen. Für die damalige gesellschaftliche Rollenverteilung scheint es somit nachvollziehbar, dass negative berufliche Bedingungen Männer mehr belasteten als Frauen. Doch die Gesellschaft befindet sich im Wandel.

Die mit der Zeit folgenden Forschungen zum *biologischen Geschlecht* als Ursache für Burnout erbrachten verschiedene Ergebnisse. Je nachdem, was in den Studien gemessen und an Kriterien für Burnout erfasst wurde, waren mal mehr Frauen und mal mehr Männer betroffen, teilweise gab es auch keine Unterschiede (Übersicht in Rösing 2003, S. 94ff.).

Bei genauerer Betrachtung der einzelnen Merkmale von Burnout kommen verschiedene Studien derweil zu einer interessanten Erkenntnis. Was Maslach und Jackson bereits 1985 berichteten, fiel auch Schaufeli und Enzmann 1998 in ihrem Buch ›The Burnout Companion to Study and Practice‹ bei der Analyse vieler wissenschaftlicher Studien auf: Während Frauen eher zu emotionaler Erschöpfung tendieren, weisen Männer höhere Werte im Bereich der Depersonalisation auf. Das wiederum bestätigt die eingangs von Maslach und Jackson aufgestellte Hypothese. Die emotionale Sensibilität von Frauen im sozialen Bereich und die gleichzeitige Herausforderung durch die Doppelbelastung von Frauen durch Beruf und Familie führen am ehesten zu emotionaler Erschöpfung. Männer dagegen versuchen ihre Probleme mit dem Kopf zu lösen und suchen Ursachen eher in den Arbeitsbedingungen oder bei anderen Menschen, so argumentieren Schaufeli und Enzmann (1998, S. 76). Doch auch diese Erklärungen können keine Ursache aus dem biologischen Geschlecht ableiten. Sie resultieren nach wie vor aus den Rollenstereotypen, die in unserer Gesellschaft noch tief verankert sind.

> **Brennen Frauen eher aus?**
>
> Insgesamt lässt sich feststellen, dass das biologische Geschlecht keine Ursache für Burnout sein kann. Burnout tritt nicht häufiger bei Männern oder bei Frauen auf. Es gibt jedoch gesellschaftlich bedingte Unterschiede der geschlechtlichen Rollen, in denen sich das unterschiedliche Ausbrennen bei den verschiedenen Geschlechtern äußert.

Familienverhältnisse

Weitere Studienziele lagen in der Untersuchung der Familienverhältnisse von Burnout-Betroffenen. In einer frühen Untersuchung fanden Maslach und Jackson (1981, S. 111), dass Personen, die geschieden bzw. ledig sind, signifikant höhere Werte bei der emotionalen Erschöpfung aufwiesen als Verheiratete. Bei den anderen Merkmalen von Burnout gab es keine bedeutsamen Unterschiede. Dass *Ledige* insgesamt höhere Burnout-Werte als Verheiratete erreichen, bestätigen auch spätere Studien. Darin zeigt sich sogar, dass die Ausprägung von Burnout bei Ledigen noch höher ist als bei Geschiedenen (Maslach et al. 2001, S. 410).

Auffällige Unterschiede ergaben gleichfalls die Untersuchungen von Maslach und Kollegen zum *Vorhandensein von Kindern* in der Familie. Im Vergleich zu arbeitenden Personen, die ein oder mehrere Kinder hatten, zeigten kinderlose Arbeitende in allen Merkmalen des Burnouts höhere Werte (Maslach et al. 2001, S. 410). Gesteigerte familiäre Verpflichtungen stellen demnach keinen zusätzlichen Stressfaktor für die Burnout-Entstehung dar. Im Gegenteil, es ist anzunehmen, dass dadurch die Bedeutung der Arbeit für das eigene Leben etwas sinkt und die Fürsorge für die Familie einen höheren Stellenwert einnimmt.

> **Ist die Familie ein Schutzfaktor?**
>
> Diese Frage kann eindeutig mit ja beantwortet werden. Die Existenz einer Familie, im Sinne von sozialer Gemeinschaft mit Verantwortung füreinander, ist ein Schutzfaktor vor Burnout.

Bildung und Burnout

Einige Studien berichten, dass Personen mit *gehobener Bildung* höhere Burnout-Werte erreichen als Personen mit geringerem Bildungsniveau (Maslach et al. 2001, Schaufeli & Enzmann 1998, S. 77). Dabei bleibt allerdings unklar, inwieweit hier nicht Bildung mit anderen Merkmalen wie beispielsweise dem *Status des Berufs in der Gesellschaft* gleichgesetzt wird. Maslach und Kollegen diskutieren deshalb in ihrer Studie, ob nicht möglicherweise Menschen mit höherer Bildung häufiger eine Arbeit mit größerer Verantwortung und mehr Stress haben. Oder ob besser ausgebildete Menschen höhere Erwartungen an ihre Arbeit stellen und verzweifelter sind, wenn diese Erwartungen nicht erfüllt werden.

Eine große finnische Studie widerspricht gar den oben genannten Ergebnissen. Ahola und Kolleg*innen fanden heraus, dass ein *niedriges Bildungsniveau* und ein *niedriger sozialer Status* ein mögliches Burnout-Risiko bergen, und das noch stärker für Frauen als für Männer (Ahola et al. 2006, S. 16). In einer großen Gesamtschau der Forschungslage stellen Schaufeli und Enzmann (1998) letztendlich fest, dass gerade in Bezug auf das Bildungsniveau entweder nur schwache oder widersprüchliche Zusammenhänge zu Burnout zu finden sind.

Die neueste deutschlandweite Untersuchung des Robert Koch-Instituts betrachtet hingegen vorrangig den *sozioökonomischen Status* (SES). Die Studie zur Gesundheit Erwachsener in Deutschland DEGS zeigt, dass bei einem höheren SES die Häufigkeit steigt ein Burnout-Syndrom diagnostiziert zu bekommen. Bei 2,6 % Menschen mit einem niedrigen SES und 4,2 % der Menschen mit einem mittleren SES wurde in ihrem Leben von ärztlicher oder psychotherapeutischer Seite das Vorliegen eines Burnouts festgestellt. Menschen mit einem hohen SES wiesen in 5,8 % der Fälle ein Burnout auf (Kurth 2012, S. 987).

> **Trifft Burnout nur die Gebildeten?**
>
> Die Forschung gibt für eine Aussage zum Zusammenhang von Bildung und Burnout-Entstehung keine eindeutigen Ergebnisse her. Wahrscheinlich ist, dass nicht der Bildungsstand zum Ausbrennen führt, sondern andere Merkmale der Arbeit und der Gesellschaft wirken.

3.2.2 Ursachen in genetischen und biologischen Faktoren

Einfach wäre es, wenn die Forscher*innen ein *Gen* finden würden, das für die Entstehung von Burnout verantwortlich ist. Solche Untersuchungen sind nicht einfach zu gestalten und eher schwer zu interpretieren.

Zusammenhänge zwischen einer genetischen Basis und der Ausbildung von Burnout geben Patient*innenstudien an der Universität Bonn unter der Federführung von Martin Reuter her. Im Ergebnis wurden bei Frauen mit Depressionen und Burnout Wechselwirkungen zwischen bestimmten Genvarianten und Lebensstress gefunden, bei Männern nicht (Plieger et al. 2018, S. 91). Die Resultate der Studie reichen allerdings nicht aus, um tatsächlich die Ursache für Burnout in Genen zu finden. Es bleibt unklar, was Ursache und was Wirkung ist. Vor allem jedoch wird hier nicht unterschieden, ob die genbedingte Stressreaktionen durch die Erkrankung Depression oder nur im Zusammenhang mit Burnout oder durch beides hervorgerufen wird.

In Dresden läuft derweil eine Studie, die vielversprechend ist. 2015 startete dort eine auf 12 Jahre angelegte Kohorten-Längsschnittstudie, in der den *biologischen Risiken* von Burnout auf den Grund gegangen werden soll. Dabei werden sogenannte Biomarker – das sind charakteristische biologische Merkmale, an denen Krankheiten oder Körperzustände erkannt werden können – aus Blut- und Haarproben gewonnen. Interessant sind besonders die Erhebungen der Hormonkonzentrationen, speziell von Kortisol. Dieses Hormon wird vom Körper ausgebildet, wenn ein Mensch dauerhaftem Stress ausgesetzt ist. Es stellt dem Körper zusätzliche Energie zu Verfügung, dämpft allerdings auch das Immunsystem. Gleichzeitig werden in der Studie Burnout-Merkmale und die Depressivität bewertet, um mögliche Verwirrungen zu kontrollieren. Die ersten Ergebnisse weisen auf einen spezifischen Hyperkortisolismus – ein Zuviel an Kortisol im Körper – bei den Studienteilnehmenden hin, die an Burnout leiden. Andererseits wurde keine erhöhte Kortisolkonzentration im Körper der Menschen mit einer Depression gefunden (Penz et al. 2018, S. 221). Diese Studie kann demnach nachweisen, dass Burnout und Depression tatsächlich unterschiedliche Phänomene mit biologisch verschiedenen Prozessen darstellen. Allerdings gibt es noch keine Aussagen dazu, ob Burnout nun durch eine Hormonstörung hervorgerufen wird oder ob Burnout eine besondere chronifizierte Stressreaktion des Körpers darstellt.

> **Wird Burnout vererbt?**
>
> Es gibt bis heute keine Nachweise für genetische oder biologische Ursachen von Burnout. Allerdings werden in den Studien Zusammenhänge zwischen genetischen oder biologischen Faktoren und dem Vorkommen von Burnout dargestellt. Zwar sagen diese Zusammenhänge nichts über die Ursache-Wirkungs-Kette aus, jedoch sollten diese Erkenntnisse in die weitere Bewältigungsforschung für Burnout einfließen.

3.2.3 Persönlichkeit, Fähig- und Fertigkeiten, Werte

Wenn es keine nachgewiesenen Ursachen in den körperlich-biologischen Anlagen eines Menschen zur Burnout-Bildung gibt, dann werden psychische Gründe sehr wahrscheinlich.

Persönlichkeit

Die Psyche beinhaltet, wie jeder Mensch seine Umwelt und sich selbst wahrnimmt, dies interpretiert und bewertet und sich daraufhin verhält. Gewöhnlich entwickeln Menschen aufgrund ihrer Erfahrungen im Laufe des Lebens ein für sie typisches Erleben und Verhalten, was sie von anderen Menschen unterscheidet. Die Psychologie nennt das die Persönlichkeit eines Menschen. »Die ›Persönlichkeit des Ausbrenners‹, soviel sei vorausgeschickt, gibt es wahrscheinlich nicht« (Burisch 2014, S. 172). Jedoch zeigte die Forschung, dass einzelne Persönlichkeitsmerkmale einen starken Zusammenhang mit der Burnout-Entstehung aufweisen (Übersicht in Rösing 2003, S. 96ff.).

Zunächst soll das eindeutigste Ergebnis erläutert werden. In vielen Studien werden Verbindungen zwischen einem neurotischen Denk- und Verhaltensmuster und Burnout festgestellt (z. B. Schaufeli & Enzmann 1998, Maslach et al. 2001, Alarcon et al. 2009). Personen mit einer hohen Ausprägung im Persönlichkeitsmerkmal *Neurotizismus* sind emotional, also auf der Gefühlsebene, besonders labil. Sie lassen sich leichter als andere Menschen durch äußere Reize erregen und im Denken beeinflussen. Dadurch erleben diese Personen ihre Umwelt als fordernder und entwickeln aus der Überreizung heraus schneller negative Gefühle wie Angst, Frustration oder Wut. In der Folge führt das dazu, dass sie oft impulsiv oder leicht aggressiv reagieren. Menschen mit hohem Neurotizismus werden deshalb als stresssensibel und anfällig für psychische Beeinträchtigungen und Erkrankungen angesehen (Sisolefsky et al. 2017, S. 34). In Bezug auf Burnout lässt sich schlussfolgern, dass neurotisch geprägte Personen in einer fordernden Arbeitsumgebung mit negativen Gefühlen und Gedanken reagieren.

Beispiel: Der neue Kollege

Wird beispielsweise einer bereits von der Arbeit beanspruchten Person ein neuer Kollege zugeteilt, dann wird die neurotische Denkstruktur dazu führen, dass die Person den Kollegen als Eindringling oder Energieräuber empfindet. Daraus ergibt sich recht schnell eine gefühlsmäßige Überforderung und damit eine emotionale Erschöpfung. Es entsteht bei der Person das Gefühl, dass sie nicht mithalten und die Anforderung der Arbeitstätigkeit nicht mehr erfüllen kann. Wie soll der neue Kollege jetzt zusätzlich noch eingearbeitet und gleichzeitig alle anderen Arbeiten ordnungsgemäß abgearbeitet werden? Die neurotische Person muss folglich die überfordernden Reize abwehren. Sie wird sich gegenüber dem neuen Kollegen zunehmend abwehrend verhalten, sich vielleicht insgesamt von ihrer Arbeitstätigkeit innerlich distanzieren.

»Die Krankheit unserer Zeit ist der Perfektionismus«, hat der ehemalige deutsche Bundeskanzler Konrad Adenauer einmal gesagt. Damit spricht er ein zweites, ähnlich wirkendes Persönlichkeitsmerkmal an: die Gewissenhaftigkeit, in verschiedenen Studien auch *Perfektionismus* genannt. Es beschreibt den Grad an Selbstkontrolle, Genauigkeit und Zielstrebigkeit einer Person. Menschen mit einer hohen Ausprägung von Gewissenhaftigkeit setzen sich oft hohe, rigide Ziele und treiben sich selbst innerlich an, um diese Ziele ›komme, was wolle‹ zu erreichen. Sie haben eine sehr hohe Erwartung an sich, welche Leistung sie zu erbringen haben, meist um sich sozial als wertgeschätzt zu fühlen.

Beispiel: Der neue Kollege

So würde in dem Beispiel mit dem neuen Kollegen eine übermäßig gewissenhafte Person die Einarbeitung wie selbstverständlich neben ihren anderen Aufgaben übernehmen. Sie hätte den Anspruch, die Einarbeitung des neuen Kollegen perfekt zu gestalten, indem sie immer und jederzeit als Ansprechpartnerin zur Verfügung steht, kleine Fehler auf die eigene Kappe nimmt und gern Überstunden ableistet, um auch alle anderen Arbeitsaufgaben auf hohem Niveau zu erfüllen. Dafür liegen in der gewissenhaften Person häufig irrationale Denk- und Bewertungsmuster zugrunde wie ›Ich muss es allen recht machen‹ oder ›Mir dürfen keine Fehler passieren‹. Da diese Ansprüche kaum gehalten werden können, denn der neue Kollege hat ja auch sein Zutun, werden die hohen Ziele selten erreicht. In der gewissenhaften Person entstehen negative Gefühle wie Frustration oder Angst und schließlich Erschöpfung, weil die Absichten nicht zur Wirklichkeit passen.

In den Forschungsstudien zu Burnout wird ferner ein drittes Persönlichkeitsmerkmal als bedeutend hervorgehoben, welches hingegen präventiv mit Burnout zusammenhängt (Alarcon et al. 2009, S. 258): die *Extraversion*, manchmal auch Extrovertiertheit genannt. Dieses Merkmal zeichnet sich durch eine nach außen gewandte Haltung aus. Personen mit einer extravertierten Charakterprägung zeigen ein hohes Selbstvertrauen und empfinden den Austausch und das Handeln innerhalb sozialer Gruppen als anregend. Deshalb wird das Merkmal manchmal auch Begeisterungsfähigkeit genannt. Gleichzeitig sind extravertierte Personen stark anpassungsfähig an äußere Umstände. Es wird angenommen, dass diese Personen ihre Arbeitsbedingungen und den Einfluss der mitarbeitenden Personen als weniger stressvoll oder gar bedrohlich bewerten, sondern eher als motivierend.

Beispiel: Der neue Kollege

Ein neuer Kollege wird für eine extravertierte Person demnach Burnout-präventiv wirken. Da nun eine weitere Person im Team vorhanden ist, kann sie als anregende Quelle auf die Arbeitsleistung wirken. Die extravertierte Person wird den neuen Kollegen eher als unterstützend erleben und zur Erreichung der Arbeitsziele gebrauchen.

Schwache Menschen bekommen Depressionen, starke Menschen Burnout?

Eine starke oder schwache Persönlichkeit gibt es nicht, zumindest lässt die Wissenschaft eine solche Bewertung nicht zu. Menschen haben allerdings mehrere Persönlichkeitsmerkmale, die bei jedem unterschiedlich stark ausgeprägt sind. Personen mit hohen Ausprägungen in Neurotizismus oder Gewissenhaftigkeit weisen eine erhebliche Disposition zur Entwicklung von Burnout auf, während extravertierte Personen eher vor dem Ausbrennen geschützt sind.

Stressbewältigungskompetenz

Eng verbunden mit den Persönlichkeitsmerkmalen eines Menschen sind die Fähig- und Fertigkeiten mit Stress umzugehen. Hierzu existieren in den Wissenschaften verschiedene Konzepte. Leider sind für einige der bekanntesten Konzepte wie Kohärenz (nach Antonovsky) oder Resilienz (nach Werner) keine aussagekräftigen Forschungsstudien mit Bezug zu Burnout bekannt.

Der Zusammenhang mit Burnout wurde indessen für ›*Hardiness*‹ (Deutsch: Widerstandskraft) untersucht (Kobasa 1979, 1982). Hardiness bezeichnet eine engagierte Grundhaltung im Leben und das Gefühl, die Dinge im Griff zu haben. Personen mit hoher Widerstandskraft zeigen zudem eine große Offenheit gegenüber Veränderungen in ihrem Umfeld. Die Forschungen ergaben erwartungsgemäß, dass Menschen mit hohen Hardiness-Werten kaum Burnout entwickeln (Übersicht zu den Studien in Rösing 2003, S. 179). Es wurde einstimmig von den Forschenden festgestellt, dass dieses Persönlichkeitskorrelat eine Schutzfunktion gegenüber Burnout innehat.

Der Stressforscher Lazarus nannte die Fähig- und Fertigkeiten mit Stress umzugehen ›*Coping*‹ (deutsch: Bewältigung). Häufig wurde in den Studien der typische Bewältigungsstil (Coping Style) von Personen im Umgang mit Belastung untersucht. Dabei wird regelmäßig zwischen einem *defensiv-passiven* und einem *aktiv-konfrontierenden Stil* unterschieden. Ergebnisse der Studien zeigen deutlich, dass sich beide Stile unterschiedlich auf die Entwicklung von Burnout auswirken. Bei einem aktiven Bewältigungsstil setzen sich Personen direkt mit dem Problem auseinander. Sie versuchen an der Situation etwas zu verändern, arbeiten an ihren Gedankenmustern und ihrer Emotionsregulierung oder suchen sich Unterstützung im sozialen Umfeld. Das heißt, sie gehen aktiv die Ursachen und Auslöser für die Belastung an und versuchen diese zu beseitigen oder wenigstens zu verändern. Wenn es den Personen gelingt den Stress dadurch zu reduzieren, dann hat das zusätzlich einen positiven Effekt auf das Selbstwirksamkeitsempfinden und wirkt stärkend auf das Selbstbewusstsein. Damit schützen sich Personen mit einem aktiven Bewältigungsstil gleichzeitig vor Burnout. Dagegen geht ein passiver Bewältigungsstil, der im Wesentlichen nur die Symptome von Stress abmildert, mit einem langfristig hohen Burnout-Risiko einher (z. B. Enzmann 1996, S. 262, Savicki 2002, S. 88). Personen, die passiv mit dem Stress umgehen, versuchen ihn einfach zu vermeiden. Können sie den stressauslösenden Situationen nicht aus dem Weg gehen, dann nutzen sie einige wenige emotionsregulierende Strategien wie Ablenkung, Weinen oder Kompensation durch unangemessene Ernährungsstile. Insofern reichen die Bewältigungsstrategien dieser Personen langfristig nicht aus, um den Stressoren, die im Arbeitsleben nicht vermeidbar sind, genügend entgegensetzen zu können.

Wer sein Leben ›im Griff‹ hat, bleibt verschont.

Wenn Menschen über Fähig- und Fertigkeiten verfügen, Stresssituationen aktiv anzugehen, die Ursachen und Bedingungen zu verändern, dadurch den

Stress reduzieren und eine angemessene Widerstandskraft entwickeln, dann schützen sie sich vor Burnout.

Wertvorstellungen

Ein erhöhtes Burnout-Risiko bescheinigen einige Forschungsstudien, wenn Personen dem Bereich der *Arbeit* in ihrem Leben eine besonders *hohe Bedeutung* beimessen. Dabei geht es nicht allein um den Anteil der Wertschöpfung im Leben, sondern inwiefern durch die Arbeitstätigkeit diese Personen sich selbst verwirklicht und bestätigt empfinden (Richter & Hacker 2014, S. 149). Diese Grundhaltung des ›Brennens für die Arbeit‹ ist häufig mit einer zunehmenden Ausdehnung der Arbeitszeit und der gleichzeitigen Vernachlässigung von Familie und Freizeitgestaltung verbunden (Berger et al. 2012, S. 8). Eine überhöhte Berufsorientierung meint des Weiteren, dass Personen ihre Arbeitstätigkeit als vorrangige Quelle für soziale Anerkennung und Leistungserfolg ansehen. Dementsprechend neigen diese Personen zu hochgesteckten und eher rigiden Zielen (Schaufeli & Enzmann 1998, S. 80). Dieser überzogene Anspruch kann nie voll erfüllt werden, da zu viele Faktoren das Gelingen beeinflussen. Es entsteht immer wieder Frustration. Das macht die Person anfällig für eine überlastungsbedingte Erschöpfung und Burnout. Bereits Freudenberger beschrieb in diesem Zusammenhang, dass Burnout hervorgerufen wird, »wenn das Erwartungsniveau der Realität dramatisch entgegengesetzt ist und die Person weiterhin versucht diese Erwartung zu erreichen« (übersetzt nach Freudenberger & Richelson 1980, S. 13).

Nur wer einmal gebrannt hat, kann auch ausbrennen.

Diese frühere Annahme wurde zwar in Forschungsstudien nie bestätigt. Jedoch sagen die Untersuchungsergebnisse den Personen, die ihrer Arbeitstätigkeit eine überhöhte Bedeutung beimessen und allein von dort ihre soziale Anerkennung und Selbstbestätigung beziehen, ein hohes Burnout-Risiko nach.

3.2.4 Beziehungsfähigkeit

Darüber hinaus haben die Persönlichkeitsmerkmale, die Werte und Erwartungen einer Person bedeutende Auswirkungen auf das soziale Miteinander. Gerade die Fähigkeit Beziehungen mit anderen Menschen einzugehen, sei es auf der Arbeit oder im privaten Bereich, hat dabei einen Einfluss auf den Umgang mit Stress.

Negativ bewertete Beziehungen können Gründe für die Entstehung von Burnout sein, denn sie stellen bedrohliche Reize für eine Burnout-gefährdete Person dar. Dies ergibt sich auch aus der Studie von Rössler und Kolleg*innen. Sie fanden in ihrer Untersuchung, dass *Partnerschaftsprobleme* zur Vorhersage für Burnout dienen können (Rössler et al. 2015, S. 24). Ebenso können fehlende positive Beziehungen riskant für die Burnout-Entstehung sein. Personen, die keine nahe Beziehungen für einen persönlichen Austausch, Trost oder auch für eine Ablenkung von Arbeitsstress aufweisen können, fehlt eine wichtige Komponente der Stressbewältigungsstrategien.

Im Gegenzug zeigt sich, dass *soziale Unterstützung* negativ mit Burnout zusammenhängt. Stützende, verständnisvolle soziale Beziehungen stellen einen Puffer gegen das Ausbrennen im Beruf dar. Dies wird ausdrücklich durch Studien bestätigt, die sich mit der kollegialen sozialen Unterstützung (z. B. Kay-Eccles 2012) auseinandersetzten. Sowohl Kolleg*innen als auch Führungskräfte werden hier als positiv wirkende Einflüsse beschrieben, wenn sie instrumentelle oder emotionale Unterstützung anbieten. Ebenso haben stabile, positive Beziehungen im Privatbereich eine schützende Wirkung gegenüber Burnout, wenn auch weniger stark als Unterstützungsformen bei der Arbeit (z. B. Halbesleben 2006).

> **Das Privatleben hat nichts mit Burnout zu tun?**
>
> Mangelnde Beziehungsfähigkeit kann ebenfalls als Ursache des Ausbrennens herhalten, wenn es nicht gelingt stabile, freudvolle und wertschätzende Beziehungen zu anderen Menschen aufzubauen. Gleichfalls können positiv besetzte soziale Beziehungen als Puffer dienen. Da dies sowohl für Beziehungen im Arbeitskontext als auch für private Beziehungen gilt, kann diese Hypothese verneint werden.

3.3 Situative Einflüsse

Mit fortschreitender Forschungslage wurde zunehmend deutlich, dass die Zusammenhänge zwischen den personenbezogenen Faktoren und Burnout weniger stark ausgeprägt sind als die Zusammenhänge zwischen Burnout und situationsbezogenen Faktoren (Maslach et al. 2001, S. 409). Das bedeutet wiederum, dass zwar in jeder Person eine individuelle Disposition vorhanden sein muss, bevor Burnout entsteht. Jedoch hat diese persönliche Disposition eine weniger starke Bedeutung für einen Ausbruch von Burnout. Hillert und Marwitz sehen in diesem Kontext Burnout denn auch »weniger als Ausdruck des individuellen Scheiterns, sondern als Folge der problematischen Entwicklungen auf dem Arbeitsmarkt und in der Gesellschaft« (Hillert & Marwitz 2006, S. 15). Im Folgenden werden dementsprechend verschiedene Einflüsse aus der Umwelt auf eine Person mit einer Disposition zu Burnout dargestellt, die zum Ausbruch des Phänomens führen können.

3.3.1 Faktoren der Arbeitstätigkeit

Der Arbeitsbereich als Einflussfaktor ist das bedeutendste Forschungsfeld für die Burnout-Entstehung. Dies ist auch nicht verwunderlich, da bereits die Definition den Bezug zur Arbeit herstellt. Hierunter fallen zuerst bestimmte Merkmale der Arbeitstätigkeit, die eine Person ausübt. Burnout wird laut der Mehrzahl von Forschungsstudien vorrangig durch eine zu *hohe Arbeitslast* (▶ Abb. 9) ausgelöst (Meta-Analyse von Alarcon 2011, S. 555, Richter & Hacker 2014, S. 147–148, Schaufeli & Enzmann 1998, S. 82).

Abb. 9: Arbeitslast (eigene Fotografie)

Im Großen und Ganzen handelt es sich dabei um Anforderungen der Arbeit an Personen, die auf emotionaler, kognitiver oder körperlicher Ebene wirken. Typische, negativ wirkende Faktoren auf körperlicher Ebene sind physikalische oder chemische Einflüsse auf die arbeitenden Menschen wie beispielsweise Hitze, das Tragen schwerer Lasten, ungünstige Körperhaltungen, unangenehme Gerüche oder hohe Sonneneinstrahlung. Aber auch Schicht- oder Wochenendarbeit verändert den biologischen Rhythmus, so dass sich dies auf Körperfunktionen auswirkt. Auf kognitiver Ebene können Zeit- oder Termindruck, ein hohes Arbeitstempo, Multitasking, komplexere Anforderungen, Informationsüberflutung, Störungen bzw. Unterbrechungen oder ständige Aufmerksamkeit die Menschen bei ihrer Arbeit überfordern. Hohe personelle Verantwortung, starke Gefühlsverwicklung in die Problematik der Kundschaft, Konflikte mit oder widersprüchliche Erwartungen an die berufliche Rolle sind negative Einflüsse von emotionaler Seite.

All diese Arbeitslasten kommen jedoch erst dann zum Tragen, wenn sie auf *Leistungs- bzw. Erfolgsdruck* beruhen, sei es von der Person selbst erzeugt oder von der Arbeitsorganisation vorgegeben.

Allerdings kann eine Arbeitstätigkeit neben den potenziell gesundheitsgefährdenden Belastungsfaktoren zugleich *gesundheitsförderliche Merkmale* aufweisen. Positive Erfahrungen im beruflichen Alltag, insbesondere in stressrelevanten Situationen, können eine Stärkung der beruflichen Kompetenz erklären. So tragen routinierte Handlungsabläufe, eine gute Zeitplanung und angemessene Arbeitsmethoden nachweislich zu einer besseren beruflichen Selbstwirksamkeit bei (Heisig et al. 2009, S. 290). Grundsätzlich kann eine Arbeitstätigkeit auch zu psychischem Wohlbefinden beitragen (Koch et al. 2015, S. 44). Wenn Arbeit den Menschen eine Tagesstruktur bietet und Sinn stiftet, dann werden sie motiviert und entwickeln positive Emotionen. Arbeitende, die durch Ihre Tätigkeit ihre Fähigkeiten ausbauen und neue Kompetenzen erwerben, wachsen daran und stärken ihr Selbstbewusstsein. Und natürlich ist auch das Wissen um den Lebensunterhalt, der aus der Arbeit erwirkt wird, eine treibende Kraft, die zu Arbeitszufriedenheit führen kann. Schließlich weist die Arbeitstätigkeit elementare Quellen für soziale Anerkennung auf. Sich in den beruflichen sozialen Kontakten wohlzufühlen, dort wertgeschätzt zu werden und in eine soziale Gruppe integriert zu sein, hat eine bedeutende Pufferwirkung gegenüber Stressfolgen und somit auch gegenüber Burnout. Die Arbeitstätigkeit ist demnach nicht per se als Entstehungsgrund für Burnout zu betrachten, sondern kann ebenso eine schützende Wirkung besitzen.

> **Wer viel arbeitet, bekommt einen Burnout?**
>
> Eine zu hohe Arbeitslast ist der wirksamste Einflussfaktor bei der Burnout-Entstehung. Insofern trägt ein Zuviel, jedoch auch ein Zu-Komplex oder Zu-emotional-Fordernd zum Ausbrennen bei. Andererseits kann die Arbeitstätigkeit auch schützend gegen Burnout wirken. Ziehen Arbeitende aus ihrer Tätigkeit genügend Motivation, Kompetenzerleben und soziale Anerkennung, dann wird auch ein Zuviel an Arbeit nicht zum Auslöser für Burnout.

3.3.2 Faktoren der Arbeitsorganisation

Neben den Merkmalen der Arbeitstätigkeit selbst tragen Merkmale der Organisation, in der die Arbeit ausgeübt wird, gleichermaßen zum Geschehen bei. Eine gute Übersicht geben dazu zwei Meta-Analysen. Die folgenden Darstellungen beruhen einerseits auf der Auswertung von Schaufeli und Enzmann von über 250 Studien, die bis Ende der 1990er Jahre durchgeführt wurden (Schaufeli & Enzmann 1998). Eine Meta-Analyse von einem Forschungsteam um Aronsson, die 25 aktuelle Studien auswertete, ergänzt und bestätigt die früheren Resultate (Aronsson et al. 2017).

Die Ergebnisse zeigen deutlich, dass in Organisationen, die ihren Mitarbeitenden *kaum Autonomie* sowie *wenig Entscheidungs- und Handlungsspielraum* zugestehen, häufiger Burnout auftritt. Dies ist nicht überraschend. Denn wenn Arbeitstätige sich in einem engen Rahmen bewegen müssen und dadurch selbst keinen bedeutenden Einfluss auf das Ergebnis und den Arbeitserfolg haben, dann führt das nicht gerade zu einem motivierten Vorgehen, wohl eher zu Frustration oder Langeweile, im schlimmsten Fall zu Angst. Ebenso stellen eine *geringe Bezahlung* sowie ein *unsicherer Arbeitsplatz* Faktoren in der Burnout-Entwicklung dar. In einer solchen Situation ist es verständlich, wenn sich betroffene Personen als wenig wertgeschätzt und nützlich wahrgenommen fühlen. Desgleichen fehlt es an sozialer Anerkennung, wenn arbeitende Personen nur spärlich Rückmeldung von der Führungskraft zu ihrer Leistung erhalten oder ungleich zu ihren Kolleg*innen behandelt werden.

Weitere Merkmale einer Arbeitsorganisation, die als Risikofaktoren für Burnout gefunden wurden, sind der *Übergriff des Unternehmens in das Privatleben* zum Beispiel durch Anrufe am Wochenende oder fehlende Weiterentwicklungsmöglichkeiten. Letztlich lassen sich diese Haltungen, Werte und Normen einer Organisation unter dem Begriff der *Unternehmenskultur* zusammenfassen. Diese Überzeugungen wirken sich darauf aus, wie Mitarbeitende und Führungskräfte in der Organisation handeln und interagieren (Peterson & Wilson 2002, S. 17). In der Konsequenz sind »eine Gängelung der Mitarbeiter, viel Kontrolle, wenig Achtung vor ihrer Arbeit und eine [...] Tendenz der Ausbeutung« (Rösing 2003, S. 104) als ungünstige Unternehmenskulturen festzuhalten. Sie stellen daher einen Risikofaktor für eine gestresste Organisation dar, die beste Bedingung für das Ausbrennen der dort arbeitenden Personen.

In Ergänzung zu den Ergebnissen der Metaanalysen werden in neueren Studien veränderte Arbeitsformen untersucht. So beschäftigen sich einige Studien mit der zunehmenden *Flexibilisierung und Entgrenzung der Arbeit*. Viele Arbeitsorganisationen stellen heutzutage ihren Mitarbeitenden bewegliche Arbeitszeiten und viel Autonomie in der Arbeitsgestaltung zur Verfügung. Sie arbeiten mit reduzierten, flachen Hierarchien und einer recht dynamischen Teamorganisation. Damit verändern sich sowohl die organisationalen und arbeitsbezogenen Bedingungen als auch die zugehörigen Belastungsfaktoren. In der Theorie wird angenommen, dass zu viel Freiheit und Selbstbestimmung dazu führt, dass sich die arbeitenden Personen zunehmend selbst unter Druck setzen, höhere Leistungen zu erbringen und Erfolg einzufahren. Dabei besteht wiederum die Gefahr, dass die Arbeitenden ihre Tätigkeiten intensivieren, Überstunden anhäufen und Stressfolgen wie Burnout ausbilden. Empirische Studien ergeben indes widersprüchliche Ergebnisse. Während einige repräsentative Untersuchungen belegen, dass ständige Erreichbarkeit (z. B. IGES 2013, S. 85) und die verschwimmende Grenze zwischen Arbeit und Privatleben (z. B. White et al. 2003, S. 192) zu psychischen Beeinträchtigungen führt, fanden andere Studien positive Wirkungen der Flexibilität und Entgrenzung. So zeigt sich in der Forschung von Halpern, dass eine flexible Gestaltung der Arbeitszeit zur Work-Life-Balance beiträgt (Halpern 2005).

Ähnliches gilt für mobiles Arbeiten. Die Zeit- und Ortpräferenzen sind für Arbeitnehmende von hoher Relevanz. Weichen die gewünschte und die realisierte Arbeitszeit voneinander ab, sinkt die Arbeitszufriedenheit erheblich (Grözinger et al. 2010, S. 368).

> **Wer keine Luft bekommt, brennt aus.**
>
> Es scheinen die Extreme zu sein, die dazu führen, dass arbeitende Menschen an die Grenzen des sozial Verträglichen gebracht werden. Weder eingeengte Handlungs- und Entscheidungsbefugnisse noch völlige Flexibilisierung und Entgrenzung der Arbeit erlauben angemessene Bewältigungsmechanismen. Sicher ist, dass eine Unternehmenskultur mit viel Kontrolle und wenig Wertschätzung ihre Mitarbeitenden in der Burnout-Entstehung unterstützt. Und obwohl neue Arbeitsformen wie mobiles oder flexibles Arbeiten ebenfalls Risiken bergen, zeigen sich hier überwiegend Chancen für arbeitende Menschen sich in ihrem Handeln wohlzufühlen.

3.3.3 Die Berufswahl als Einflussfaktor

Die ersten Theorien zur Burnout-Entstehungen stammen von Freudenberger und Ginsburg aus dem Jahre 1974. Ginsburg schrieb seinerzeit über das *Ausbrennen von Managern*, hatte er doch selbst an der Harvard University den Studiengang Management abgelegt und anschließend eine erfolgreiche Karriere durchlaufen. Die Auslöser für Burnout, dessen Symptome er vermutlich auch bei sich wahrnahm, sah er in den langjährigen Anstrengungen und dem permanenten Karriere- und Erfolgsdruck. Burnout entstehe aus einem Zuviel an kombinierter Dauer- und Hochleistungsanforderung bei erfolgreichen Managern in hohen Positionen (Ginsburg 1974).

In der etwa zeitgleich veröffentlichten Arbeit ›Staff burn-out‹ beschrieb Freudenberger seine Erfahrungen mit Burnout als ein *Helferleiden*. Er schilderte in seinem Artikel, wie aufopferungsvolle, pflichtbewusste und engagierte Mitarbeitende in der alternativen Selbsthilfe- und Krisenninterventionsstation zu reizbaren, misstrauischen und halsstarrigen Mitarbeitenden mit einer Reihe von psychosomatischen Symptomen wurden. Freudenbergers Darstellungen, die aus dem helfenden, therapeutisch-sozialen Arbeitsbereich stammten, wurden in der folgenden Wissenschaft und Burnout-Forschung häufiger wiederaufgegriffen. Deshalb bezog sich die Mehrheit der ersten Studien auch auf soziale, pflegerische und pädagogische Berufe. So kam es zu der unbegründeten Annahme, dass Burnout nur bei Krankenpflegepersonal, Ärzt*innen, Psychotherapeut*innen, Sozialarbeitenden und Lehrpersonal auftreten könne. Erst in den 1990er Jahren breitete sich die empirische Forschung explosionsartig auf verschiedene Berufsgruppen aus.

Mittlerweile ist Burnout bei hunderten Berufen ermittelt und beschrieben worden, ebenso bei privaten Personengruppen (Burisch 2006). Leider beruhen die meisten Berufsgruppenstudien oft auf sehr unterschiedlichen Methoden und empirischen Herangehensweisen, so dass aus den Ergebnissen keine Vergleiche im Burnout-Vorkommen zwischen Berufsgruppen durchgeführt werden können. Hier bleibt lediglich der Zugriff auf die Gesundheitsreporte der Krankenkassen, in denen die Krankschreibungen wegen Burnout in unterschiedlichen Berufszweigen differenziert werden (▶ Kap. 1 »Die Herausforderungen des Burnouts«).

Hier zeigen sich zumindest Häufungen des Ausbrennens bei Führungskräften, in Gesundheitsberufen, bei pädagogischen Tätigkeiten und in Sozialberufen (Badura et al. 2013, S. 29). Insofern fangen diese Ergebnisse die ersten Darstellungen von Burnout durch Ginsburg bei Managern und durch Freudenberger bei helfenden Berufen wieder auf und bestätigen sie.

Die Belastungen und Beanspruchungen einzelner Berufsgruppen können allerdings nicht als typische Einflussfaktoren in der Burnout-Entstehung betrachtet werden. Vielmehr sind es bestimmte berufsübergreifende Anforderungen, die zum Ausbrennen führen. Erkennbar bei den häufiger von Burnout betroffenen Berufen sind zwei charakteristische Arbeitsanforderungen: Es handelt sich erstens um Berufe, in denen eine *ständig helfende bzw. unterstützende Haltung gegenüber anderen Menschen* gefordert ist. Führungskräfte unterstützen ihre Mitarbeitenden, Pflegekräfte sind den Patient*innen behilflich, Lehrende fördern ihre Schüler*innen und Sozialarbeitende stehen ihrer Klientel bei. Als zweites fällt auf, dass diese Arbeitstätigkeiten eine *stark emotionale Komponente* besitzen. Im Gesundheits- und Sozialbereich arbeitende Personen sind mit den Leid und Stress erzeugenden Situationen ihrer zu Betreuenden konfrontiert und besitzen in gewisser Weise eine Pflicht, diese Belastung zu mindern. Das erfordert durchaus eine kompetente Regulation von eigenen Emotionen. Pädagogische Arbeits- und Führungskräfte sind insofern emotional involviert, da sie vor allem eine direkte Verantwortung für den Lebensweg von anderen Menschen tragen.

> **Tritt Burnout nur bei Manager*innen auf? Oder trifft es nur die Helfenden?**
>
> Burnout findet sich häufiger in Sozial- und Gesundheitsberufen sowie bei pädagogischen Fachkräften und Führungspersonen. Dabei fällt auf, dass dies Arbeitstätigkeiten sind, die sich vor allem durch eine ständig helfende bzw. unterstützende Haltung gegenüber anderen Menschen verbunden mit einer starken emotionalen Betroffenheit auszeichnen.

3.3.4 Gesellschaftliche Einflussfaktoren

Die Diskussion um einen möglichen Einfluss gesellschaftlicher Bedingungen auf die Burnout-Entstehung findet vorwiegend auf einer theoretisch-abstrakten Ebene statt. Grundlage dafür ist der gesellschaftliche Wandel.

Gerade im Bereich der Arbeitswelt finden Veränderungen statt, die stärkere psychische Arbeitsanforderungen (Lohmann-Haislah 2012, S. 11) mit sich bringen und daher als Risikofaktoren für Burnout gelten. Im Stressreport der Bundesanstalt für Arbeitsschutz und Arbeitsmedizin werden die sich wandelnden Formen und Anforderungen an die Arbeit wie folgt aufgeführt (▶ Abb. 10).

3 Wie Burnout entsteht – Ursachen und Einflussfaktoren

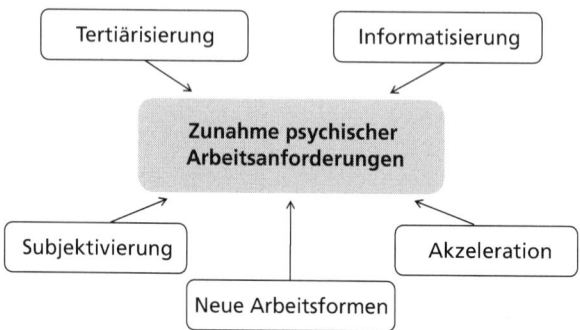

Abb. 10: Wandel in der Arbeitswelt (eigene Darstellung)

Tertiärisierung

Damit ist die Entwicklung von einer Industriegesellschaft hin zu einer *Dienstleistungsgesellschaft* gemeint.

> »Insbesondere Wirtschaftswachstum, technologischer Fortschritt und Globalisierung sind entscheidende Gründe dafür, dass sich die Struktur der wirtschaftlichen Leistung und damit auch der Kontext von Erwerbstätigkeit verändert hat« (Schwahn 2018, S. 25).

Dadurch haben sich die Arbeitsplätze im Agrar- und Industriesektor verringert, gleichzeitig im Dienstleistungssektor vervielfacht. Im letzteren Wirtschaftssektor erhöhen sich derweil die Komplexität und Wissensintensität von Aufgaben. Dies zieht eine Zunahme von mehr geistigen und interaktiven Tätigkeiten in der Arbeitswelt nach sich. Neben intellektuellen müssen Arbeitnehmende vor allem auch soziale Kompetenzen wie zum Beispiel Teamfähigkeit und Eigenständigkeit erwerben.

Informatisierung

Immer mehr Erwerbstätige sind in Branchen tätig, in denen die Verarbeitung von Informationen wichtig ist. An heutigen Arbeitsplätzen werden zunehmend informationstechnische Arbeitsmittel genutzt. Im Zuge der *Digitalisierung* wird die Arbeitswelt also mit modernen Kommunikationstechnologien überflutet. Dies ermöglicht in immer höherem Maße ein ortsunabhängiges, zeitlich flexibles Erledigen von Aufgaben, das sogenannte mobile Arbeiten. Gleichzeitig trägt diese Flexibilisierung auch zur Entgrenzung von Arbeit bei, so dass teilweise die Grenzen zwischen Arbeit und Privatbereich verschwimmen.

Subjektivierung

Stärker als früher sind Arbeitstätige – die arbeitenden Subjekte – in der Lage bzw. auch gezwungen ihre Arbeit individuell zu organisieren. Denn von Arbeitsorganisationen werden verstärkt neue Steuerungsformen entwickelt, die mit einer steigenden *Eigenverantwortung* für den reibungslosen Ablauf und den Erfolg von Arbeitsprozessen einhergeht. Das führt zu einer noch höheren Effizienz in der Leistung, allerdings auch zur Selbstausbeutung der Arbeitenden. Die Gefahr besteht denn auch darin, dass Arbeitstätige durch die Subjektivierung die Bedeutung ihrer Arbeit im Leben überhöht wahrnehmen und sich dadurch stark von ihrem persönlichen Arbeitserfolg abhängig machen.

Akzeleration

Produktions-, Dienstleistungs- und Kommunikationsprozesse werden durch ständige Neuerungen in der Technologie und Wissenschaft fortlaufend beschleunigt. Durch die Digitalisierung hat sich zum Beispiel das *Informationsaufkommen* enorm verstärkt und dies muss von Arbeitstätigen bewältigt werden. Auch die zunehmende Mobilität der Arbeitstätigen und die Unterstützung durch neue Techniken führen dazu, dass Aufgaben in immer schnellerer Abfolge erledigt werden können. Parallel dazu steigt die *Komplexität der Aufgaben*. Arbeitstätige arbeiten daher in dauernder Aufmerksamkeit und befinden sich in einem anhaltenden Lernprozess.

Neue Arbeitsformen

Die Veränderungsprozesse im Arbeitsbereich bringen stetig veränderte Beschäftigungsformen und -verhältnisse mit sich. Im Zuge des Wandels der Arbeitswelt ist hier zuerst ein damit einhergehender *häufigerer Tätigkeits- und Berufswechsel* zu nennen. Solche Arbeitsbiografien bergen allerdings das Risiko, dass Arbeitstätige eine verstärkte berufliche Unsicherheit mit Angst vor Arbeitsplatzverlust entwickeln. Hinzu kommt, dass durch die vielen Brüche kaum eine Stabilität in sozialen Beziehungen entstehen kann.

Eine der neuen Beschäftigungsformen, die durch den technologischen Fortschritt und die Digitalisierung möglich wurde, ist das *mobile Arbeiten*. Die Arbeitstätigen sind dafür nicht an einen bestimmten Ort gebunden, sondern entscheiden selbst, wo sie ihre Arbeit ausüben. Eine andere neue Beschäftigungsform stellt das *flexible Arbeiten* dar. Solche Arbeitsformen bestehen vor allem in der eigenständigen Gestaltung der Arbeitszeit, aber auch in der selbständigen Erarbeitung von Zielen und Arbeitsaufgaben. Grundsätzlich sorgen diese Veränderungen in der Arbeitswelt für mehr Arbeitszufriedenheit und Motivation der Arbeitstätigen, sind doch die Vereinbarung von Familie und Beruf sowie das Ausleben eigener Interessen besser umsetzbar. Herausfordernd ist bei solchen Beschäftigungsformen, dass sich Arbeitstätige selbst genügend kontrollieren und organisieren können und sich ihrer stärkeren Alleinverantwortung für die eigene Gesundheit bewusst sind.

In diesem Zusammenhang wurde Burnout zuletzt häufig als zwangsläufige Reaktion von arbeitenden Menschen auf die gesellschaftlichen Entwicklungen interpretiert (Hillert & Marwitz 2006, S. 15).

Ungeachtet dessen ist es mit größeren Schwierigkeiten verbunden, diese gesellschaftlichen Veränderungen im direkten Einfluss auf die Burnout-Entstehung zu untersuchen (Burisch 2014, S. 186). Deshalb gibt es bislang keine empirischen Erkenntnisse zu Tertiärisierung oder Akzeleration als Auslöser von Stressfolgen. Eher könnten die messbaren Folgen dieses gesellschaftlichen Wandels in ihrer Bedeutung für Burnout erforscht werden. Es handelt sich dabei um Prozesse wie beispielsweise die ständige Erreichbarkeit, die Folgen der Digitalisierung auch von sozialen Arbeitsprozessen oder die steigende berufliche Mobilität. Diese Elemente des Wandels in der Arbeitswelt finden sich auf der untergeordneten Ebene in den Faktoren der Arbeitstätigkeit und der Organisation wieder (▶ Kap. 3.3.1 »Faktoren der Arbeitstätigkeit« und ▶ Kap. 3.3.2 »Faktoren der Arbeitsorganisation«).

Die vorwiegend theoretische Diskussion um den gesellschaftlichen Wandel als Auslöser für Burnout ist dennoch wertvoll, weil sie auf die gesamtgesellschaftliche Verantwortung aufmerksam macht. Damit wird einer zu engen Definition von Burnout als einer Krankheit, die in einem Menschen entsteht und auch nur bei ihm therapiert werden kann, entgegengewirkt. Und es führt zu der Notwendigkeit, dem ›Problem‹ durch politische, wirtschaftliche und sozialgemeinschaftliche Strategien beizukommen.

Burnout – eine Modeerkrankung?

Auch wenn Burnout in den letzten Jahrzehnten immer häufiger in den Medien und in der Wissenschaft behandelt wird, ist es kein neues Phänomen. Die Geschichte zeigt ein anderes Bild und widerspricht dem Mythos, dass Burnout eine Modeerscheinung sei. Dennoch scheinen die rasanten gesellschaftlichen Veränderungen in den letzten Jahrzehnten einen bedeutsamen Anteil in der Burnout-Entstehung zu haben.

Arbeitskulturen als Einflussfaktoren

In der weiten Forschungslandschaft findet sich eine groß angelegte Studie von Savicki (2002) hinsichtlich Burnouts in verschiedenen Kulturen. Der Autor verglich Professionelle der Kinder- und Jugendbetreuung in 13 verschiedenen Kulturen auf mehreren Kontinenten. Vor der Darstellung der Ergebnisse muss hier deutlich hervorgehoben werden, dass Savicki keine Kulturen im soziologischen Sinne untersuchte. Er erforschte nur westliche Kulturen und keine durch ihr Selbstverständnis und ihre Anschauung anders geprägten Kulturen wie zum Beispiel die arabische oder die asiatische Welt. Savicki verglich in seiner Studie nur nationale Ausprägungen von Arbeitshaltungen in westlichen Kulturen.

Die insgesamt 835 Teilnehmenden wurden in den Vereinigten Staaten, der Slowakei, in Schottland, Polen, Australien, Israel, England, West- und Ostdeutschland, Dänemark, Kanada (englischer sowie französischer Teil) und Österreich auf die Ausprägung in allen drei Burnout-Merkmalen untersucht. Im Ergebnis spricht Savicki von »dramatischen Unterschieden in den Burnout-Mustern zwischen den Kulturen« (2002, S. 78). So zeigten die Arbeitenden in Schottland, Israel, Dänemark und Kanada geringe Burnout-Werte (niedrige emotionale Erschöpfung und Depersonalisation, Gefühl von Leistungsfähigkeit), während West-Deutschland und Österreich eine hohe Ausprägung von Burnout (hohe emotionale Erschöpfung und Depersonalisation, Gefühl reduzierter Leistungsfähigkeit) aufwiesen. In anderen Arbeitskulturen kamen nur einzelne Burnout-Merkmale verstärkt vor, so dass nicht von einem vermehrten Vorliegen von Burnout ausgegangen werden kann. Gleichzeitig weist Savicki jedoch darauf hin, dass mit einer weiteren Untersuchung vielleicht mit mehr oder anderen Arbeitskulturen wohl andere Werte herauskämen. Denn diese Untersuchung beruht auf dem direkten Vergleich der Rahmenbedingungen in den Arbeitskulturen untereinander und nicht der Bestimmung der Burnout-Häufigkeit in verschiedenen Staaten.

Weitere detaillierte Analysen von Savicki (2002, S. 183ff.) ergaben, dass Burnout in den verschiedenen Arbeitskulturen durch bestimmte *Kombinationen von Haltungen und Werten* entsteht. Staaten mit einem geringen Burnout-Level wie beispielsweise Dänemark, Schottland und Israel ermöglichen ihren Mitarbeitenden ein gewisses Maß an Individualismus und Entscheidungsfreiheit. Arbeitsstrukturen sind hier noch relativ formbar und nicht in Stein gemeißelt. Vor allem gelingt es in diesen Arbeitskulturen, dass die Mitarbeitenden für eine zufriedenstellende Leistung ausreichend Anerkennung erfahren. Die Weiterentwicklung der einzelnen Person wird demnach als Ressource für die Organisation akzeptiert. Interessant an den Ergebnissen der Studie von Savicki ist, dass auch gegenteilige kulturelle Muster eine geringe Gefahr für Burnout darstellen. Bei den französischen Kanadier*innen sind eher eine hohe Regelung der Arbeitsprozesse und eine kollektive Haltung vorherrschend. Dem Arbeitsstress wird im französischen Teil von Kanada begegnet, indem Mitarbeitende ausführlich miteinander über die Probleme diskutieren. Dies wiederum eröffnet die Möglichkeit, dass es Ausnahmen von den engen Regeln geben kann. Einzelpersonen sehen sich dadurch eher als Teil einer größeren kollektiven Einheit und sind dieser gegenüber verantwortlich. Wann immer eine Entscheidung getroffen wird, besitzt sie denn auch breite Akzeptanz. Einzelne Personen fühlen sich dadurch vom Team unterstützt und entwickeln seltener Burnout.

Im Gegensatz dazu zeigen Arbeitskulturen, in denen ein vergleichsweise hoher Burnout-Level herrscht, andere Kombinationen von Haltungen und Werten. Gerade in West-Deutschland und Österreich verbinden sich starre Regelungen mit hohem Individualismus und einer besonderen Betonung der beruflichen Leistung. Einmal geltende Regeln werden häufig nicht neu bewertet, wenn sich die Umstände ändern, sondern als grundsätzlich wichtig und einzuhalten angesehen. Infolgedessen tragen veraltete oder sogar widersprüchliche Vorschriften eher zur Belastung der Arbeitssituation bei, als diese zu vermeiden. Die Mitarbeitenden halten es möglicherweise für wichtiger trotz starker Autonomie lieber die Regeln einzuhalten als auf die Einzigartigkeit der Situation zu reagieren. Das führt gewöhnlich zu unbefriedigenden Ergebnissen und erhöht die Wahrscheinlichkeit des Ausbrennens. Auch in der Slowakei wurden höhere Burnout-Werte erfasst. Diese sind dagegen auf geringe Regelungen mit zentralisierten Managementstrukturen und kollektiver Abhängigkeit zurückzuführen. Viele slowakische Kinder- und Jugendbetreuer*innen zeigten ein sehr geringes Erfolgserlebnis bei der Arbeit, was unter anderem an den niedrigen Gehältern und mangelnden Karrieremöglichkeiten läge. Das Fehlen von Individualismus als kulturellem Wert erschwerte es den Arbeitnehmenden auch, auf bessere Umstände zu drängen oder sich eine andere Arbeit zu suchen.

> **Leistungsgesellschaften und Burnout**
>
> Arbeitskulturen haben einen starken Einfluss auf das Ausbrennen von Menschen. Dabei sind es nicht allein erhöhter Leistungs- und Erfolgsdruck, sondern weitere Haltungen und Werte einer Arbeitskultur, die Burnout auslösen können. Die Kombination von starren Regelungen, hoher individueller Verantwortung und großer Bedeutung der beruflichen Leistung – wie in Deutschland vorliegend – erhöht das Risiko für ein Burnout. Jedoch führt ebenso die Verknüpfung von geringen Regelungen mit kollektiver Abhängigkeit bei geringer Lebensqualität zum stärkeren Stresserleben und einer höheren Wahrscheinlichkeit des Ausbrennens der Mitarbeitenden.

3.4 Besondere Einflüsse in der Sozialen Arbeit

Zunächst soll hier festgehalten werden, dass ein Drittel der in sozialen Berufen Tätigen keine spezifischen Belastungen im Berufsalltag wahrnehmen. »Die Anforderungen werden hier als ›normal, angemessen, gut zu bewältigen, kaum belastend und abwechslungsreich‹ betrachtet« (Poulsen 2009, S. 116). Das heißt allerdings auch, dass für die meisten Sozialarbeitenden überfordernde Belastungen im Arbeitsalltag wahrzunehmen sind.

Mehrfach wurde den Forschungsstudien zufolge eine Häufung von Burnout bei sozialen und helfenden Berufen festgestellt. Daraus entsteht die Frage, ob diese Arbeitstätigkeiten Besonderheiten aufweisen, ob sie mit spezifischen Beanspruchungen, Belastungen und Belastungsreaktionen oder Bewältigungsweisen verbunden sind. Die berufsspezifische Aufklärung dieser Einflüsse auf das Stresserleben ist von enormer Relevanz. Denn aus dem Stresserleben ergeben sich einerseits Beeinträchtigungen des Befindens und der Gesundheit der Sozialarbeitenden. Bleibt die Aufklärung dieser Prozesse unbearbeitet und werden für die Aus- und Weiterbildung keine entsprechenden Schutzmechanismen geschaffen, dann produzieren die Bildungseinrichtungen kranke Helferpersönlichkeiten. Das sollte nicht Sinn und Zweck sozialer Berufe sein. Andererseits wird durch die gehäuften Stressfolgen in den Helferberufen auch die Qualität der Arbeit beeinträchtigt.

Sind Sozialarbeitende aufgrund von Burnout nicht mehr angemessen leistungsfähig bzw. sogar arbeitsunfähig, hat das sowohl für die Wirtschaft der Einrichtung als auch für die Klientel negative Folgen.

3.4.1 Das Helfersyndrom

Im Bereich der disponierenden Faktoren für Burnout ist vorrangig nach bestimmten Persönlichkeitsmerkmalen, Werten und inneren Haltungen der Sozialarbeitenden zu suchen. Ihnen wird häufig nachgesagt, dass sie unter dem Helfersyndrom leiden. Pines und Kolleginnen begründen dies damit, dass dieser Beruf oft von Personen gewählt wird, die besonders einfühlungsbegabt sind (1992, S. 64).

Zuerst soll an dieser Stelle der Begriff Helfersyndrom näher erläutert werden. Schmidbauer beschäftigte sich intensiv mit diesem Phänomen und schrieb dazu mehrere Bücher.

> »Mit diesem Begriff wird eine Situation erfasst, in der die Hilfsbereitschaft weder spontan noch rollengebunden ist, sondern auf der Abwehr anderer Gefühle oder Handlungsbereitschaften beruht. Der Helfersyndrom-Helfer meidet alle sozialen Beziehungen, in denen er nicht der Gebende, der Stärkere, der Versorgende ist« (Schmidbauer 2002, S. 4f.).

Mit der Abwehr anderer Gefühle und Handlungsbereitschaften meint Schmidbauer die Furcht der Helfenden für sich selbst etwas zu fordern. »Sie fühlen sich ›komisch‹, wenn sie darauf bestehen, dass sie ein Recht auf angemessene Entschädigung haben. Sie meiden das und hoffen still, dass ihre Dienste wahrgenommen werden« (Schmidbauer 2002, S. 7). Der Autor geht demnach davon aus, dass sich hinter diesem Phänomen eine *Haltung der Hilfsbereitschaft* verbirgt, die jedoch durch die *fehlende Kompetenz des ›Nehmens‹*, also eine Belohnung anzunehmen oder Ausgleich für die Leistung zu fordern, zu Überlastung und Enttäuschung führt. Das wiederum ist eine der bedeutendsten Ursachen für die Entstehung von Burnout. Angesichts der unzureichenden theoretischen Weiterbearbeitung des Konzepts zum Helfersyndrom liegen dazu keine empirischen Studien vor. Es konnte bisher nicht nachgewiesen werden, dass dieses Helfersyndrom bei Menschen in sozialen Berufen besonders häufig vorkommt und somit die Ursache für das gehäufte Entstehen von Burnout ist.

Dennoch geben Untersuchungen, die sich mit ähnlichen Haltungen befassen, Aufschluss über entsprechende Zusammenhänge. So ergab beispielsweise eine Studie von Acker, in der 128 Sozialarbeitende befragt wurden, dass die *emotionale Eingebundenheit* (im Original: involvement) in die Probleme der Klientel Auswirkungen auf die allgemeine Arbeitszufriedenheit und die Entwicklung von Burnout hatte. Diejenigen Professionellen mit einer starken emotionalen Eingebundenheit ließen sich stärker von den negativen Gefühlen ihrer Klientel anstecken und machten die schwierige Lebenssituation gedanklich mehr zu ihrer eigenen Problematik. Das wiederum hieß, dass sie nicht mehr distanziert und professionell mit der Klientel arbeiteten. Es zeigten sich in der Untersuchung bei den stärker emotional eingebundenen Sozialarbeitenden eine Unzufriedenheit mit der Arbeitssituation und ein signifikant höherer Grad an emotionaler Erschöpfung und Depersonalisation (Acker 1999, S. 115).

> **Berufsethik der Sozialen Arbeit**
>
> Ob das Helfersyndrom in sozialen Berufen tatsächlich häufiger auftritt und dann als Ursache für Burnout angesehen werden kann, wurde bisher nicht empirisch nachgewiesen. Dennoch weisen Studien darauf hin, dass die zu starke emotionale Eingebundenheit in die Probleme der Klientel zu vermehrtem Auftreten von Burnout führt. Es kann durchaus davon ausgegangen werden, dass in sozialen Berufen die Arbeit nicht einfach als Job, sondern eher als Berufung angesehen wird.

3.4.2 Spezifische Arbeitsbedingungen

Soziale Arbeit hat es im Kern mit Menschen in kritischen Lebenssituationen und -konstellationen zu tun, in denen die psychosoziale Handlungsfähigkeit der Menschen beeinträchtigt ist, in denen bisherige Ressourcen der Problemlösung versagen oder nicht mehr ausreichen (Böhnisch 2019, S. 20). Diese Probleme der Zielgruppe bringt Sozialarbeitende nicht selten in *ethische Dilemmata*. So ist es wohl ein verständliches Bedürfnis von Sozialarbeitenden einer Person, die in Armut lebt, kaum soziale Kontakte besitzt und sich über Krankheiten klagend an eine Sozialeinrichtung wendet, zu helfen und Fürsorge anzubieten. Diese tiefen Einblicke in soziales Elend sind für die meisten Menschen emotional sehr beansprucht. In der Sozialen Arbeit gehört dies in manchen Arbeitsfeldern zum beruflichen Alltag. Das fordert von diesen Professionellen täglich sich von diesen Lebensschicksalen abzugrenzen, um emotional nicht mit ›hinabgezogen‹ zu werden. Maslach und Jackson beschrieben in dem Zusammenhang Burnout als »eine Reaktion auf die chronische emotionale Belastung, sich andauernd mit Menschen zu beschäftigen, besonders, wenn diese in Not sind oder Probleme haben« (1981, S. 99). Pines und Kolleginnen ergänzen: In »Berufen, die ›mitten im Leben‹ ausgeübt werden, fällt es oft schwer, die Arbeit von anderen Lebensbereichen zu trennen« (1992, S. 63). Die emotionale Beschäftigung mit den Problemen der Klientel wird stattdessen häufig mit nach Hause genommen, da die ausgelösten Gefühle nicht allein in den Grenzen der Arbeitstätigkeit bewältigt werden können.

Hinzu kommt, dass oftmals an die Sozialarbeitenden *Erwartungen durch die Klientel* herangetragen werden, die im Rahmen der rechtlichen und wirtschaftlichen Bedingungen nicht erfüllbar sind. Sätze wie ›Sie sind meine letzte Hoffnung‹, ›Ich brauch Stoff, sonst geschieht heute noch was‹ oder ›Wenn Sie mir bis morgen kein Geld besorgen, dann muss ich verhungern‹ setzen Sozialarbeitende unter enormen Druck. Ganz besonders in diesen Beratungssituationen ist es umso wichtiger, die Fähigkeit der Distanzierung zu beherrschen und fachlich-methodische Kompetenzen einzusetzen.

Ein Beruf ›mitten im Leben‹

»Fachkräfte der Sozialarbeit sind unter sich ändernden, oft widersprüchlichen gesellschaftlichen Anforderungen tätig. In Kenntnis und Beachtung der unterschiedlichen Mandate, die der Sozialen Arbeit von der Gesellschaft, den Anstellungs- und Kostenträgern sowie den Betroffenen selbst übertragen werden, verfolgt sie ein eigenes professionelles Mandat. Den beruflichen Belastungen durch die Arbeit mit Menschen in extremen Lebenssituationen, institutionellem Druck und konfliktreichen Beziehungen wird von den Fachkräften der Sozialarbeit mit kollegialer Beratung und Supervision begegnet. Durch Fortbildungen werden die sich ständig wandelnden Rahmenbedingungen und Weiterentwicklungen wissenschaftlicher Erkenntnisse und Methoden in die berufliche Praxis einbezogen. Außerdem erfordert das Einbringen der eigenen Person in die berufliche Arbeit die ständige kritische Überprüfung der Einstellung, der Motivation und des Handelns sowie deren/dessen Auswirkungen« (Auszug aus dem Berufsbild Sozialer Arbeit der DBSH 2009, S. 24).

Bekannt sind die Untersuchungen von Irmhild Poulsen zur besonderen Belastung von Sozialarbeitenden. Sie erhob unter anderem, welches die schwierigen Bedingungen in diesem Berufsbereich sind. Im Ergebnis waren es vor allem Zeitdruck, Zeitnot, Zeitmangel, zu wenig Zeit und die empfundene hohe Verantwortung für die Klient*innen sowie die zunehmend schwierigere Klientel, die zu einer *hohen Arbeitslast* führten (Poulsen 2009, S. 116). Meist lag dies an zu hohen Fallzahlen, die den Sozialarbeitenden vorgeschrieben waren. Dabei ist es kaum über Zahlen ausdrückbar, was mit der Unterstützung und Fürsorge bei der Klientel erreicht werden kann. Dieses Missverhältnis geht denn auch einher mit Überstunden sowie Konflikten im Team oder auch mit Vorgesetzten. Des Weiteren rangieren auf den obersten Plätzen der Burnout-trächtigen Arbeitsbedingungen die Schicht- und Wochenendarbeit, wenig Zielsetzungs- und Entscheidungsspielraum sowie überbordende Bürokratie. Zwar wird den meisten Arbeitsfeldern eine relativ selbständige Arbeitsweise zugestanden, jedoch sind diese in starre rechtliche Vorgaben sowie Zielstellungen und Effektivitätsmaßstäbe der Einrichtungen eingebunden und widersprechen damit den Ansprüchen und Anforderungen einer optimalen sozialen Arbeit (Enzmann & Kleiber 1989, S. 16).

Indes führt eine Untersuchung von Wendt im Bereich der Kinder- und Jugendarbeit das *Prekarium* als primäres Problem in der Sozialen Arbeit an. Als belastend werden hier unklare Finanzen, Befristungen, fehlende Arbeitsverträge und prekäre Beschäftigungsverhältnisse wahrgenommen (Wendt 2012, S. 424). Dies wirft angesichts des weiterhin bestehenden Fachkräftemangels auch in der Sozialen Arbeit ein schlechtes Licht auf diesen Berufszweig. Hier sind Politik und Verwaltung aufgefordert die beruflichen Perspektiven der Sozialarbeitenden sicherzustellen.

Ein wichtiger Einflussfaktor auf die Burnout-Entstehung findet sich schließlich in den sozialen beruflichen Beziehungen wieder. *Unzureichende Unterstützung* und *fehlendes Verständnis durch Vorgesetzte und Kolleg*innen* werden in Studien zu sozialen Berufen immer wieder hervorgehoben (z. B. Poulsen 2009, Steinlin et al. 2016). Dies ist aber gerade in Tätigkeiten, wo es um das ›Arbeiten am Menschen‹ geht, immens wichtig. Soziale Arbeit »verlangt Empathiefähigkeit, Engagement und Interesse am Menschen« (Poulsen 2009, S. 13). Deshalb irritiert es ungemein, wenn Kolleg*innen diese Grundhaltungen nicht einsetzen und die Professionellen damit ihrer eigenen Berufsethik widersprechen.

Abb. 11 Burnout-trächtige Arbeitsbedingungen in der Sozialen Arbeit (eigene Darstellung)

> Eine interessante Erkenntnis aus einigen Studien ist, dass die Sozialarbeitenden diese besonderen Belastungen und Anforderungen in ihrem Beruf (▶ Abb. 11) durchaus erkennen und klar benennen können. Dies stellt die beste Voraussetzung für ein Angehen gegen die Rahmenbedingungen dar. Bestenfalls erfüllen Sozialarbeitende damit ihre vom eigenen Berufsverband formulierte Aufgaben: das »öffentlich machen problematischer Entwicklungen im Arbeitsfeld, um auf diese Weise Verantwortlichkeiten neu zu klären und gesellschaftlichen Ausgrenzungsprozessen gegenzusteuern« (DBSH 2009, S. 22). Diese Aussage kann sowohl für die problematischen Entwicklungen bei der Klientel als auch für das fachliche Handeln der Sozialarbeitenden interpretiert werden.

3.4.4 Öffentliche Wahrnehmung der Sozialen Arbeit

Der Deutsche Berufsverband für Sozialarbeit definiert diese professionelle Tätigkeit als eine Arbeit, die auf humanitären und demokratischen Idealen fußt, die sich wiederum aus dem Respekt vor Menschenwürde und Gleichheit ableiten (DBSH 2016, S. 2). Somit kommt der Sozialarbeit die Aufgabe zu einen erheblichen Beitrag zur Durchsetzung und Erhaltung unseres demokratischen Gesellschaftssystems zu leisten. Es wäre angemessen, der Sozialen Arbeit deshalb ausreichend Anerkennung und Wertschätzung innerhalb der Gesellschaft zukommen zu lassen. Jedoch zeigt sich schon in der schlechten Bezahlung, den Kürzungen oder Streichungen von Projektgeldern und den unzureichenden zeitlichen und personellen Ressourcen die *fehlende Anerkennung* dieses Berufsbildes in der Wirtschaft und der Politik. Noch denkwürdiger ist jene Seite der mangelnden Wertschätzung, die sich in den Gedanken der Menschen widerspiegelt. Dies zeigt sich vor allem in der oft gestellten Frage: Was tut ein*e Sozialarbeitende*r überhaupt? Die manchmal erschreckende Antwort aus dem Laienbereich lautet dann: ›Die spielen doch nur Fußball‹. Aus gesellschaftlicher Perspektive reicht das Ansehen des Berufs Soziale Arbeit bei weitem nicht an ihren Auftrag heran. Das wird sich erst ändern, wenn Sozialarbeitende Leistungen erbringen, »die von den übrigen Gesellschaftsmitgliedern als ›wertvoll‹ anerkannt werden« (Honneth 1992, S. 209). Die Klientel erkennt mit Sicherheit die Verbesserungen ihrer Lebenssituation. Doch ob sie diese dann auf die Fürsorge und Aktion der Sozialarbeitenden zurückführen, bleibt offen. In einigen Studien wurde jedenfalls die fehlende gesellschaftliche Anerkennung der Sozialen Arbeit als bedeutender Faktor für ein Ausbrennen erkannt (z. B. Poulsen 2012, S. 65).

Letztlich muss die Soziale Arbeit ihr Berufsbild selbst stärken, indem sie eine eindeutige und für die Laien verständlichere Form von *Professionalität* entwickelt und damit stärker in die Öffentlichkeit geht.

Literaturempfehlungen

Literatur zur Übersicht über Burnout-Entstehung

Berger, M., Linden, M., Schramm, E., Hillert, A., Voderholzer, U. & Maier, W. (2012). Positionspapier der Deutschen Gesellschaft für Psychiatrie, Psychotherapie und Nervenheilkunde (DGPPN) zum Thema Burnout. Abrufbar unter www.dgppn.de.

Maslach, C. & Jackson, S. (1981). The measurement of experienced burnout. Journal of Occupational Behavior, 2: 99–113.

Richter, P. & Hacker, W. (2014). Belastung und Beanspruchung – Stress, Ermüdung und Burnout im Arbeitsleben, 4. Auflage. Kröning: Asanger.

Literatur zur Forschungsübersicht und Meta-Analysen

Alarcon, G. (2011). A meta-analysis of burnout with job demands, resources, and attitudes. Journal of Vocational Behavior, 79: 549–562.

Aronsson, G., Theorell, T., Grape, T., Hammarström, A., Hogstedt, C., Marteinsdottir, I, Skoog, I., Träskman-Bendz, L. & Hall, C. (2017). A systematic review including meta-analysis of work environment and burnout symptoms. BMC Public Health, 17: 264–276.

Rösing, I. (2003). Ist die Burnout-Forschung ausgebrannt? Analyse und Kritik der internationalen Burnout-Forschung. Kröning: Asanger.

Savicki, V. (2002). Burnout across thirteen cultures: Stress and coping in child and youth care workers. Westport: Praeger Publishers.

Schaufeli, W. & Enzmann, D. (1998). The Burnout Companion to Study and Practice. A Critical Analysis. London: Taylor & Francis.

4 Die Begegnung mit dem Burnout

> **☞ Was Sie in diesem Kapitel lernen können**
>
> Ermüdung, Frustration oder doch schon Burnout? Haben nicht alle Menschen Tage, an denen die Arbeit nicht so leicht von der Hand geht, an denen sie am liebsten den Feierabend vorziehen würden? Ob es sich nun tatsächlich um Burnout handelt, kann beobachtet, gemessen und diagnostiziert werden.
>
> In diesem Kapitel erfahren Sie,
>
> - wie Sie erkennen können, ob Sie sich selbst in einem Burnout-Zustand befinden,
> - wie Sie ein Gespräch mit Klient*innen bei Verdacht auf Burnout führen können,
> - womit Sie den Verdacht auf Burnout überprüfen können und
> - wer, wenn nicht Sie, Burnout diagnostizieren kann.

Stellen Sie sich vor, eine Klientin sitzt in Ihrer Beratung. Als es um das Thema Arbeit und die daraus resultierenden Beschwerden geht, wirkt sie müde, was Sie deutlich an ihrer Körperhaltung und Mimik erkennen können. Ihre Antworten kommen auf einmal mit einem Unterton, der gehemmt-aggressiv klingt und sie hilflos erscheinen lässt. Auf Nachfrage erzählt die Klientin, was sie auf der Arbeit stark belastet. Die weiteren Informationen im Gespräch deuten im ersten Eindruck auf alle Merkmale von Burnout hin. Wie erkennen Sie nun, ob es sich wirklich um einen Burnout-Zustand handelt, und die Klientin nicht einfach den ganzen Tag lang einen Stein mit sich herumgetragen hat?

Natürlich können Sie einfach nachfragen. Aber das reicht nicht, um fachlich gute Arbeit zu leisten. Sie sollten in jedem Fall die im vorigen Kapitel dargelegten Ursachen und Einflüsse analysieren, die zum Entstehen der Stresssituation beigetragen haben. Im folgenden Kapitel werden darüber hinaus verschiedene Methoden und beraterische Hilfen gegeben, die gut in der Praxis anwendbar und nutzbar sind. Es handelt sich um Anleitungen zur Gesprächsführung, Fragebögen und weitere Entscheidungshilfen.

4.1 Identifizieren von Burnout

Eine fachliche Ausbildung ist die Grundlage für ein professionelles Handeln. Dazu müssen theoretische Konzepte, geprüfte Methoden und eine entsprechende berufsethische Haltung verinnerlicht werden. Die folgenden Instruktionen können dementsprechend von ausgebildeten Sozialarbeiter*innen, Sozialpädagog*innen, Psycholog*innen, Ärzt*innen oder zertifizierten Berater*innen direkt bei der Klientel eingesetzt werden.

Am Anfang des Buches wurde bereits dargelegt, dass gerade in sozialen bzw. helfenden Berufen die Häufigkeit von Burnout sehr hoch ist. Möglicherweise nutzen Sie als Lesende dieses Werk, um mehr über Ihre eigene Situation zu erfahren. Es ist durchaus möglich, die Anleitungen dieses Kapitels für eine Selbstuntersuchung zu nutzen. Doch selbst wenn entsprechend ausgebildete Fachleute eine Selbstdiagnose versuchen, dann sollten sie sich in Erinnerung rufen, was Objektivität und distanziertes Analysieren und Handeln bedeuten. Die eigenen Gedanken, Emotionen und Verhaltensweisen können nicht neutral beurteilt werden. Die in psychologischen und sozialen Berufen notwendige Distanz fehlt hierbei. Also sind in diesem Fall zusätzliche Fremdeinschätzungen sinnvoll, eine professionelle Beratung wird angeraten.

Ohne eine Ausbildung in einem psychosozialen Beruf wird es noch schwieriger, die Ergebnisse zu bewerten und in folgerichtige Handlungen umzusetzen. In jenem Fall ist es dringend notwendig sich an eine professionelle Person zu wenden, um fachliche Unterstützung bei der Analyse zu erhalten und die eigene Sichtweise zu relativieren.

4.1.1 Erkennen bei sich selbst

In den Buchläden wie auch im weltweiten Datennetz gibt es mittlerweile unzählige Ratgeber zu Burnout. Darauf werden viele zurückgreifen, wenn sie Erschöpfung, Frustration und Hilflosigkeit an sich erleben. In erster Linie sind die meisten Bücher mit ihren Beschreibungen typischer Situationen und den aufkommenden Gedanken und Gefühlen etwas, wo sich Betroffene wiederfinden. Diese Ratgeber haben den Vorteil, sehr praxisnah und alltagsverständlich zu sein. Aus wissenschaftlicher Sicht wird jedoch häufig eher skeptisch darauf geschaut. Und das nicht ohne Grund, sind doch manche der Laientexte wenig profund. Wenn beispielsweise nur von körperlicher und psychischer Erschöpfung geschrieben wird, dann befasst sich dieser Ratgeber nicht mit Burnout. Denn wie bereits bekannt, besteht das Hauptmerkmal von Burnout in der emotionalen Erschöpfung. Häufig fehlt in den Ratgebern eine eindeutige und fachgemäße Definition von Burnout. Einige Bücher bieten dann Selbsttests an, die jedoch nicht empirisch überprüft wurden. So bleibt unklar, was eigentlich damit getestet wird und ob das Ergebnis überhaupt verwertbar ist. In diversen Büchern werden wiederum keine Ursachen analysiert, sondern aus dem Nichts heraus irgendwelche Maßnahmen und Methoden empfohlen, ja verkauft. Und hier wird es riskant, da ohne Analyse der individuellen Situation der Lesenden kaum die passenden Schlussfolgerungen gezogen werden können. Tatsächlich von Burnout Betroffene geraten somit in Gefahr von den Ratschlägen überfordert zu werden, da sie nicht zu den individuell vorliegenden Ursachen und Bedingungen passen.

Allein Ratgeber zu lesen reicht demnach nicht, um ein Burnout an sich zu verifizieren. Für eine systematische Vorgehensweise werden von Burisch (2015, S. 105ff.) drei Möglichkeiten genannt: die Selbstbeobachtung, das Feedback und die Selbst-Diagnose.

Selbstbeobachtung

Sich selbst zu beobachten setzt voraus, dass genügend Aufmerksamkeit auf das eigene, Denken, Fühlen und Handeln gelegt wird. In den letzten Jahrzehnten hat sich dazu passend das *Konzept der Achtsamkeit* in westlichen Ländern ausgebreitet. Ursprünglich stammt diese Haltung aus dem Meditationsbereich des Buddhismus. Hier geht es darum, systematisch verschiedene Stellen und Funktionen im eigenen Körper bewusst wahrzunehmen, ohne dies zu bewerten (▶ Kap. 5.2.2 »Bewältigungskompetenzen«). Nun ist die Achtsamkeit nur eine Voraussetzung, um sich selbst gut beobachten zu können. Die Auswirkungen des eigenen Handelns bezieht das Konzept der Achtsamkeit jedoch nicht mit ein. Um die Zusammenhänge zwischen dem Selbst und der Umwelt klarer zu sehen benötigt es weitere Methoden der Beobachtung. Burisch empfiehlt dafür, sich selbst ›zu beschatten‹. Damit ist gemeint, dass Selbstbeobachtende sich für eine Woche alles notieren sollen, was ihnen auf der Arbeit »komplett misslungen ist, viel mehr Aufwand kostete als gedacht, ungeplante Nebenwirkungen nach sich zog, nicht zum angestrebten Ergebnis führte« (Burisch 2015, S. 105f.). Wichtig für die Vollständigkeit ist zudem, immer auch die treibenden Gedanken, entstehenden Gefühle und Motive aus sich selbst zu erfassen. Bereits Maslach und Leiter (2008, S. 508) hatten das Führen eines *Stress-Tagebuchs* empfohlen (▶ Tab. 4). Wenn dadurch Stressoren verstehbar, vielleicht auch kontrollierbar werden, dann hat das eine enorme Bedeutung für die Psychohygiene.

Nachdem die Stresssituationen notiert wurden, rät Burisch zu einer *Analyse der Daten*, ob sich Prozesse oder Situationen wiederholen und welche Bedingungen dazu geführt haben oder welche Zusammenhänge erkennbar sind. Dabei muss hervorgehoben werden, dass nicht für alle Menschen das Führen eines Tagebuchs und die Selbstbewertung geeignet sind. Gerade Personen, die wenig Selbstsicherheit aufweisen und in allem Denken und Tun ängstlich sind, können sich dabei in die Belastung hineinsteigern und noch mehr Hilf- und Hoffnungslosigkeit entwickeln. Burisch regt deshalb an, die Analyse gemeinsam mit einer vertrauten Person durchzuführen, die sich in den Arbeitsabläufen auskennt. Ist keine solche verfügbar, kann auch jede andere Person zumindest weitere Perspektiven in die Bewertung hineinbringen und die Situation hinterfragen. Spätestens dann, wenn es auffällig viele Stressoren aus dem Umfeld einer Person gibt und wenige Eigenanteile am Entstehen der Situation gefunden werden, sollte die Fremdperspektive erweitert werden.

Tab. 4: Stresstagebuch

		Stresstagebuch			
Datum, Uhrzeit	Auslöser (Stressoren)	Level 1–10	Was habe ich gefühlt?	Was habe ich gedacht?	Wie habe ich mich verhalten?

Eigene Darstellung

Feedback

Burisch empfiehlt daher andere Personen im Arbeitsfeld nach einer Rückmeldung zu fragen. Für dieses Feedback bieten sich Kolleg*innen aus der eigenen oder angrenzenden Abteilung an, vielleicht sogar die Führungskraft (Burisch 2015, S. 106–109). Beim Feedback geht es darum, dass andere Personen verschiedene Perspektiven auf die Situation, aber auch auf das Verhalten der Mitmenschen liefern. Diese fremd beobachteten Eindrücke können die eigenen Erfahrungen im Arbeitsfeld bestätigen oder negieren, vor allem jedoch vieles in ein neues Licht rücken. Damit werden viel mehr Ursachen, Zusammenhänge oder Missverständnisse aufgedeckt als es mit der reinen Selbstbeobachtung möglich ist.

Allerdings ist es nicht damit getan eine Kollegin mal eben so nach einem Feedback zu fragen. Erstens kommt es vermutlich schlecht an, wenn jemand aus dem Nichts angesprochen wird: ›Was halten Sie eigentlich von mir? Bin ich so schlecht in meinem Job? Mache ich was falsch?‹ So kann keine hilfreiche Rückmeldung erwartet werden, höchstens Mitleid oder Abwehr. Und zweitens sind die wenigsten Kolleg*innen im Feedbackgeben geschult. Daher ist es sinnvoll eine fachlich gut angeleitete Rückmeldung zu erfahren. Oftmals sind solche Feedbackrunden im geschützten Rahmen einer *Supervision* oder eines *Teamcoachings* oder auch durch eine *kollegiale Beratung* möglich (▶ Kap. 5.3.2 »Soziale Unterstützung in der Arbeit«). Mit der leitenden Person sollten regelmäßige Feedbacks vereinbart werden.

Selbst-Diagnose

Mit Selbst-Diagnose spricht Burisch die Anwendung von *Fragebögen* bei sich selbst an (Burisch 2015, S. 212). Nun gibt es mittlerweile eine große Menge von verschiedenen Fragebögen, die für sich beanspruchen Burnout zu messen. Im Kapitel 4.2 »Messen von Burnout« findet sich eine Beschreibung der häufig verwendeten Fragebögen in der Wissenschaft mit Einschätzungen zu Praktikabilität und Nutzen (▶ Kap. 4.2). Die bloße Durchführung von Fragebögen ist wie bei den obigen Herangehensweisen sicher nicht ausreichend. Auch hier sollten die Ergebnisse mit fachlich vorgebildeten Personen besprochen und ausgewertet werden. Die Rahmenbedingungen von Beratung, Coaching oder Supervision sind dafür gewiss dienlich.

4.1.2 Frühwarnsymptome

Die Merkmale von Burnout wurden in Kapitel 2 ausführlich dargestellt. Nun mögen sich manche Lesende fragen, wie aus den vielen Beschreibungen die richtigen Schlüsse gezogen werden können, um Burnout bei sich oder anderen möglichst frühzeitig zu erkennen.

Gerade im Bereich der betrieblichen Sozialarbeit wie auch im Gesundheitsmanagement ist sekundäre Prävention, also die Früherkennung von Fehlfunktionen, eine wichtige Aufgabe. Vor allem die Einschätzung der Klientel, die sich nicht explizit an die Sozialberatung wendet, wird dabei schwierig, da Gefühle und Gedanken nach außen nicht sichtbar sind. Emotionale Erschöpfung – mit dem Erleben von Ängsten, Hilf- und Hoffnungslosigkeit, Überdrüssigkeit, Motivationsverlust usw. – ist den gestressten Arbeitenden nicht direkt anzusehen. Negative Einstellungen zum Beruf oder zu den Personen der Arbeitsumgebung, die Teil der Depersonalisation sind, können nicht von der Stirn abgelesen werden. Auch das Gefühl reduzierter Leistungsfähigkeit ist erst einmal nur ein inneres Gefühl. Das auf die Gefühle und Gedanken folgende Verhalten wird hingegen auffällig.

Scheermann hat in seinem Praxisbuch ›Stress und Burnout in Organisationen‹ diejenigen Auffälligkeiten herausgestellt, die von Burnout Betroffene nach außen offenbaren und die im Arbeitskontext frühzeitig sichtbar werden. Obwohl die folgenden Hinweise nicht empirisch überprüft wurden, haben sie dennoch für die Praxis eine hohe diagnostische Relevanz.

> **Frühwarnsymptome im Arbeitskontext**
>
> - Mangelnder Abstand von der Arbeit: Grübeleien, Schlafprobleme,
> - Konzentrationsschwierigkeiten und Probleme mit der Aufmerksamkeit: Vergesslichkeit, höhere Fehlerquote als vorher,
> - mangelndes Zeitmanagement: keine Prioritätensetzung, Stress, Hetze etc.,
> - zunehmende soziale Isolation: Distanz zu Kolleg*innen, Fernbleiben bei Unternehmensanlässen,
> - Stimmungs- und Gefühlsschwankungen: Reizbarkeit, Wutausbrüche, Weinen,
> - verminderte Leistungsfähigkeit,
> - erhöhte Krankheitsrate: Grippe, Kopfschmerzen, Migräne, Magen-Darm-Erkrankungen (Scheermann 2015, S.138).

Insbesondere Führungskräfte sollten dahingehend geschult werden die Aufmerksamkeit auf derartiges Verhalten zu richten. Nicht nur Burnout, jegliche psychische Belastungen und Stressfolgen werden damit angesprochen. So kann die Führungskraft einigermaßen früh reagieren und die Personalabteilung oder das Gesundheitsmanagement einschalten.

4.1.3 Erhebung im Kontext der Organisation

Im Bereich der betrieblichen Sozialarbeit wird das Thema Burnout angesichts der wachsenden Anforderungen über kurz oder lang bei den Mitarbeiter*innen des jeweiligen Betriebes auftreten. Auch in externen organisationalen Beratungseinrichtungen oder Behörden – vorrangig in der Agentur für Arbeit, der Rentenversicherung, dem Jobcenter oder dem Sozialamt – kann Burnout bei der Betreuung der Klientel in den Fokus rücken.

Zwei Aufträge stehen dann im Mittelpunkt: Die Gesunderhaltung der Arbeitskraft wird das Erste sein, worum sich Beratende dabei kümmern müssen. Denn rutschen Burnout-Betroffene weiter in das chronische Stressgeschehen hinein, kann das neben bereits bestehenden Leistungseinbußen psychische und/oder körperliche Erkrankungen zur Folge haben. Für diese Mitarbeiter*innen besteht die Gefahr, dass sie von Kolleg*innen oder auch der Organisation als Ganzes stigmatisiert und als unfähig bezeichnet werden. Das Selbstwertgefühl kann leiden. Um die Rolle als Arbeitende zu erhalten, ist in der Personalentwicklung, dem betrieblichen Gesundheitsmanagement und in der betrieblichen Sozialarbeit die Unterstützung von Burnout-Betroffenen unabdingbar.

Das zweite Thema stellt der reibungslos funktionierende Betrieb dar. Reicht die Arbeitsleistung einer ausgebrannten Person nicht mehr aus sind für die Arbeitsorganisationen finanzielle Einbußen zu erwarten.

> So ergibt sich aus dem Arbeitsauftrag der Organisation an alle personalberatenden Bereiche: Die Leistungsfähigkeit der Arbeitenden soll erhalten bzw. wiederhergestellt werden. Wichtig ist, dass dann die Beratenden Werkzeuge zur Analyse und Bewertung von Burnout besitzen und Handlungsmethoden beherrschen.

Um Burnout in der Organisation zu erkennen kann dafür ebenfalls ein Dreierschritt genutzt werden: Betroffenenbefragung, Teamanalyse, Belastungsdiagnostik.

Betroffenenbefragung

Zuerst werden detaillierte Informationen über die empfundenen Schwierigkeiten und über den möglichen Eigenanteil der Betroffenen erhoben. Dies lässt sich gut über ein *Einzelgespräch* zwischen dem Arbeitenden und dem sozial Beratenden gestalten. Das oben erwähnte Stress-Tagebuch wie auch die Frühwarnsymptome können eine hilfreiche Stütze sein. Eventuell kann auch einer der in Kapitel 4.2 »Messen von Burnout« aufgeführten Burnout-Fragebögen herangezogen werden (▶ Kap. 4.2).

Für Beratende in der betrieblichen Sozialarbeit oder im Personalmanagement ist es in diesem Rahmen wichtig von den potenziell Burnout-Betroffenen die richtigen Informationen zu erhalten. Im Folgenden werden Fragen aufgelistet, die für die Analyse der vermutlich ausgebrannten Person nützlich werden können.

> **Befragung von potenziell ausgebrannten Personen**
>
> - Welchen Ärger hatten Sie? Was macht Sie auf der Arbeit unzufrieden?
> - Was ist Ihnen in letzter Zeit gelungen, was ist misslungen?

- Was hat funktioniert, was hat nicht funktioniert?
- Wo haben Sie mehr Aufwand eingesetzt als gedacht?
- Was war nicht geplant und hat mehr Energie gebraucht?
- Was ist aus Ihrer Sicht das Problem?
- Was genau passierte da? Was empfanden Sie dabei? Was haben Sie dabei gedacht?
- Wie ist das verlaufen? Wie kam es dazu? Wann begann es?
- Wie kommt es, dass Sie gerade jetzt zu mir kommen?
- Wer beeinflusst die Situation positiv, wer negativ?

Teamanalyse

Als nächstes werden durch die betriebliche Sozialarbeit Informationen über die *Arbeitssituation im Team* der beeinträchtigten Person, über die *organisationalen Rahmenbedingungen* und das *Verhalten* des Arbeitenden bei den Kolleg*innen eingeholt. Hierbei erweist es sich als günstig nicht die betroffene Person in den Mittelpunkt zu stellen, sondern das Erleben und Verhalten mehrerer – am besten aller – am gleichen Projekt oder im gleichen Team arbeitenden Menschen zu erheben. Damit wird einer Stigmatisierung vorgebeugt und die Erkenntnisse sind nicht durch Vorurteile beeinflusst. Für die Erfassung von Burnout-potenziellen Missständen innerhalb des Teams ist beispielsweise ein *Teamcoaching* oder die *Supervision* dienlich.

Belastungsdiagnostik

Die Analyse der Belastungsfaktoren von Burnout-Betroffenen ist innerhalb einer Arbeitsorganisation hauptsächlich im betrieblichen Gesundheitsmanagement zu verorten. Dort stehen verschiedene Analyseinstrumente zur Verfügung wie beispielsweise die Gefährdungsbeurteilung, Fehlzeiten-Analysen, Krankenkassenberichte oder Mitarbeiterbefragungen. Durch die Kombination verschiedener Analysemethoden können Burnout-trächtige Arbeitssituationen noch konkreter und sicherer ermittelt und Maßnahmen festgelegt werden.

Eine besondere Form zur Untersuchung psychischer Belastungen im Arbeitsbereich stellt die sogenannte *Gefährdungsbeurteilung* dar. Im Jahr 2013 haben die Gesetzgeber im Arbeitsschutzgesetz eine Ergänzung eingefügt, damit auch psychische Belastungen verpflichtend von den Arbeitgebenden erfasst werden. Sie findet sich im § 5 Absatz 3 unter der Nummer 6.

Arbeitsschutzgesetz ArbSchG – § 5 Beurteilungen der Arbeitsbedingungen

(1) Der Arbeitgeber hat durch eine Beurteilung der für die Beschäftigten mit ihrer Arbeit verbundenen Gefährdung zu ermitteln, welche Maßnahmen

des Arbeitsschutzes erforderlich sind.
(2) Der Arbeitgeber hat die Beurteilung je nach Art der Tätigkeiten vorzunehmen. Bei gleichartigen Arbeitsbedingungen ist die Beurteilung eines Arbeitsplatzes oder einer Tätigkeit ausreichend.
(3) Eine Gefährdung kann sich insbesondere ergeben durch
   1. die Gestaltung und die Einrichtung der Arbeitsstätte und des Arbeitsplatzes,
   2. physikalische, chemische und biologische Einwirkungen,
   3. die Gestaltung, die Auswahl und den Einsatz von Arbeitsmitteln, insbesondere von Arbeitsstoffen, Maschinen, Geräten und Anlagen sowie den Umgang damit,
   4. die Gestaltung von Arbeits- und Fertigungsverfahren, Arbeitsabläufen und Arbeitszeit und deren Zusammenwirken,
   5. unzureichende Qualifikation und Unterweisung der Beschäftigten,
   6. psychische Belastungen bei der Arbeit.

Im Rahmen dieser Gefährdungsbeurteilung schätzen die Arbeitgebenden – meist die Führungskraft – selbst ein, inwiefern Arbeitsbedingungen, die Arbeitsorganisation, soziale Faktoren oder die Arbeitsumgebung in der Organisation für die Mitarbeitenden psychisch belastend wirken. Grundsätzlich ist festzuhalten, dass die Erfassung und Beurteilung psychischer Gefährdungsfaktoren nicht dazu dienen soll, die individuelle psychische Situation der Beschäftigten abzufragen. Vielmehr sollen damit betriebliche Faktoren wie Arbeitsorganisation, Über- oder Unterforderung, Qualifikation, Kommunikation, Führungsmethoden, Kundenverhalten und weiteres als mögliche Belastungsfaktoren erkannt und bewertet werden. Die Ergebnisse könnten in einem Burnout-Fall Anlass für die Umgestaltung von Arbeitsprozessen oder Rahmenbedingungen und damit sehr hilfreich sein.

Leider werden von der Gesetzgebung weder die betriebliche Sozialarbeit noch das Gesundheitsmanagement verpflichtend einbezogen. Dadurch besteht die Gefahr, dass die Führungsebene die Situation verkennt, wenn sie nicht nah bei den Mitarbeitenden ist. Werden körperliche Beschwerden meist anhand der Minderleistung oder Fehlleistungen auffällig, so sind psychische und soziale Schwierigkeiten oft nicht direkt sichtbar. Diese kommen eher in der Teamarbeit zum Tragen. So werden Konzentrationsfehler, Streit und Missverständnisse unter Kolleg*innen lange Zeit im Team ausgeglichen. Selten bekommen Führungskräfte dies von Anfang an mit, meist erst dann, wenn die Situation festgefahren ist.

Ein betriebsinterner Sozialdienst oder eine andere Ansprechperson mit Beratungsfunktion in der Organisation sind häufig eher involviert. Ratsam ist es daher in Zusammenarbeit mit internen – oder externen – Sozial- bzw. Gesundheitsberatungen und Personalabteilungen die doch aufwendige Gefährdungsbeurteilung durchzuführen. Aus einem betrieblichen Sozialdienst kann dafür die Anregung an die Führungsebene herangetragen werden. Das Argument des Burnout-Contagion (›Ansteckung‹ anderer Personen mit Burnout) und damit der Leistungsunfähigkeit eines ganzen Teams ist dabei ein treibender Faktor.

Nützlich für eine Erfassung der Belastungen und vor allem der subjektiven Überforderung der Mitarbeitenden ist ein *partizipativer Ansatz*. Über Mitarbeitendenbefragungen, Beobachtungsinterviews oder Tätigkeitsbewertungssysteme kann ein vollständigeres Bild über die Arbeitssituation und risikobehaftete Verläufe in der Organisation gezeichnet werden (Ducki 2011, S. 178). Hier können Burnout-Fragebögen oder zumindest Screening-Fragen integriert und als Grundlage für Gesundheitsförderungsmaßnahmen herangezogen werden.

Neben den übergreifenden Analysen innerhalb der Arbeitsorganisation ist es notwendig die betroffene Person selbst einer *Diagnostik* zuzuführen. Reicht die Personenbefragung durch den Sozialdienst dazu nicht aus, dann sollten die vermutlich ausgebrannten Personen zur Vorstellung und Abklärung der psychischen Belastung an medizinische oder psychologische Fachkräfte vermittelt werden. Dazu sind Betriebsärzt*innen dienlich, wenn eine Arbeitsorganisation sie bestellt hat. Ihre Aufgabe ist es, die Gesundheit sowie die Arbeits- und Beschäftigungsfähigkeit der Menschen in der Arbeitsorganisation zu erhalten oder wiederherzustellen. Gibt es keinen betriebsärztlichen Dienst, liegt die Aufgabe bei den gesetzlichen Unfallversicherungen.

4.2 Messen von Burnout

In der Forschung und Wissenschaft haben sich unzählige Arbeitsgruppen mit der Diagnostik bzw. Messung von Burnout beschäftigt. Resultat ist eine große Vielfalt an Erhebungsinstrumenten, die theoretisch und methodisch höchst unterschiedlich konstruiert wurden.

In der Medizin wurden viele Parameter herangezogen, die angeblich eine Aussage über eine mögliche Burnout-Symptomatik erlauben. So wurden die Herzratenvariabilität HRV oder der Langzeit-Blutdruck gemessen, Neurotransmitterprofile, Entzündungsparameter oder ein Langzeit-EKG erhoben (Krautz et al. 2014, S. 38). Allerdings deuten solche Untersuchungsergebnisse lediglich auf ein stärker beanspruchtes autonomes Nervensystem hin, das bei jeglicher Art von chronischem Stress entsteht. Medizinische Erhebungen allein reichen demnach nicht aus, um bei Menschen Burnout festzustellen.

In der Forschung zeigte sich, dass vor allem eine psychometrische Diagnostik recht verlässliche Informationen liefern kann. Damit ist der Einsatz von Fragebögen gemeint, in welchen Personen nach ihrem subjektiven, psychosozialen Erleben gefragt werden. Hier werden die Merkmale von Burnout systematisch erfasst. Bei gehäuftem Vorliegen der Merkmale in allen Kategorien können Burnout-Betroffene identifiziert werden.

4.2.1 Maslach Burnout Inventory MBI

Der international am stärksten verbreitete Fragebogen stammt von Maslach und Jackson: das Maslach Burnout Inventory MBI (Maslach & Jackson 1981). Das aus mehreren Forschungsprojekten entwickelte Instrument ist für den Einsatz in sozialen und Dienstleistungsberufen gedacht. Es bildet die drei Skalen ab, die der Definition von Maslach (▶ Kap. 2.2 »Was ist Burnout?«) entsprechen. Die Skala Emotionale Erschöpfung (»emotional exhaustion«) enthält neun Items und beinhaltet das Gefühl emotional überfordert zu sein. Ein Beispielitem lautet: ›Nach der Arbeit bin ich völlig fertig‹. Negative und unpersönliche Einstellungen spiegeln sich in den fünf Items der Skala Depersonalisation (»depersonalization«) wider. Ein Item aus der Skala ist: ›Manche meiner Partner sind mir ziemlich gleichgültig‹. Die Skala Persönliche Leistungsfähigkeit (»personal accomplishment«) wird über acht Items erfasst und beschreibt die Selbstbewertung der beruflichen Kompetenz. Ein Item dieser Skala: ›Ich glaube, ich kann mich in meine Partner gut hineinversetzen‹. Im Gegensatz zu den anderen beiden Skalen gibt hier eine geringe Ausprägung Hinweise auf ein mögliches Vorliegen von Burnout (▶ Tab. 5).

Das MBI wurde in mehreren Stadien weiterentwickelt. Zusätzlich zu mehreren Auflagen gibt es eine Version, die für Berufstätige aller Art eingesetzt werden kann: das *MBI General Survey* (MBI-GS, Schaufeli et al. 1996). Die 16 Items dieser Variante gliedern sich in die drei Skalen Erschöpfung, Zynismus und berufliche Leistung. Mit dieser neuen Form liegen bislang vergleichsweise wenige Erfahrungen vor. Mittlerweile wurde das MBI in viele Sprachen übersetzt. Es gibt mindestens vier deutsche Fassungen, wobei nur *das MBI-D* von Büssing und Perrar (1992) eine Autorisierung von Maslach erhielt.

In der Wissenschaft gibt es immer wieder Kritik an der Validität der Skalen (Burisch 2014, S. 37). Bis heute ist nicht ausreichend nachgewiesen, dass die Skalen auch wirklich das messen, was sie zu messen vorgeben. Die starke Verbreitung und Akzeptanz des MBI in der Forschung und seine einfache Handhabbarkeit führte dazu, dass der Fragebogen auch in der Praxis häufig verwendet wird. Allerdings besteht die Schwierigkeit bei der Nutzung des MBI darin, dass es keine empirisch geprüften Cut-off-Werte gibt. Das heißt, anhand der Antworten ist nicht ablesbar, ob es sich nun um einen Burnout handelt oder nicht. Entsprechend der Definition von Burnout ist es lediglich vorgegeben, dass in allen drei Skalen auffällige Werte erreicht werden müssen. Entgegen dem Usus von vielen Forscher*innen, allein die Skala Emotionale Erschöpfung zu verwenden, reicht eine hohe Ausprägung in diesem Merkmal nicht aus, um von Burnout zu sprechen (▶ Kap. 2.3 »Merkmale von Burnout«).

Es handelt sich also beim MBI nicht um ein Diagnoseinstrument, nicht einmal um ein Screeninginstrument. Für die Bewertung der Antworten und die Besprechung eines weiteren Vorgehens ist es nötig die individuelle Situation der Befragten genauer zu erschließen.

Tab. 5: Nutzbarkeit des MBI in der Sozialen Arbeit

Anwendung	Einfach und schnell, Selbstausfüllung des Fragebogens
Auswertung	Einfache Auswertung durch Auszählen der Werte auf den drei Skalen
Ergebnis	Ergebnis ohne Normen
Verwendung	Verwendung vorrangig in der Forschung und Wissenschaft; in der Praxis ebenfalls verbreitet, wenn auch nur als Basis für weitere Analysen, auf Dienstleistungs- und soziale Berufe beschränkt

Eigene Übersicht

4.2.2 Tedium Measure TM

Das zeitgleich zum MBI veröffentlichte Tedium Measure TM (übersetzt Überdruss-Skala) von Pines und Kafry (1981) gewann erst später an Bedeutung. Der Begriff Überdruss wird dabei von den Autor*innen als Zustand »körperlicher, emotionaler und geistiger Erschöpfung« (Pines et al. 1992, S. 25) bezeichnet. Die Betroffenen würden sich unglücklich, unzufrieden und hilflos fühlen, weil sie nach zu hohen Idealen strebten. »Sie entwickeln negative Einstellungen zum Selbst, zu ihrem Beruf, zu anderen Menschen und zum Leben ganz allgemein« (Pines et al. 1992, S. 25). Da die Autor*innen keinen Unterschied zwischen den Begriffen Burnout und Überdruss nachweisen konnten, wurde das Instrument auch *Burnout Measure BM* genannt.

Das TM enthält 21 Aussagen, die hinsichtlich ihrer Häufigkeit beantwortet werden. Beispielsweise müssen die Befragten die Aussagen ›sich abgearbeitet fühlen‹ oder ›sich zurückgewiesen fühlen‹ auf einer Antwortskala von 1 = niemals bis 7 = immer einschätzen. Es ergeben sich drei Dimensionen, die gleichen Dimensionen von Burnout wie im MBI: Emotionale Erschöpfung, Depersonalisation und Leistungsunzufriedenheit.

Genau wie beim MBI wird für dieses Instrument ebenfalls die Validität angezweifelt, denn es gibt starke Überschneidungen mit Emotionalität, Depression und Stress (Hillert & Marwitz 2006, S. 95ff.). Immerhin liegen für das TM Interpretationshilfen vor, so dass von den Ergebnissen auf ein mögliches niedriges, mittleres oder hohes Burnout geschlossen werden kann (▶ Tab. 6).

Tab. 6: Nutzbarkeit des TM in der Sozialen Arbeit

Anwendung	Einfach und schnell, Selbstausfüllung des Fragebogens
Auswertung	Einfache Auswertung durch Auszählen der Werte auf den drei Skalen
Ergebnis	Ergebnis einzuordnen nach der Schwere des möglichen Burnouts
Verwendung	Noch seltene Verwendung in Deutschland, für alle Berufe geeignet

Eigene Übersicht

4.2.3 Arbeitsbezogene Verhaltens- und Erlebnismuster AVEM

Das deutsche Instrument Arbeitsbezogene Verhaltens- und Erlebnismuster AVEM von Schaarschmidt und Fischer (1996) ist eigentlich nicht als Burnout-Instrument entwickelt worden. Das AVEM ist ein persönlichkeitsdiagnostisches Verfahren, mit dem Befragte ihr Erleben und Verhalten in Bezug auf Arbeit und Beruf selbst einschätzen sollen. Es besteht aus elf Skalen mit jeweils sechs Items:

(1) Bedeutsamkeit der Arbeit,
(2) beruflicher Ehrgeiz,
(3) Verausgabungsbereitschaft,
(4) Perfektionsstreben,
(5) Distanzierungsfähigkeit,
(6) Resignationstendenz bei Misserfolg,
(7) offensive Problembewältigung,
(8) innere Ruhe und Ausgeglichenheit,
(9) Erfolgserleben im Beruf,
(10) Lebenszufriedenheit und
(11) Erleben sozialer Unterstützung.

Gerade im deutschen Raum wird es inzwischen häufiger eingesetzt, da es erweiterte Auswertungen in Richtung des Stressmanagements erlaubt. Die Auswertung erlaubt eine Zuordnung zu vier Verhaltensmustern:

Im *Typ G* (Gesundheitstypus) werden Personen beschrieben, deren berufliches Engagement deutlich, aber nicht exzessiv ausgeprägt ist. Personen mit diesem Verhaltensmuster können sich angemessen distanzieren, zeigen eine ausreichende Fähigkeit der Problembewältigung, innere Ruhe und geringe Resignationstendenz. Soziale Unterstützung, Erfolgserleben im Beruf und Lebenszufriedenheit sind jeweils stark ausgeprägt. Personen, die dem Typ G zuzuordnen sind, gelten nach Schaarschmidt und Fischer (1997) als nicht Burnout-gefährdet.

Zum *Typ S* (Schonungstypus) gehören Personen mit nur geringem Arbeitsengagement und einer starken Distanzierung gegenüber berufsbezogenen Problemen an. Gegenüber den drei anderen Mustern ist bei diesen Personen die subjektive Bedeutsamkeit der Arbeit, beruflicher Ehrgeiz, Verausgabungsbereitschaft und Perfektionsstreben am geringsten ausgeprägt. Sie zeigen dagegen ein insgesamt positives Lebensgefühl mit starker innerer Ruhe, Lebenszufriedenheit und ausreichend sozialer Unterstützung. Die Arbeitsmotivation dieses Verhaltenstyps ist zwar am Boden, jedoch scheint ihre Gesundheit nicht gefährdet.

Interessant wird es beim *Typ A* (Überforderungstypus), der mit überhöhtem beruflichem Engagement und zeitgleich geringer Distanzierungsfähigkeit ein Risiko für die Ausbildung eines Burnouts in sich trägt. Hohe Werte bezüglich der Bedeutsamkeit der Arbeit, Verausgabungsbereitschaft und Perfektionsstreben zeigen bereits beschriebene Ursachen in der Person. Typ A weist durch eine verminderter Ausgeglichenheit und geringe Lebenszufriedenheit wenige Ressourcen auf.

Dem *Typ B* (Burnout-Typus) werden Personen zugeordnet, die in ihrem Erleben und Verhalten die Burnout-Merkmale Resignation, geringe Widerstandsfähigkeit und Unzufriedenheit erfüllen. Die Betroffenen zeigen im AVEM eine geringe Bedeutsamkeit der Arbeit, niedrigen beruflichen Ehrgeiz, eine geringe Distanzierungsfähigkeit sowie eine offensive Problembewältigung. Die niedrige Lebenszufriedenheit, herabgesetzte Widerstandsfähigkeit gegenüber Belastungen und Unzufriedenheit und das geringe Ausmaß sozialer Unterstützung weisen auf unzureichende Ressourcen hin (▶ Tab. 7).

Der AVEM weist relativ hohe Gütekriterien auf und gilt vor allem als veränderungssensitiv. Damit kann das Instrument nicht nur zur Erfassung von einem möglichen Burnout genutzt werden, sondern auch um die Wirkung von Interventionen abzuschätzen.

Tab. 7: Nutzbarkeit des AVEM in der Sozialen Arbeit

Anwendung	Einfache Anwendung
Auswertung	Auswertung durch Ermittlung von Standardwerten aus den Skalenrohwerten, die mit Normstichprobe verglichen werden, Anleitung im Manual
Ergebnis	Ergebnisse differenzieren Risikotypen: Typ A ist Burnout-gefährdet, Typ B befindet sich möglicherweise im Burnout
Verwendung	Häufigere Verwendung in Deutschland, vorrangig im Bildungs- und Rehabilitationsbereich, in Beratung und Coaching, für alle Berufe geeignet

Eigene Übersicht

4.2.4 Weitere Fragebögen und Erhebungsinstrumente

Aus den auch in einer deutschen Fassung vorliegenden Fragebögen zu Burnout sollen hier noch weitere aufgeführt werden. Möglicherweise sind sie in bestimmten Arbeitsbereichen oder Organisationen eher im Gebrauch und werden daher an dieser Stelle vermittelt.

Burnout-Screening-Skalen BOSS

Die Burnout-Screening-Skalen BOSS nach Hagemann und Geuenich (2009, 2014) sind ein neueres deutsches Burnout-Instrument. Es besteht in der zweiten Fassung aus drei Skalen-Teilen, die über insgesamt 80 Items auf einer sechsstufigen Antwortskala abgefragt werden. Die BOS-Skalen I enthalten folgende Bereiche: Beruf, eigene Person, Familie und Freunde und einen Globalfaktor. In den BOS-Skalen II werden körperliche, kognitive und emotionale Beschwerden abgebildet. Die BOS-Skalen III bilden die gleichen Bereiche wie die BOS-Skalen I ab: Beruf, eigene Person, Familie und Freunde. Darüber hinaus erfasst BOSS III Vorhandensein von Zufriedenheit bzw. Ressourcen. Alle drei Fragebögen sind auch getrennt als Einzelinstrumente einsetzbar (Geuenich & Hagemann 2014, S. 29).

Die Gütekriterien sind ausreichend gut belegt (Geuenich & Hagemann 2014, S. 103f.). Es existiert eine Normierung mit einer kleinen Stichprobe (▶ Tab. 8). In der Forschung wird vermutet, dass sowohl BOSS I als auch BOSS II eigentlich das Gleiche erfassen, da die Interkorrelationen sehr hoch sind.

Tab. 8: Nutzbarkeit der BOS-Skalen in der Sozialen Arbeit

Anwendung	Anwendung leicht, bei Einsatz aller BOS-Skalen zeitaufwendig
Auswertung	Auswertung ergibt für die Skalen I und II Intensitätswerte als Indiz für die Stärke der Symptome, für alle Skalen werden Gesamtwerte berechnet
Ergebnis	Es existieren Normtabellen, für die Überprüfung des Verdachts auf Burnout ist die Skala »Beruf« des BOSS I von besonderer Bedeutung
Verwendung	Vereinzelte Verwendung in der Arbeitsmedizin, der Psychotherapie und psychosozialen Beratung sowie in der hausärztlichen Versorgung und wissenschaftlichen Gesundheitsforschung, nicht auf bestimmte Berufsgruppen beschränkt

Eigene Übersicht

Copenhagen Burnout Inventory CBI

Das Copenhagen Burnout Inventory CBI (Kristensen et al. 2005) erfasst in drei Skalen und insgesamt 19 Fragen die Parameter persönliches Burnout, arbeitsbezogenes Burnout und klientenbezogenes Burnout. Ausgewählte Fragen sind:

- ›Wie oft denken Sie: Ich kann nicht mehr?‹ (Beispielitem: persönliches Burnout),
- ›Sind Sie von Ihrer Arbeit frustriert?‹ (Beispielitem: arbeitsbezogenes Burnout),
- ›Haben Sie den Eindruck, mehr zu geben als Sie in der Arbeit mit den Klienten bekommen?‹ (Beispielitem: klientenbezogenes Burnout).

Die Gütekriterien sind nur wenig belegt (Korczak et al. 2010, S. 46f.). Es ist demnach Vorsicht geboten, da unklar bleibt, ob Burnout umfassend gemessen wird oder nur Ermüdung in verschiedenen Lebensbereichen (▶ Tab. 9).

Tab. 9: Nutzbarkeit des CBI in der Sozialen Arbeit

Anwendung	Einfache Anwendung, Test ist frei verfügbar (auch online)
Auswertung	Auswertung durch Summierung der Werte in drei Skalen
Ergebnis	Keine Normierung, Vorsicht: unklar, wie Burnout definiert wird!
Verwendung	Für alle Personen, für alle Berufsgruppen geeignet

Eigene Übersicht

Hamburger Burnout-Inventar HBI

Das Hamburger Burnout-Inventar HBI von Burisch (2007, 2020) besteht aus 39 Items, die in zehn kurzen Skalen von je drei bis fünf Items gebündelt wurden. Die Skalen lauten: Emotionale Erschöpfung, Leistungsunzufriedenheit, Distanziertheit, Depressive Reaktion auf emotionale Belastungen, Hilflosigkeit, Innere Leere, Arbeitsüberdruss, Unfähigkeit zur Entspannung, Selbstüberforderung und Aggressive Reaktion auf emotionale Belastung. Die Auswertung ergibt fünf Gefährdungsklassen für Burnout.

Es gibt bisher wenig veröffentlichte Informationen zu den Gütekriterien. Für das HBI existieren Normen aus einer kleinen Stichprobe (▶ Tab. 10).

Tab. 10: Nutzbarkeit des HBI in der Sozialen Arbeit

Anwendung	Einfache Anwendung
Auswertung	Auswertung erfolgt durch Einordnung der Skalenwerte in eine normierte Tabelle, getrennt für Männer und Frauen
Ergebnis	Es werden fünf Gefährdungsklassen für Burnout ausgegeben
Verwendung	Der Nutzen ist noch nicht erkenntlich, da das Instrument bisher nur in Hochschul-Abschlussarbeiten verwendet wurde – die Zukunft wird es zeigen

Eigene Übersicht

Oldenburg Burnout-Inventar OLBI

In der Fachliteratur findet sich neben speziellen Ausgaben für bestimmte Berufsgruppen noch ein weiterer Fragebogen zu Burnout im deutschsprachigen Bereich, der hier Erwähnung finden soll: Das Oldenburg Burnout-Inventar OLBI von Demerouti et al. (2003) besteht aus 16 Items und enthält die zwei Skalen Erschöpfung und reduziertes Engagement.

Die Gütekriterien wurden in einer englischsprachigen Version des OLBI geprüft und für ausreichend befunden (Halbesleben & Demerouti 2005), so dass das Instrument laut den Autor*innen als brauchbare Alternative zum MBI gilt (▶ Tab. 11). Weitere empirische Prüfungen stehen noch aus.

Tab. 11: Nutzbarkeit des OLBI in der Sozialen Arbeit

Anwendung	Einfache Anwendung mit positiv und negativ formulierten Items
Auswertung	Auswertung über Umpolung und Zusammenrechnung zu zwei Skalen, keine deutschen Normen vorhanden
Ergebnis	Zwei Skalenwerte: Erschöpfung und reduziertes Engagement
Verwendung	Praktischer Nutzen ist noch nicht erkenntlich, da das Instrument bisher nur in der Forschung verwendet wurde, nicht auf bestimmte Berufsgruppen beschränkt

Eigene Übersicht

Auch wenn hier nicht alle Erhebungsinstrumente und Fragebögen für Burnout aufgeführt werden können, eine gute Auswahl ergibt es allemal. Und der Vorteil daran ist, dass Fragebögen Zeit und Aufwand sparen, weil sie gut vorstrukturiert, mit Theorie hinterlegt und zum großen Teil empirisch geprüft sind. Und vor allem, weil sie häufig ein einfach verständliches Ergebnis liefern, das die Burnout-Ausprägung bei den Befragten direkt ausspuckt.

Wissenschaftlich geprägte Berater*innen wissen, dass es unprofessionell wäre, sich allein auf einen Fragebogenwert zu verlassen. Eine Einbettung der Befragung in Beratungsgespräche ist daher unerlässlich. In Kombination mit der bereits beschriebenen Personenbefragung und Situationsanalyse kann der Einsatz von Fragebögen allerdings einen Mehrwert darstellen.

4.3   Differenzialdiagnostik

Auch wenn die verfügbaren Fragebögen zur Burnout-Erfassung meinen Burnout zu messen, geben sie jedoch keine Auskunft über das Vorliegen weiterer Stressfolgen oder körperlicher und psychischer Erkrankungen. Verschiedene Studien zeigen dabei häufig ein zeitgleiches Auftreten von *Burnout und Depression*.

Abbildung 12 stellt die Ergebnisse einer großangelegten finnischen Studie von Ahola und Kolleg*innen (2005) grafisch dar. In der Untersuchung wurden 3.276 Angestellte im Alter zwischen 30 und 64 Jahren mittels MBI-GS zu Burnout befragt und auf Basis des Composite International Diagnostic Interview (CIDI) bezüglich des Vorliegens einer Depression diagnostiziert (▶ Abb. 12).

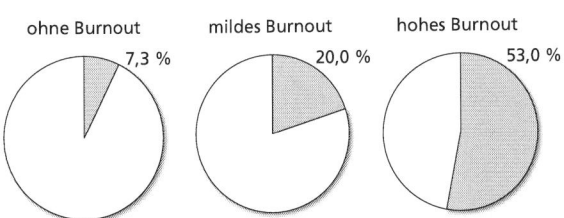

Abb. 12: Zeitgleiches Vorliegen einer Depression bei verschiedenen Burnout-Ausprägungen (eigene Darstellung, Daten aus: Ahola et al. 2005)

Aus der Studie wird erkenntlich, dass mit steigendem Burnout das Auftreten einer Depression wahrscheinlicher wird – oder umgekehrt. Was Ursache und was Wirkung ist, das gibt diese Untersuchung genauso wenig her wie andere Querschnittsforschungen. In jedem Fall wird auch durch weitere Studien bestätigt, dass beide Erscheinungen häufig gleichzeitig bei den Betroffenen auftreten.

Eine detaillierte Abklärung ist zwingend notwendig. Denn liegt neben einem Burnout eine Depression vor, dann ist die Behandlung der Depression vorrangig. Ohne Therapie der psychischen Erkrankung können sich Betroffene nicht auf die Bewältigung der chronischen Stresssituation einlassen. Dem stehen die Symptome einer Depression wie Motivations- und Antriebsmangel oder starke Niedergeschlagenheit entgegen. Die depressiv Erkrankten sind aufgrund der Eigenart der psychischen Störung kaum in der Lage selbständig die berufsbedingte Stresssituation aufzulösen. Zudem warnt die Deutsche Gesellschaft für Psychiatrie, Psychotherapie und Nervenheilkunde (DGPPN) »vor der Gefahr, dass den Patienten evidenzbasierte störungsspezifische Behandlungen vorenthalten werden« (Berger et al. 2012, S. 12). Denn wird eine Depression neben einem Burnout nicht erkannt, dann wäre in der Folge zu erwarten, dass die langjährigen Behandlungsversuche unzulänglich sowie mittel- und langfristig erfolglos sind.

Andererseits ist es sinnvoll bei der Therapie einer Depression auch die Ursachen und Symptome des Burnouts mit zu bearbeiten.

> »Ohne diese Erkennung sind Behandlungen der Krankheitssymptome sowie gestufte Wiedereingliederungen nach längerer Arbeitsunfähigkeit oft nicht nachhaltig erfolgreich. Die Belastung am Arbeitsplatz muss in dieser Konstellation begleitend zur störungsspezifischen Therapie Gegenstand der Behandlung sein« (Berger et al. 2012, S. 12).

Die Ausführungen gelten selbstverständlich auch für das zeitgleiche Vorliegen von anderen psychischen oder körperlichen Erkrankungen und Burnout.

Die Differenzialdiagnostik ist eine Form der Befunderhebung, die direkt darauf ausgerichtet ist, eine bestimmte Krankheit von anderen Krankheiten oder Störungen bzw. Symptomen abzugrenzen und zu identifizieren. Für einen Erschöpfungszustand können diverse Ursachen vorliegen. Ermüdung oder Erschöpfung sind eher unspezifische Symptome, die bei vielfältigen Erkrankungen auftreten. Das Deutsche Institut für Medizinische Dokumentation und Information (DIMDI) hält daher zur Abklärung der Diagnose ›Burnout‹ zunächst eine umfangreiche körperliche und laborchemische Untersuchung für erforderlich, um körperliche Ursachen auszuschließen (Korczak et al. 2010, S. 23). Eine Analyse von weiteren vorliegenden psychischen oder psychosomatischen Symptomen sollte mittels diagnostischer Interviews und Fragebögen erfolgen.

Chronische Erschöpfung ist ein Merkmal aller in der Tabelle 12 aufgeführten Diagnosen (▶ Tab. 12). Theoretisch müssten also alle diese Erkrankungen ausgeschlossen werden, damit die Erschöpfung ›nur‹ auf ein Burnout zurückgeführt werden kann. Bei zeitgleichem Vorliegen einer der in der Tabelle enthaltenen Diagnosen muss grundsätzlich diese Erkrankung therapiert werden. Die Bewältigung von Burnout kann parallel oder nachrangig erfolgen.

Differenzialdiagnostik ist Aufgabe von medizinisch-psychologisch geschultem Personal. In sozialen oder pädagogischen Berufsbereichen ist daher eine Zusammenarbeit mit entsprechenden fachlichen Stellen erforderlich, um potenziell von Burnout Betroffenen eine saubere Befunderhebung zu ermöglichen. Da Burnout aus dem Arbeitsbereich erwächst, ist dafür die Kooperation mit den *betriebsärztlichen Diensten* unerlässlich.

Tab. 12: Differenzialdiagnosen zum Burnout-Syndrom

Ursachen	Krankheiten/Störungen
Somatisch/körperlich	Anämien, Eisenmangel
	Hypothyreose, Diabetes, Nebenniereninsuffizienz
	Herzinsuffizienz, Chronisch Obstruktive Lungenerkrankung
	Niereninsuffizienz
	Borreliose, HIV, Tuberkulose
	Malignome, Lymphome, Leukämien
	Entzündliche Systemerkrankungen
	Degenerative Erkrankungen des Zentralnervensystems
	Obstruktive Schlaf-Apnoe-Syndrom, Restless-Legs-Syndrom
	Medikamentennebenwirkungen
Psychosomatisch/ psychiatrisch	Chronic-Fatigue-Syndrom
	Dyssomnien (gestörtes Schlafverhalten)
	Neurasthenie
	Somatisierungsstörungen
	Depressive Störungen
	Generalisierte Angsterkrankung
	Posttraumatische Belastungsstörung
	Essstörung
	Substanzmissbrauch (Alkohol, Tranquilizer)

Leicht modifiziert aus Korczak, D., Kister, C. & Huber, B. (2010). Differentialdiagnostik des Burnout-Syndroms. Schriftenreihe Health Technology Assessment, Bd. 105. Köln: DIMDI, S. 23

Literaturempfehlungen

Berger, M., Linden, M., Schramm, E., Hillert, A., Voderholzer, U. & Maier, W. (2012). Positionspapier der Deutschen Gesellschaft für Psychiatrie, Psychotherapie und Nervenheilkunde (DGPPN) zum Thema Burnout. Abrufbar unter www.dgppn.de.
Burisch, M. (2014). Das Burnout-Syndrom – Theorie der inneren Erschöpfung – Zahlreiche Fallbeispiele – Hilfen zur Selbsthilfe, 5., überarbeitete Auflage. Berlin, Heidelberg: Springer.
Burisch, M. (2015). Dr. Burischs Burnout-Kur – für alle Fälle – Anleitungen für ein gesundes Leben. Berlin, Heidelberg: Springer.
Hillert, A. & Marwitz, M. (2006). Die Burnout Epidemie – oder brennt die Leistungsgesellschaft aus? München: Beck.

5 Wege aus dem Burnout

> ☞ **Was Sie in diesem Kapitel lernen können**
>
> An dieser Stelle finden diejenigen Maßnahmen und Empfehlungen Platz, die wissenschaftlich geprüft zur Bewältigung des Ausbrennens eingesetzt werden können. Welche Behandlungsmöglichkeiten bei wem helfen, ist hingegen von Person zu Person unterschiedlich, da bei jedem*jeder von Burnout Betroffenen individuell verschiedene Ursachen und Einflussfaktoren vorliegen.
>
> In diesem Kapitel erfahren Sie,
>
> - welche Methoden und Therapien Burnout-Betroffenen helfen können,
> - wie eine professionelle, psychosoziale Beratung bei ausgebrannten Personen aussehen sollte,
> - wie der Lebensbereich Arbeit entlastet werden kann und
> - welche Aufgaben in der Behandlung der Sozialen Arbeit zufallen.

Bisher wurde in der Literatur und in den Forschungsstudien kaum ein Unterschied gemacht zwischen der Behandlung und der Prävention von Burnout. Während es bei der Behandlung um die Bewältigungsmaßnahmen mit schon tief im Burnout steckenden Personen geht, handelt es sich bei der Prävention um vorbeugende Maßnahmen, damit Menschen gar nicht erst in einen solchen Krisenzustand geraten. Diese häufige Vermischung liegt daran, dass in beiden Fällen die Ursachen und Einflussfaktoren von Burnout bearbeitet werden. So kann beispielsweise Perfektionismus präventiv reduziert werden. Dadurch wird den überordentlichen Menschen mehr Entspannung ermöglicht, und sie lernen besser mit Stressoren umzugehen. Es sinkt die Wahrscheinlichkeit, dass sie in chronischen Stress geraten und Burnout oder gar psychische und körperliche Erkrankungen folgen. Bei schon von Burnout Betroffenen ist es ebenfalls denkbar die Perfektion zu minimieren. Das macht jedoch nur Sinn, wenn bei der betroffenen Person wirklich diese Überordentlichkeit vorliegt, sonst ergibt die Behandlung keinen Effekt auf das Burnout-Erleben. Liegt also bei einer ausgebrannten Person unter anderem ein starkes Perfektionsstreben zugrunde und es gelingt dieses zu reduzieren, dann hat das Auswirkungen auf das Burnout-Erleben. Die Betroffenen können entspannter an Herausforderungen herangehen und setzen sich selbst weniger unter Druck. Die Burnout-Symptome, vor allem die Erschöpfung und das Gefühl reduzierter Leistungsfähigkeit, werden zurückgehen.

Allerdings sind die Herangehensweisen der Prävention und Behandlung von Burnout zu differenzieren. Während im Bereich der Prävention ganz allgemein an allen Risikofaktoren angesetzt wird, sollten für die Bewältigung von Burnout nur die Ursachen und Einflüsse verändert werden, die unmittelbar auf die von Burnout betroffene Person zutreffen, also individueller Natur sind. Ferner haben Behandlungsmaßnahmen mindestens zwei Ziele. Einerseits gilt es, die vorliegenden Burnout-Symptome zu lindern oder zu beseitigen, um die für eine Arbeitstätigkeit notwendige Leistungsfähigkeit wiederherzustellen. Andererseits sollen die konkreten Belastungen und aktuellen Beanspruchungen bei den Betroffenen selbst und im Arbeitsbereich reduziert werden. Mit solchen Maßnahmen kann einem Wiederauftreten von Burnout bei den gestressten Menschen vorgebeugt werden.

In diesem Kapitel wird der Versuch unternommen aus den vielen vorliegenden Veröffentlichungen die Behandlungsmaßnahmen beim Burnout herauszufiltern und ihre Wirksamkeit zu beschreiben.

5.1 Behandlung – der Eingriff in das Burnout-Geschehen

Bereits nach der ersten Forschungswelle gab es von Wissenschaftler*innen vielfältige Ideen, gegen Burnout anzugehen. Die Vorschläge reichten von asiatischen Entspannungsverfahren, Elementen des Selbstmanagements, der Verbesserung der Arbeitsbedingungen, dem Erwirken einer Lohnerhöhung, über den Rat ›es leicht zu nehmen‹ bis dahin Urlaub zu nehmen. Eine Überprüfung, ob auch nur eine der vorgeschlagenen Methoden wirklich hilft, gab es damals noch nicht. Enzmann und Kleiber haben die bis dato hauptsächlich in der englischen Literatur vorkommenden Empfehlungen in eine Übersicht gebracht (▶ Tab. 13).

Bei genauerem Hinschauen zeigen sich hier schon Methoden, die tatsächlich in aktuellen Bewältigungsprogrammen wiederzufinden sind. Das heißt, deren Wirksamkeit wurde bis heute durch empirische Forschungsstudien belegt. Eines ist jedoch hervorzuheben: Ratschläge wie ›Urlaub nehmen‹ oder ›es auf die leichte Schulter zu nehmen‹ sind unwissenschaftlich und verfehlen mit Sicherheit ihre Wirkung.

Grundsätzlich sollte eine Burnout-Intervention *am individuellen Fall ansetzen*. Die persönlichen Ursachen und äußeren Einflussfaktoren sind bei jeder betroffenen Person anders konstruiert. Hier funktionieren pauschal übergestülpte Maßnahmen nicht. Im Gegenteil: Es kann bei den willigen Burnout-Betroffenen zu noch mehr Frustration, Langeweile oder Missfallen führen, wenn sie an Themen arbeiten müssen, die sie nicht betreffen. Warum sollte sich jemand, der nicht ordentlicher und überstrukturierter ist als alle seine Kolleg*innen, mit Perfektionismus beschäftigen? Eine stundenlange Auseinandersetzung mit diesem Thema,

5 Wege aus dem Burnout

Tab. 13: Von Burnout-Forscher*innen meistzitierte Interventionen

Interventionen x = empfohlen o = kontraindiziert	Carroll (1979)	Cherniss (1980)	Daley (1979)	Edelwich (1980, dt. 1984)	Emener (1979)	Freudenberger (1980)	Greenberg & Valletutti (1980)	Kafry & Pines (1980)	Kahn (1978)	McQuade & Aikman (1980)	Marshall & Kasman (1980)	Maslach (1978)	Moe (1979)	Munro (1980)	Pines & Aronson (1981)
Verbesserung der Arbeitsbedingungen	x	x	x			x	x			x		x		x	x
Soziale Unterstützung in der Arbeit	x	x	x			x	x	x	x		x	x		x	x
On-the-Job-Training	x	x	x	x		x			x		x				x
Selbsterfahrung	x		x	x	x	x	x			x					x
Körpertraining					x	x	x			x	x		x	x	
Realistische Ziele setzen		x		x	x		x				x	x			x
Urlaub	x		x	x			x				x		x		
Hobbies				x	x		x	x			x		x		
Weiterbildung	x			x			x				x	x	x		x
Arbeitspausen	x		x									x		x	x
Soziale Unterstützung in der Familie					x			x	x		x				x
Workshops/Seminare	x						x							x	x
Systematische Ablenkung										x	x				
Stellenwechsel	x				x										
Lohnerhöhung	x													x	
Es leichtnehmen (Humor)					x										x
Meditation/Yoga	x				o	x						x			

Eigene Darstellung
Daten aus: Smith & Nelson 1983, S. 17, übersetzt und überarbeitet von Enzmann & Kleiber 1989, S. 179

wenn es für die Person nicht ursächlich und bedeutsam ist, löst eher eine sinkende Motivation aus, an der Behandlung teilzunehmen. Daher ist es unerlässlich, in jedem einzelnen Fall die Situation genau zu analysieren sowie die individuellen Gründe und Bedingungen herauszufinden.

> Zur Erinnerung: Es handelt sich einerseits um die Ursachen, die in den Betroffenen selbst liegen wie neurotische Denk- und Verhaltensweisen, Perfektionismus oder eine überhöhte Bedeutung der Arbeit. Andererseits müssen auch die direkten Arbeitsbedingungen wie die Arbeitslast, unklare Arbeitsaufgaben oder soziale Anerkennung analysiert und auf eine Veränderbarkeit hin geprüft werden.

Im Gegensatz zu den persönlichen Ursachen und den direkten Arbeitsbedingungen können die Arbeit gebenden Unternehmen und die Gesellschaft als Einflussfaktoren zum Burnout-Geschehen nicht direkt in die Behandlung von ausgebrannten Menschen einbezogen werden. Ein Betrieb wird wohl kaum wegen eines Burnout-Falls seine Strukturen und Prozesse komplett verändern. Zumindest ist das in der aktuell auf Gewinn orientierten Wirtschaft unwahrscheinlich. Veränderungen in den Unternehmen sind eher Themen für die betriebliche Gesundheitsförderung und damit vorbeugend angelegt. Ebenso trifft das auf die Gesellschaft als Grund für die Entwicklung von Burnout zu – insbesondere in bestimmten stark von Burnout betroffenen Arbeitsbereichen wie in sozialen Berufen. Die Gesellschaft kann für die akute Situation einer einzelnen ausgebrannten Person nicht verändert werden. Dies ist nur präventiv und über längere Zeiträume möglich (▶ Kap. 6 »Mit gesundem Arbeiten dem Burnout vorbeugen«).

Auf Grundlage der individuellen Mischung von personenbezogenen Ursachen und arbeitsbezogenen Einflussfaktoren kann daraufhin ein persönlicher Maßnahmenplan entwickelt werden. Da bei Burnout-Betroffenen vielfältige Ursachen und Bedingungslagen zu finden sind, besteht die Intervention immer aus mehreren Methoden. Dementsprechend reicht ein umfassender Maßnahmenplan von einer langfristig angelegten Verhaltensmodifikation bei der Person über das persönliche Stressmanagement bis hin zu organisatorischen Veränderungen am Arbeitsplatz.

5.2 Persönliche Strategien gegen Burnout

Die folgend aufgeführten Interventionsmöglichkeiten setzen direkt bei den ausgebrannten Personen an. Die Maßnahmen sind dafür geeignet, das Denken, Fühlen und Verhalten bei Burnout-Betroffenen zu verändern. Die ausgebrannten Personen sollen bestimmte Bewältigungsfähigkeiten und -fertigkeiten ausbilden, damit sie eigenständig die Krise des chronischen Stresszustands überwinden können.

> **Personenbezogene Behandlung von Burnout**
>
> Ausgehend von den Theorien und Definitionen ist Burnout eine Folge von zu viel Stress bzw. ein chronifizierter Stresszustand. Eine effektive Behandlung von Burnout kann demnach auf persönlicher Seite nur in der Bewältigung des chronischen Stresses bestehen.

5.2.1 Wirksame Therapien für die Bewältigung von Burnout

Wie im Kapitel 2 bereits festgestellt wurde, handelt es sich beim Burnout nicht um eine anerkannte Erkrankung, sondern lediglich um einen Risikozustand, der zu einer Krankheit führen kann (▶ Kap. 2). Es kann also eigentlich nicht von Burnout-Therapie gesprochen werden. Denn das Wort Therapie, im Sinne von Heilung, ist lediglich für Erkrankungen reserviert. Deshalb werden im deutschen Gesundheitssystem medizinische oder therapeutische Leistungen im Burnout-Fall nicht von den Krankenkassen übernommen. Erst wenn sich daraus psychische oder psychosomatische Krankheiten entwickelt haben, kann Burnout als Auslöser sozusagen mitbehandelt werden. Oder wenn Personen mit einer behandelten psychischen oder psychosomatischen Erkrankung in eine Krise im Sinne eines Rückfalls geraten und Burnout-Symptome zeigen, dann ist ebenfalls die Mitbehandlung von Burnout möglich. Anders sieht es bei Personen mit Burnout aus, die eine körperliche Krankheit wie zum Beispiel eine Herz-Kreislauf-Erkrankung entwickelt haben. Hier gibt es während der Akutbehandlung keine Möglichkeit direkt beim Burnout anzusetzen. Eventuell kann dann im Rehabilitationsbereich auf die Burnout-Symptomatik eingegangen werden. Zumindest werden Antistressmaßnahmen im Sinne von tertiärer Prävention einer weiteren Herzproblematik vorbeugen und damit auch das Burnout vermindern können.

Gleichwohl haben Wissenschaftler*innen in ihren Forschungen festgestellt, dass bestimmte psychotherapeutische Ansätze die Bewältigung von Burnout unterstützen.

Kognitive Verhaltenstherapie KVT

In erster Linie ist in diesem Bereich die Kognitive Verhaltenstherapie KVT (nach Aaron Beck) zu nennen, deren Wirkung für Burnout mehrfach belegt wurde (siehe Meta-Analysen von Korczak et al. 2012 und Awa et al. 2010).

> **Kognitive Verhaltenstherapie KVT**
>
> Die KVT ist eine weiterentwickelte Form der Verhaltenstherapie und betrachtet unser Erleben und Verhalten im *kognitiv-behavioralen Modell* (▶ Abb. 14). Damit ist gemeint, dass sowohl das Erleben und Denken (kognitiv = die

> Wahrnehmung, das Erkennen, Begreifen, Bewerten und Urteilen betreffend) als auch das Verhalten (behavior = das Verhalten betreffend) von Menschen analysiert und verändert werden. Die verhaltenstherapeutische Sicht geht davon aus, dass Verhalten – auch ungünstiges Verhalten wie bei Burnout – erlernt wurde und daher auch wieder verlernbar oder umlernbar ist.

Die KVT setzt dafür speziell an der Veränderung von Gedanken, Einstellungen und Bewertungen sowie von Gefühlen an. Es ist davon auszugehen, dass verzerrte und falsche Vorstellungen bei vielen Betroffenen mit ein Grund für die Entstehung von Burnout sind (▶ Abb. 13). Oftmals sind es grundsätzlich hohe Erwartungen an sich selbst und einengende Gedankenmuster wie ›Ich muss perfekt sein‹, die sich fest bei Betroffenen eingeprägt haben. Fehlbewertungen wie ›Wenn ich nicht perfekt bin, dann bin ich ein schlechter Mensch‹ führen dann zu weiterem Druck. Es entstehen negative Gefühle. Die Betroffenen entwickeln Angst etwas zu verpassen, etwas nicht perfekt zu schaffen. Der Körper wird durch diese Gefühle erregt und kommt in eine Dauerspannung, die zu Erschöpfung führen kann. Die ersten, wahrscheinlich nach außen nicht sichtbaren Fehler oder minimalen Abweichungen im Arbeitsprozess entstehen. Umso stärker versuchen die Arbeitenden dann wieder perfekte Leistungen zu erbringen. Das geht allerdings auf Kosten des Energiehaushaltes und über die normale Belastungsgrenze hinaus. Die Perfektionisten brennen aus.

Das Ziel der kognitiven Verhaltenstherapie besteht genau in der Veränderung dieser fehlerhaften Denkweisen und der Modifikation des daraus folgenden Verhaltens. Insofern setzt die Therapie genau an den weit verbreiteten Ursachen von Burnout an.

Zu Beginn der KVT müssen die individuellen problematischen Gedanken, Einstellungen, Bewertungen und Verhaltensweisen erarbeitet werden. Der wichtigste Schritt liegt dann darin die Betroffenen zu der Einsicht zu bringen, dass die Einstellungen verzerrt sind. Sätze wie beispielsweise ›Ich muss perfekt sein‹ sind irrational und unangemessen, denn sie sind in einer sozialen Gesellschaft nicht einhaltbar. Zudem erwartet keine Person aus dem Umfeld, dass jemand immer perfekt ist. An die Stelle dieser verzerrten Gedanken und Wahrnehmungen sollen alternative und realitätsangemessene Einstellungen treten. So kann der Satz ›Halb so perfekt ist immer noch sehr gut‹ den irrationalen Satz ersetzen.

Diese erst im Gespräch bearbeiteten kognitiven Veränderungen werden bei einer KVT dann im realen Alltag erprobt und auf ihre Tauglichkeit geprüft. Wenn alle weiteren Gedankengänge und die Wahrnehmung nach und nach darauf umgestellt werden, dann führt das zu einer Stressreduktion und damit zu wesentlich entspannterem Verhalten der ausgebrannten Person.

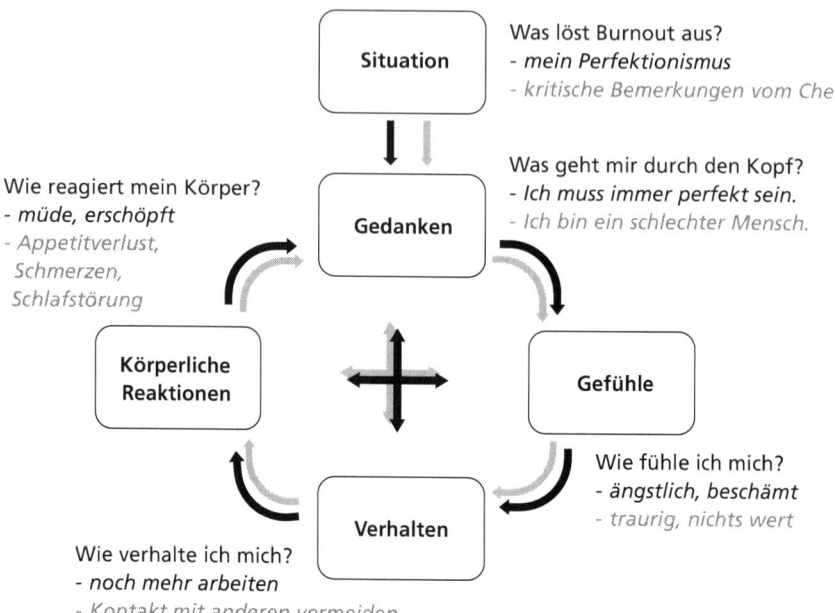

Abb. 13: Burnout im kognitiv-behavioralen Modell der KVT (eigene Darstellung)

Rational Emotive Verhaltenstherapie REVT

Eine weitere verhaltenstherapeutische Behandlungsform, die für die Bewältigung von Burnout geeignet scheint, ist die Rational Emotive Verhaltenstherapie REVT (nach Albert Ellis). Die Wirksamkeit wurde von Malkinson und Kolleginnen (1997) bestätigt. Nach relativ kurzer Intervention ergab sich bei Betroffenen ein reduzierender Effekt auf die Burnout-Symptomatik und dieser hielt bis zu einem Jahr an.

> **Rational Emotive Verhaltenstherapie REVT**
>
> Die REVT setzt indes an der Vorstellung an, dass innere oder äußere Ereignisse nicht direkt zu Emotionen und Verhalten führen, sondern eine Bewertungsinstanz dazwischengeschaltet ist. Insofern liegt die REVT der KVT inhaltlich sehr nahe. Die Rational-Emotive Verhaltenstherapie baut dabei auf dem sogenannten ABC-Modell (auch ABCDE-Modell, ▶ Abb. 14) auf.

Ein auslösendes äußeres oder innerpsychisches Ereignis (A = Activating) wird aufgrund bestimmter Überzeugungen, Bewertungsmuster oder Einstellungen (B = Beliefs) eingeschätzt. So bezieht beispielsweise eine Person die Kritik eines Kollegen am Arbeitsergebnis (A) auf sich selbst und denkt: ›Wenn jemand etwas Negatives sagt, dann bin ich ein schlechter Mensch‹. Im Falle einer perfektionistischen Person sind diese Bewertungen häufig irrational, also unlogisch und situationsunangemessen. Als Konsequenz (C = Consequences) auf diese Bewertung folgen dann emotionale Reaktionen und Verhaltensweisen. Diese liegen bei einer perfektionistischen Person vor allem im Bereich der Angst, der Furcht vor fehlender sozialer Anerkennung oder in der Sorge um die eigene Leistungsfähigkeit. Das führt zu dysfunktionalen Verhaltensweisen. Die Betroffenen arbeiten beispielsweise nach Feierabend weiter im Versuch etwas zu korrigieren, konzentrieren sich nur noch auf die Aussagen des Kollegen oder sie täuschen starke Geschäftigkeit vor.

Das Ziel der REVT besteht – ebenso wie in der KVT – in der Veränderung falscher Vorstellungen und Gedanken. Nach Ellis werden bei den Betroffenen die irrationalen Überzeugungen und die unangemessenen Reaktionen in Frage gestellt (D = Disputation) und es folgt eine kognitive Umstrukturierung (E = Effect). Dabei werden Selbst- und Fremdwahrnehmung gegenübergestellt. Die Betroffenen sollen erkennen, inwieweit eigene Überzeugungen selbstwertdienlich oder -schädlich sind. So sollen sie lernen sich selbst in ihrer Lebensweise zu akzeptieren und die Verantwortung für ihr Handeln zu übernehmen.

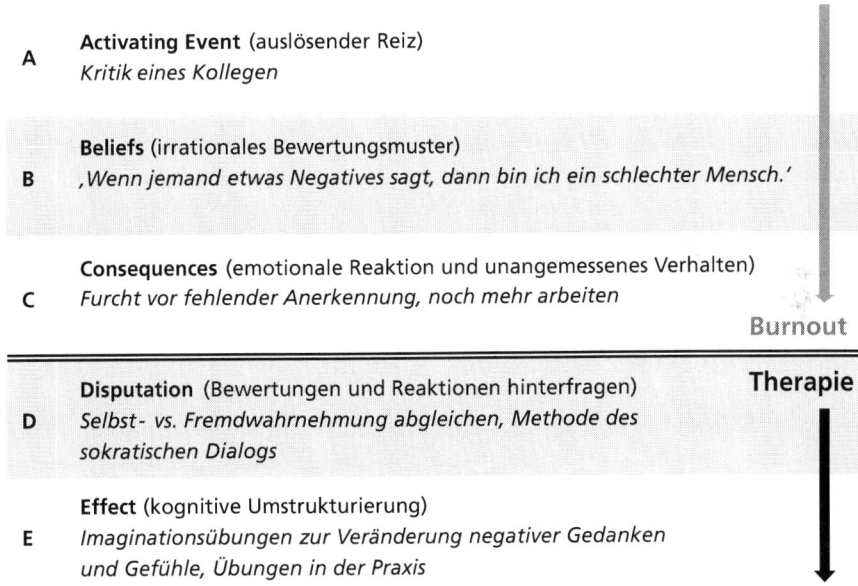

Abb. 14: Burnout im ABC-Modell der REVT (eigene Darstellung)

Ein Schwerpunkt der REVT wird zusätzlich auf die Gefühlsregulation gelegt. So geht die Theorie davon aus, dass die Einstellung zum Leben und ebenso zur Arbeit die Gefühle einer Person beeinflussen. Wenn zum Beispiel die irrationalen Denkmuster die Wahrnehmung von Arbeitsprozessen sehr stark bestimmen und das Denken sehr negativ ist, werden Menschen ihre Arbeitsleistung ebenfalls negativ bewerten und Gefühle wie Ärger, Resignation und Verzweiflung empfinden. Die negativen Gefühle verstärken wiederum die Tendenz zu irrationalen Denkmustern, so dass ein Teufelskreis entsteht. Dieser soll durch verhaltenstherapeutische Übungen durchbrochen werden.

In Deutschland ist diese Form der Therapie nicht stark verbreitet und findet nur bei wenigen Verhaltenstherapeut*innen Anwendung.

Koch und Kollegen (2015, S. 40ff.) führen ergänzend verschiedene verhaltenstherapeutische Behandlungsprogramme auf, die sich gerade in der stationären Psychotherapie bzw. der Rehabilitation etabliert haben. Zwar ist keines der Konzepte speziell auf Burnout konzipiert, jedoch fokussieren sich alle auf chronischen beruflichen Stress als Mitursache für psychische oder körperliche Erkrankungen. Alle diese Programme enthalten neben motivationsfördernden Elementen auch Inhalte zum Stressgeschehen und zu sozialen Konflikten am Arbeitsplatz. Zudem werden Übungen angeboten, die den Transfer der Stressbewältigungskompetenz in den Arbeitsalltag unterstützen sollen. Heitzmann konstruierte beispielsweise mit ihrem Team ein *Patientenschulungsprogramm zur beruflichen Orientierung in der stationären Rehabilitation*. In der Evaluation des Programms ergaben sich erste Hinweise darauf, dass sich Burnout-typische Erlebens- und Verhaltensmuster bei den Teilnehmenden vermindert haben (Heitzmann et al. 2008, S. 75ff.). Das Programm *Stressbewältigung am Arbeitsplatz SBA* von Koch und Kolleg*innen (2006) ist dagegen als Gruppentherapieprogramm konzipiert, das im Rahmen einer stationären psychosomatischen Behandlung durchgeführt wird. Die Autor*innen konnten ebenfalls in einer ersten empirischen Überprüfung zeigen, dass sich durch den Einsatz des SBA das Burnout bei den behandelten Personen zum großen Teil reduzierte (Koch et al. 2006, S. 14). Die Effekte dieser Programme sind allerdings bisher nur kurzfristig (sechs bzw. drei Monate nach Ende der Programme) untersucht. Ob die Wirkungen mit dem Wiedereinstieg in das Arbeitsleben auch längerfristig anhalten, bleibt bisher offen.

Nichtsdestotrotz werden diese Therapien und Therapieprogramme bei Vorlage einer reinen Burnout-Symptomatik – wenn also keine zusätzliche psychische oder psychosomatische Diagnose besteht – nicht durch das deutsche Gesundheitssystem finanziert und können daher von den meisten ausgebrannten Personen nicht in Anspruch genommen werden. Einige der nachfolgend aufgeführten Stressbewältigungsprogramme beinhalten hingegen einige der Grundprozesse und Methoden aus den oben genannten Therapien (▶ Kap. 5.2.3 »Stressbewältigungsprogramme«). Dabei kann zumindest eine analoge Teilwirkung angenommen werden.

5.2.2 Aufbau von Bewältigungskompetenzen

Für die Finanzierung von Burnout-Interventionen durch das deutsche Gesundheitssystem bleibt nur die Möglichkeit, Burnout als Risikofaktor für die Entstehung von körperlichen oder psychischen Erkrankungen anzusehen. Damit fällt es in den sozialpolitischen Bereich der Prävention.

Die gesetzlichen Krankenkassen sind seit dem Jahr 2000 verpflichtet *präventive Maßnahmen* für ihre Versicherten anzubieten (§ 20 SGB V). Der GKV-Spitzenverband legte in Ergänzung dazu einen Leitfaden für die nötigen Handlungsfelder mit Kriterien für die Präventionsleistungen vor. Von den Krankenkassen wurden daraufhin sehr vielfältige Formen von Gesundheitskursen entwickelt, die unter anderem verschiedene Ursachen von Burnout bearbeiten und den Betroffenen bei der Bewältigung des chronischen Stresszustandes helfen können. Es handelt sich vorrangig um verhaltensbezogene Maßnahmen wie zum Beispiel Kurse zur Bewegungsförderung oder zur gesunden Ernährung, Stressbewältigungsseminare oder ein Training sozial-emotionaler Kompetenzen.

Für die Behandlung und Bewältigung von Burnout sind die von den Krankenkassen und auch von anderen Anbietern vielfältig ausgestalteten Kurse zur Stressbewältigung am ehesten geeignet. Und der Vorteil ist, dass solche Stressbewältigungsprogramme von den gesetzlichen Sozialversicherungen für ihre Versicherten bezahlt werden.

Stressbewältigung

»Bewältigung besteht sowohl aus verhaltensorientierten als auch intrapsychischen Anstrengungen, mit umweltbedingten und internen Anforderungen sowie den zwischen ihnen bestehenden Konflikten fertig zu werden (d.h. sie zu meistern, zu tolerieren, zu reduzieren, zu minimieren), die die Fähigkeiten einer Person beanspruchen oder übersteigen« (Lazarus & Launier 1981, S. 244).

Um diese Anstrengungen laut der Definition von Lazarus und Launier leisten zu können, benötigen ausgebrannte Personen geeignete *Stressbewältigungskompetenzen*. Denn ihnen fehlen geeignete Fähig- und Fertigkeiten, um aus diesem Stresszustand wieder herauszukommen. Diese sind zum Glück erlernbar. Zur Behandlung von Burnout gehört daher in erster Linie, dass die ausgebrannten Menschen in Kompetenzen zur Stressbewältigung trainiert werden und ihre Fähig- und Fertigkeiten besser managen können. Viele Anbieter sprechen in dem Zusammenhang auch von Stressmanagement. Die Maßnahmen zur Förderung der notwendigen Stressbewältigungskompetenzen ordnet der Psychologe Gert Kaluza in die folgenden drei Gruppen ein (Kaluza 2018a, S. 102ff).

Instrumentelles Stressmanagement

Diese Maßnahmen setzten an den Stressoren – den auslösenden Faktoren – an. So können zum Beispiel durch Umorganisation des Arbeitsplatzes oder durch die Veränderung von Arbeitsabläufen die Anzahl und der negative Einfluss von Stressoren auf den arbeitenden Menschen reduziert oder gar ganz ausgeschaltet werden. Damit eine ausgebrannte Person dies angehen kann, benötigt sie bestimmte Kompetenzen. Zum einen ist damit eine *Sachkompetenz* gemeint. Das heißt, gestresste Personen müssen zuerst Wissen erlangen, wodurch der Stress bei ihnen entsteht und welches die individuellen Stressoren sind, die ein Burnout bewirken. Eine eingehende Stressanalyse ist also der erste Schritt – nicht nur um zu verstehen, sondern auch um achtsamer und bewusster die Stressmechanismen wahrzunehmen. Sind die Stressoren identifiziert, dann wiederum benötigen von Burnout Betroffene das Wissen und Können, das ihnen ein effektiveres Arbeiten, mehr Verständnis der Arbeitsprozesse und damit auch qualitativ bessere Leistung bringt. Eine regelmäßige fachliche Qualifizierung, sei es ein Softwarekurs oder ein Seminar zu neuen Arbeitsmethoden, stellt hierfür eine wichtige Quelle dar.

Des Weiteren sind *sozialkommunikative Kompetenzen* erforderlich, um die soziale Arbeitsumgebung verändern zu können. Klärungsgespräche mit Kolleg*innen oder den Vorgesetzten können helfen, dass weniger Missverständnisse in der Luft liegen oder Konflikte bearbeitet werden können und dadurch die Spannung im Arbeitsklima sinkt. Dazu müssen Burnout-Betroffene jedoch erst einmal in die Lage gebracht werden negative Dinge anzusprechen, mit Kritik umgehen oder auch um Unterstützung bitten zu können (▶ Abb. 15). Das heißt, sie müssen, um sich selbst behaupten zu können, kommunikative Fähigkeiten erwerben.

Abb. 15: Kommunikationsfehler (eigene Darstellung)

Auch ein unterstützendes Netzwerk von hilfreichen Kolleg*innen, Fachexpert*innen und Ansprechpartner*innen, die bei Fragen und Problemen zuhören, ist im Arbeitsalltag wichtig und entlastend. Neben kommunikativen Fähigkeiten benötigen gestresste Menschen also auch weitere soziale Fähigkeiten, um mit anderen Menschen in Beziehung zu treten und diese Beziehungen auch zu pflegen.

Für den Erwerb solcher Kompetenzen sind Kommunikationstrainings oder sogenannte interpersonelle Kompetenztrainings wertvoll. Zwei Meta-Analysen zu Interventionen bei Burnout konnten bestätigen, dass diese beiden Maßnahmen die sozialkommunikativen Kompetenzen von arbeitenden Personen erhöhten und gleichzeitig Burnout-Symptome signifikant reduzierten (Awa et al. 2010, Maricuțoiu et al. 2016).

Eine noch höhere Bedeutung für den Umgang mit Arbeitsbelastungen hat nach Kaluza die Kompetenz sich selbst zu führen. Mit *Selbstmanagementkompetenz* bezeichnet er die Fähigkeit zu einem eigengesteuerten und zielgerichteten Handeln sowie die Fähigkeit das eigene Leben beruflich und persönlich in Balance zu halten. Es geht hier darum, dass gestresste Menschen lernen sich effektiv für oder gegen etwas entscheiden zu können und den Mut haben Prioritäten für ihr Leben zu setzen. Dafür müssen sich von Burnout Betroffene realistisch zu erreichende Ziele setzen und ihre Ansprüche überprüfen. Die Beschäftigung mit den eigenen Werten und Arbeitszielen stärkt zudem die Sinnhaftigkeit der Arbeitstätigkeit und führt wieder zu mehr Motivation. Wenn sich ausgebrannte Personen dann noch das richtige Zeitmanagement aneignen, dann wird eine bessere Balance zwischen Zeit für Arbeit und freier Zeit entstehen. Damit kann der Erschöpfung und der Frustration, aber auch der überhohen Bedeutung von Arbeit, etwas entgegengesetzt werden.

Kognitives Stressmanagement

Stress entsteht im Kopf. Schon Lazarus hat dies in seinem Transaktionalen Stressmodell beschrieben. Denn Menschen bewerten die eingehenden Reize danach, ob sie bedrohlich erscheinen und ob genügend Ressourcen und Bewältigungsmöglichkeiten vorhanden sind, den Reizen entgegenzutreten. Allerdings entwickeln manche Menschen – häufig die ausbrennenden – typische Gedankenmuster, die den Stress noch verschärfen. Sätze wie ›Ich schaffe das nicht‹ oder ›Ich bin nicht gut genug‹ sind Sinnbilder für überhöhte Selbstansprüche. Im kognitiven Stressmanagement geht es zunächst darum, eine *Haltung der inneren Achtsamkeit* zu entwickeln. Diese ist grundlegend für einen konstruktiven Umgang mit den Stresserfahrungen. Achtsamkeit ist gekennzeichnet durch eine offene und neugierige Wahrnehmung und ein bewertungsfreies Annehmen der Erfahrungen. Anstatt negative Gedanken und Erinnerungen zu vermeiden und zu unterdrücken, sollen gerade diese unangenehmen, belastenden Erfahrungen erlaubt werden zu denken. Erst wenn diese Gedanken zugelassen werden, können sie bearbeitet werden und sich gestresste Menschen davon innerlich distanzieren.

Methodisch funktioniert dies mit achtsamkeitsbasierten Maßnahmen wie beispielsweise dem *Mindfulness-Based Stress Reduction MBSR*, ein von Kabat-Zinn Ende der 1970er Jahre entwickeltes Achtsamkeitstraining. Im Rahmen des MBSR wird die Entwicklung einer solchen Haltung der inneren Achtsamkeit durch die Anleitung der Teilnehmenden zu systematischer Selbstbeobachtung von Stresssituationen und -reaktionen angestrebt (Kabat-Zinn 1994). Ziel ist es, durch die achtsame Wahrnehmung und Reflexion stressverschärfender Gedanken bereits eine deutliche Reduktion des subjektiven Belastungsgefühls zu erreichen. Eine Meta-Analyse zu Wirkungen von Burnout-Behandlungen zeigt auf, dass achtsamkeitsbasierte Maßnahmen signifikante Effekte auf die Erschöpfung und die persönliche Leistung von Burnout-Betroffenen hervorrufen. Interessanterweise haben solche Maßnahmen zwar keinen statistisch signifikanten, aber dennoch positiven Effekt auf das Merkmal der Depersonalisation, was kaum eine der anderen Behandlungen zu erlangen vermochte (Iancu et al. 2018, Vîrgă et al. 2019).

Bisher nicht untersucht und doch erwähnenswert ist im Rahmen des kognitiven Stressmanagements das *Genusstraining*. Koppenhöfer entwickelte 2004 das verhaltenstherapeutische Programm ›Kleine Schule des Genießens‹ (▶ Abb. 16).

Abb. 16: Material für ein Genusstraining (eigene Fotografie)

Darin werden sowohl sinnbasierte Achtsamkeit, eine Reflektion der Gefühle und Gedanken sowie positives Erleben geübt. Somit bedient es ebenfalls einige Stressbewältigungskompetenzen und wird mittlerweile auch im nichttherapeutischen Rahmen eingesetzt.

Eine weitere Strategie im kognitiven Stressmanagement ist die *kognitive Transformation der stressverschärfenden Gedanken*. Dabei ist es wichtig, diese verzerrten Muster nicht nur achtsam wahrzunehmen und zu reflektieren. Die kognitive Transformation der stressverschärfenden Gedanken strebt eine direkte Änderung von persönlichen Motiven, Einstellungen und Bewertungen an. Das Ziel besteht darin, die stressverschärfenden Gedanken zu entkatastrophisieren und in Stress vermindernde Bewertungen zu transformieren. Hierbei kommen vor allem die Methoden der kognitiven Umstrukturierung – wie in der kognitiven Verhaltenstherapie (▶ Kap. 5.2.1 »Wirksame Therapien für die Bewältigung von Burnout«) – oder Methoden der Selbstverbalisation und Selbstinstruktion nach Meichenbaum zur Anwendung. Bei der Selbstinstruktion geht es darum, positive Sätze wie zum Beispiel ›Ich schaffe das!‹ oder ›Ruhig bleiben!‹ vor einer vorhersehbaren Stresssituation immer wieder zu sich selbst zu sagen. Damit sollen diese positiven Gedanken in die typischen Denkmuster geradezu eingeimpft werden und eine automatisch positive Reaktion erzeugen – ganz im Sinne einer sich selbsterfüllenden Prophezeiung.

Die Wirkung kognitiv-behavioraler Verfahren wurde in mehreren Meta-Analysen bestätigt. So fanden Van der Klink und Kolleg*innen heraus, dass arbeitsbezogene Stressmanagementtrainings mit kognitiv-behavioralen Techniken einen mittleren bis starken Effekt auf die Regulation der Gefühle (hier: Angst), auf die Stärkung der Ressourcen und Bewältigungsstrategien sowie auf die Verminderung psychischer wie körperlicher Beschwerden haben. Damit liegen die kognitiv-behavioralen Maßnahmen im Vergleich der Studien an erster Stelle, wenn es um die Wirkung auf Stresssymptome geht (Van der Klink et al. 2001).

Palliativ-regeneratives Stressmanagement

Die dritte Möglichkeit für gestresste Menschen sich Bewältigungskompetenzen zu erarbeiten nennt Kaluza das palliativ-regenerative Stressmanagement. Hier steht im Vordergrund, wie gestresste Menschen ihre körperlichen und psychischen Stressreaktionen regulieren und kontrollieren lernen. *Palliative Kompetenzen* dienen zur kurzfristigen Erleichterung und Entspannung sowie der Dämpfung einer akuten Stressreaktion. Dies ist nach Kaluza (2018a) mit Ablenkung, körperlicher Abreaktion, entlastenden Gesprächen oder auch der Einnahme von beruhigenden Medikamenten möglich. *Regenerative Kompetenzen* zielen dagegen auf eher längerfristige Erholung ab und werden deshalb auch Erholungskompetenz genannt. Das kann durch die (Wieder-)Aufnahme eines Hobbys, einer stärkeren Pflege der Freundschaften und einem stabilen sozialen Netzwerk sowie durch regelmäßige Entspannungsübungen und körperliche Bewegung erlangt werden.

Im Zusammenhang mit der Behandlung ausgebrannter Personen bietet sich demnach der Einsatz von *Entspannungsverfahren* an, um eine Erholungskompetenz aufzubauen. Entsprechend den vorrangigen Merkmalen sind von Burnout Betroffene auf mehreren Ebenen erschöpft und dennoch unfähig sich zu entspannen. Was sie benötigen, um auch die notwendige Energie für ein Weiterkommen zu haben, ist körperliche Erholung, geistige Freiheit und emotionale Entlastung. Erst der regelmäßige Einsatz von Entspannungstechniken kann bei überspannten Menschen die Fähigkeit sich körperlich zu lockern und gedanklich abzuschalten wiederherstellen.

Systematische Entspannungstechniken können derweil auf muskulärer, vegetativer, emotionaler und kognitiver Ebene ansetzen: Verfahren, die sich eher auf muskuläre und vegetative Entspannung orientieren, sind beispielsweise das Autogene Training oder die Progressive Muskelrelaxation. *Autogenes Training AT* (nach Schultz) ist ein auf Autosuggestion – eine selbstinduzierende Beeinflussung der Psyche – basierendes Entspannungsverfahren. Ziel des AT ist es, sich über die Selbstbeeinflussung in den Zustand der Entspannung zu versetzen. Dabei sollen sich die Teilnehmenden in verschiedenen Körperregionen eine Schwere und Wärme vorstellen und diese dann auch erleben. Das AT stellt somit eine Form der Selbsthypnose dar. Der entspannte Zustand wird direkt über gedankliche

Konzentration erreicht. Bei der *Progressiven Muskelrelaxation PMR* (nach Jacobson) handelt es sich um ein Entspannungsverfahren, bei dem durch eine bewusste An- und Entspannung bestimmter Muskelgruppen ein Zustand tiefer Entspannung des ganzen Körpers erreicht werden soll (▶ Abb. 17).

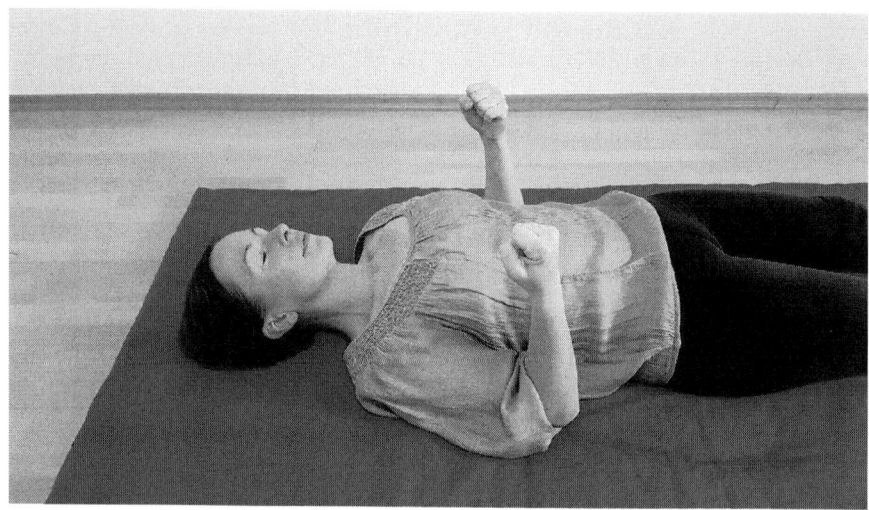

Abb. 17: Progressive Muskelrelaxation (eigene Fotografie)

Durch die Entspannung der Muskulatur können gleichzeitig auch andere Zeichen körperlicher Unruhe oder Erregung reduziert werden. Das Ziel der PMR besteht einerseits darin, eine verbesserte Körperwahrnehmung zu erlangen. Andererseits sollen die Teilnehmenden lernen die muskuläre Entspannung zu einem selbstbestimmten Zeitpunkt bewusst herbeizuführen. Im Gegensatz zum AT wird hier der entspannte Zustand allein über das bewusste Anspannen der Muskeln erreicht. Beide Verfahren wurden in vielen Wirksamkeitsstudien geprüft. Sie führen nachweislich zu körperlicher Entspannung. Das ist jedoch nur ein Nebensymptom von Burnout. Emotionale Erschöpfung als ein Hauptmerkmal von Burnout wird dadurch nicht direkt beeinflusst.

Nachweise einer Wirksamkeit bei ausgebrannten Personen gibt es dagegen für die *Meditation*. Bei diesem Verfahren soll sich durch Achtsamkeits- oder Konzentrationsübungen die Psyche beruhigen (▶ Abb. 18). Die Meditation gilt dabei als eine bewusstseinserweiternde Methode, die den Herzschlag verlangsamt, die Atmung vertieft und Muskelspannungen reduziert. Wie beim AT wird der entspannte Zustand durch gedankliche Konzentration bewirkt.

Einige Studien bestätigen indes, dass mit der Meditation die emotionale Erschöpfung bei ausgebrannten Menschen verringert werden kann (Iancu et al. 2018, Maricuțoiu et al. 2016). Allerdings hat das Entspannungsverfahren keinen Einfluss auf die anderen Merkmale von Burnout wie beispielsweise die Depersonalisation. Insofern wird deutlich, dass Entspannungsverfahren allein nicht hel-

Abb. 18: Meditation (eigenes Foto)

fen können aus dem Burnout heraus zu kommen. Immerhin scheinen sie eine gute Grundlage zu bilden, um den Burnout kognitiv bearbeiten zu können. Eingebunden in ein umfangreiches Stressbewältigungsprogramm dienen sie zur Vervollständigung einer multimodalen Herangehensweise.

Für andere Entspannungsverfahren wie zum Beispiel Biofeedback oder asiatische Methoden wie Qigong und Yoga gibt es in der Praxis positive Erfahrungen, in empirischen Studien jedoch keine Wirksamkeitsnachweise. Einige Wissenschaftler*innen haben sich zudem mit Effekten von weiteren Formen der Entspannung beschäftigt. So gibt es Untersuchungen zur Wirkung von Musik, Physiotherapie oder Rosenwurz – ein stimulierendes, pflanzliches Heilmittel, das seit langem in der Volksmedizin zur Linderung körperlicher und geistiger Symptome bei Stress und Überarbeitung eingesetzt wird. Aus einer Meta-Analyse von Korczak und Kolleg*innen (2012) geht hervor, dass für all diese Methoden keine Wirkung auf Burnout-Symptome belegt werden konnte.

Aus der beachtlichen Menge an Wirksamkeitsstudien wird schließlich ersichtlich, dass die Effekte, die durch das Erlernen von einzelnen persönlichen Bewältigungsstrategien erreicht werden, nicht lange anhalten (Awa et al. 2010). Es genügt demnach nicht, die körperliche und emotionale Erschöpfung durch ein Entspannungsverfahren zu vermindern und dem ausgebrannten Menschen wieder Energie zuzuführen. Auch die alleinige Transformation stressverschärfender Gedanken mit verhaltenstherapeutischen Methoden ergibt wenig nachhaltige Effekte (Maricuțoiu et al. 2016, Vîrgă et al. 2019). Behandlungsprogramme, die mehr als eine Methode zur Stressbewältigung kombinierten, konnten zumindest stärkere Effekte auf Stresserleben und Burnout erzielen – mit der Einschränkung, dass auch hier bisher kaum Langzeitwirkungen nachweisbar sind. Greif und Bertino (2018) vermuten daher, dass eine wirkliche Minderung von Burnout-Symptomen nur nach langdauernden und spezifisch dafür gestalteten Behandlungen möglich ist.

5.2.3 Stressbewältigungsprogramme

Zur Behandlung von ausgebrannten Personen haben sich multimodale Stressbewältigungsprogramme bewährt. Diese komplexen Maßnahmen setzen immer an mehreren Ebenen des Stresses an und verwenden Methoden des instrumentellen, kognitiven und regenerativen Stressmanagements. Die meisten Stressbewältigungstrainings bauen auf dem Transaktionalen Stressmodell von Lazarus auf. Dieses gibt vor, dass Menschen vor allem dann gut durch Stresssituationen kommen, wenn sie angepasst an die jeweilige Situation auch verschiedene und angemessene Bewältigungsfähigkeiten und -strategien einsetzen können.

Es liegen mittlerweile einige Studien vor, in denen die Effektivität von einzelnen Stressbewältigungsprogrammen überprüft wurde, oft nur von den entwickelnden Personen selbst (z. B. Kaluza 1999, Stück et al. 2004). Es existieren nur wenige Übersichtsarbeiten. Die meisten dieser Arbeiten untersuchten die Stressbewältigungstrainings nur innerhalb eines klinischen Kontextes. Eine Meta-Analyse von Kaluza (1997) erforschte hingegen 36 einschlägige Evaluationsstudien im primärpräventiven Bereich, wenn also noch keine körperliche oder psychische Erkrankung aus dem Stressgeschehen entstand. Die Meta-Analyse konnte vor allem auch die längerfristige Wirksamkeit von personenbezogenen Stressbewältigungstrainings belegen. Bei den Teilnehmenden gingen nach der Durchführung des Trainings die körperlichen Beschwerden zurück. In der Mehrheit der evaluierten Studien wurden ebenso weniger negative psychische Befindlichkeiten wie Ängstlichkeit oder Depressivität berichtet und ein Rückgang von Ärger- und Feindseligkeitsreaktionen belegt. Gleichzeitig haben sich die Teilnehmenden angemessenere und vielfältige Formen der individuellen Stressbewältigung angeeignet. Dagegen zeigen Stressbewältigungstrainings nur geringe Wirkungen hinsichtlich der Häufigkeit und Intensität wahrgenommener Belastungen. Insgesamt sprechen laut Kaluza die Ergebnisse für die Effektivität von personenbezogenen Stressbewältigungsprogrammen.

Die Tabelle 14 zeigt eine Auswahl von Stressbewältigungsprogrammen, die in ihrer Wirksamkeit überprüft wurden und sich im deutschsprachigen Raum etabliert haben (▶ Tab. 14).

Tab. 14: Wirksame personenbezogene Stressbewältigungsprogramme

Gelassen bei der Arbeit (Wiegard et al. 2000)	
Ziele	Verbessertes Coping auf der personalen und interpersonalen Ebene; Reduzierung des stressbedingten Alkoholkonsums
Inhalte	Bewältigung von Problemen im beruflichen Alltag (Kontrollambitionen, Ärger), Problematisierung des Alkoholkonsums, PMR
Methode	Kognitive Verhaltensmodifikation, Kompetenztraining, PMR
Gelassen und sicher im Stress (Kaluza 2008)	
Ziele	Förderung individueller Kompetenzen, Reduktion stressbedingter Risiken

Tab. 14: Wirksame personenbezogene Stressbewältigungsprogramme – Fortsetzung

Gelassen und sicher im Stress (Kaluza 2008)	
Inhalte	Entspannungs-, Problemlöse-, Kognitions- und Genusstraining Ergänzung: Bewegung, Soziale Unterstützung, Zielklärung, Zeitmanagement
Methode	Halbstandardisiertes kognitiv-behaviorales Gruppentrainingsprogramm

Gesundheitsförderung und Selbstregulation durch individuelle Zielanalysen – GUSI (Storch & Olbrich 2011)	
Ziele	Bessere Selbstregulation, Steigerung der Selbstwirksamkeit
Inhalte	Selbstmanagement-Training mit dem Züricher Ressourcenmodell (ZRM®), PMR, Bewegungstherapie
Methode	Ressourcenorientiertes Gruppentrainingsprogramm

Optimistisch den Stress meistern (Reschke & Schröder 2000)	
Ziele	Aufbau persönlicher Ressourcen und Kompetenzen: Emotionsregulation, Entspannung, Identität, Zukunftsorientierung, soziale Unterstützung
Inhalte	Information, Aufklärung, Verhaltens- und Kognitionsanalyse stressrelevanter Bedingungen, verhaltensmodifizierende Übungen und Trainingsmethoden
Methode	Gruppe und Einzel, kognitiv-behaviorale und personenzentrierte Grundlagen

Stressreduktionstraining mit Yogaelementen für Erwachsene – StraimY-E (Stück 2003)	
Ziele	Stressbewältigung im Beruf, Emotionsregulation, Zielbildung, Selbstregulation
Inhalte	Psychoedukation: Vermittlung stressrelevanter Bewältigungskompetenzen Selbstregulation: Yoga, Meditation und Autogenes Training
Methode	Verhaltenstherapeutische Techniken der Stressreduktion und selbsterfahrungsorientierte und selbstregulative Entspannungstechniken

Swiss Stress Inoculation Training – SWISSIT (Gaab et al. 2003)	
Ziele	Aufbau von Stressbewältigungsfähigkeiten, Verbesserung psychischer Befindlichkeit und von Lebensqualität, Reduktion somatischer Beschwerden
Inhalte	Stressentstehung, Identifizierung individueller Stressoren bzw. Risikofaktoren, Aufbau und Verstärkung adaptiver Stressbewältigungsfähigkeiten
Methode	Kognitiv-behaviorale Techniken, Gruppendynamik, Entspannungstraining

Eigene Zusammenstellung

Eines der Stressbewältigungsprogramme wurde bereits hinsichtlich Burnout-relevanter Erlebens- und Verhaltensmuster evaluiert: das Programm *Gesundheitsförderung und Selbstregulation durch individuelle Zielanalysen GUSI* von Storch und Olbrich (2011). Die Auswertungen zeigten, dass sich die mit dem AVEM (▶ Kap. 4.2.«3 Arbeitsbezogene Verhaltens- und Erlebnismuster AVEM«) erfassten Bewältigungsmuster der Teilnehmenden im Verlauf des Programms deutlich veränderten. So wiesen vor der Durchführung des Programms sehr viele der Teilnehmenden (70 %) das Burnout-relevante Risikomuster A (mit überhöhtem Engagement und geringer Distanzierung in Bezug auf die Arbeitsanforderungen) oder eine deutliche Burnout-Symptomatik im Muster B (mit eingeschränkter Distanzierungsfähigkeit gegenüber Arbeitsproblemen und starker Resignationstendenz) auf. Drei Monate nach Ende der Maßnahme hatten 70 % der Teilnehmenden ihr Erleben und Verhalten in ein nicht mehr gesundheitsgefährdendes Muster im Umgang mit beruflichen Belastungen (Muster G oder Muster S) verändert (Olbrich & Ritter 2010).

> **Zwischenfazit zur personenbezogenen Behandlung von Burnout**
>
> Alle diese Stressbewältigungsprogramme sind nur teilweise auf die Behandlung von Burnout ausgerichtet. Zwar werden häufig die typischen persönlichen Ursachen mitbedacht und entsprechend als wirksam erachtete Techniken und Methoden einbezogen. Jedoch sind die Stressbewältigungsprogramme immer als Gruppenmaßnahmen konzipiert. Sie können daher nur auf die häufigsten persönlichen Ursachen abzielen und allgemeine Stressbewältigungskompetenzen aufbauen. Eine hochwirksame Behandlungsmaßnahme müsste auf die jeweils bei den ausgebrannten Personen vorliegenden persönlichen Dispositionen angepasst werden. Dies ist bei der Einzeltherapie oder -beratung möglich.
>
> Die Konzipierung eines flexiblen Stressbewältigungsprogramms mit Bausteinen zur individuellen Zusammensetzung entsprechend den zu analysierenden Ursachen bei den Betroffenen steht noch aus.

Das Internet eröffnet derweil neue Möglichkeiten. So ist es hervorragend geeignet, um fachlich angeleitete Burnout-Bewältigung einem breiten Anwender*innenkreis zugänglich zu machen. Zwei internetgestützte Burnout-Bewältigungsprogramme sollen hier kurz vorgestellt werden.

Das Burnout-Präventionsprogramm *Life – Mehr Energie im Leben* wurde von Weber (2014) als Dissertationsschrift an der Universität Hamburg konzipiert und evaluiert. Das Programm beruht auf einem verhaltenstherapeutischen Ansatz mit Techniken zur kognitiven Umstrukturierung und wird ergänzt durch Elemente aus dem Konzept der Achtsamkeit. In der Überprüfung zeigte sich, dass das Wissen über Burnout bei den Teilnehmenden enorm gesteigert werden konnte. Im Vergleich zu einer Kontrollgruppe (ohne Einsatz von Techniken) veränderten einige Personen mit anfänglich verstärkten Burnout-Merkmalen ihr Erleben und Verhalten in eine gesundheitsförderliche Richtung. Die Daten können zwar einer empirischen Qualitätsprüfung kaum standhalten, schon allein deshalb, weil eine Manipulation der Datenerhebung (eine andere Person gibt die Daten ein) nicht ausgeschlossen wurde. Allerdings ist dieses Programm aus einem anderen Grund hochinteressant. Es zeigt sich, dass verstärkt Burnout-gefährdete Personen teilnahmen, denn die Burnout-Werte (gemessen mit dem AVEM) lagen bei den

Teilnehmenden anfangs wesentlich höher als in der Allgemeinbevölkerung (Weber 2014). Mit diesem Wissen sollten sich solche internetbasierten Ansätze gut für die Rekrutierung von ausgebrannten Personen für erweitere Behandlungsprogramme eignen.

Das niederländische Behandlungsprogramm *Interapy-Burnout* ist ebenfalls auf reine Internet-Kommunikation ausgerichtet und damit niedrigschwellig im Zugang. Die Forschergruppe um Lange gestaltete ein standardisiertes Behandlungsprogramm, das auf dem früher entwickelten Interapy-Programm zur Behandlung von posttraumatischem Stress beruht. Die Behandlung beinhaltet Übungen zur Selbstbeobachtung und Entspannung sowie Techniken der kognitiven Umstrukturierung, sozialer Fertigkeiten und des Zeitmanagements. Eine Evaluation des Interapy-Burnout ergab, dass sich vor allem bei den von vornherein ausgebrannten Teilnehmenden die emotionale Erschöpfung signifikant reduzierte. Allerdings waren die Effekte auf die gefühlte Leistungsfähigkeit eher gering, und für die Depersonalisation wurde kaum eine Wirkung erzielt (Lange et al. 2004). Auch diese Ergebnisse bestätigen, dass internetbasierte Programme nicht allein zur Burnout-Bewältigung reichen. Und doch ergaben sich kleine nachweisbare Effekte. Diese gilt es weiter zu nutzen und zu überprüfen. So bleiben im Bereich der Burnout-Behandlung noch die Themen des Praxistransfers und der Nachhaltigkeit offen. Internetbasierte Programme können vor allem im Nachgang von persönlich durchgeführten Stressbewältigungsprogrammen nützlich werden. Wenn sie dazu beitragen, die angeeigneten Bewältigungskompetenzen zu verstetigen und fest in den Alltag zu integrieren, dann würden sie einen enormen Beitrag zur Rückfallprophylaxe leisten. Zudem weisen internetbasierte Programme ein großes Potenzial für die Prävention von Burnout auf (▶ Kap. 6.2.1 »Einfluss auf die Ursachen nehmen«).

5.2.4 Aufgaben Sozialer Arbeit bei der persönlichen Burnout-Bewältigung

Welche Unterstützung bietet nun die Soziale Arbeit bei der persönlichen Bewältigung von Burnout? Oder anders gefragt: Wie kann eine sozial beratende Person handeln, wenn ihr ein*e ausgebrannte*r Ratsuchende*r gegenübersitzt?

Das Haupttätigkeitsfeld für die Soziale Arbeit besteht in der *Stärkung der Selbsthilfefähigkeit* der Klient*innen und der *Verbesserung ihrer Lebenslage*. In der Arbeit mit Burnout-Betroffenen bedeutet das, ihnen den Zugang zu den oben beschriebenen Stressbewältigungskompetenzen zu ebnen.

Eine Beratung von ausgebrannten Personen kann und muss an die Besonderheiten des Einzelfalls angepasst werden. Dazu dient in erster Linie eine genaue Analyse der vorliegenden Stresssituation mit Betrachtung der persönlichen Ursachen und der situativen Einflüsse durch die Arbeitssituation. Anpassung in der Beratung heißt, dass Beratende daraufhin geeignete, auf die Person angepasste Methoden zusammenstellen und mit der Klientel besprechen müssen. Auch hier gilt, dass die Ratsuchenden selbst entscheiden sollten, welche Methode zu ihnen passt, für welche Maßnahme sie derzeit bereit sind und ob sie genügend Ressourcen besitzen, die Maßnahme durchzuführen.

Dafür lohnt es sich die Wirkweisen in der sozialen Beratung einmal genauer zu betrachten. Der Psychotherapeut und Forscher Klaus Grawe fand in seinen Studien heraus, dass neben den verschiedenen Methoden, also beispielsweise dem Einsatz von sozialen Kompetenztrainings oder einer ganz bestimmten Gesprächsführungstechnik, unspezifische Faktoren in einer Beratung wirken. Das heißt, dass erst bei Beachtung dieser Faktoren von einer Wirksamkeit in der Beratung ausgegangen werden kann und der ausgebrannte Mensch wirklich etwas gegen seinen chronischen Stresszustand unternehmen will und wird.

Methodenunspezifische Wirkfaktoren

Die methodenunspezifischen Wirkfaktoren (Grawe 1995) in Beratung und Therapie lauten (▶ Abb. 19):

- die *Qualität der Beziehung* zwischen beratender und ratsuchender Person,
- die *Klärung der Motivation* des Ratsuchenden zur Änderung des eigenen Verhaltens,
- die *Aktivierung der* verschütteten oder neuer *Ressourcen*, quasi als ›Hilfe zur Selbsthilfe‹,
- die *Aktualisierung der Probleme* im Sinne von realistischem Erleben sowie
- die *aktive Hilfe zur Problembewältigung* (nach Grawe 1995, Znoj & Grawe 2004).

Diese Faktoren sollten Beratende bewusst einsetzen, um den größtmöglichen Effekt bei der Klientel zu erreichen.

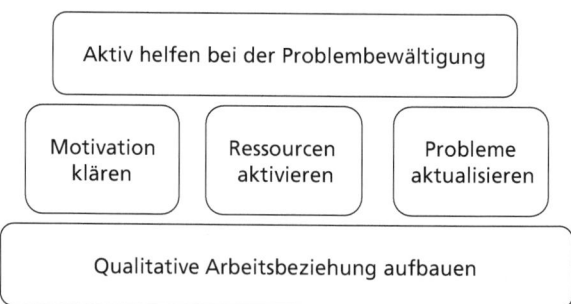

Abb. 19: Wirkfaktoren in Beratung und Therapie (eigene Darstellung)

Derjenige Faktor, der als Voraussetzung für eine positive Veränderung bei gestressten Menschen dient, ist die Erarbeitung einer Arbeitsbeziehung. Insbesondere die Qualität dieser Beziehung trägt nach Grawe entscheidend zum Erfolg einer Beratung bei. Ratsuchende sollen Vertrauen und Sicherheit durch das Gespräch erfahren sowie emotionale Entlastung. In der Praxis können Beratende dies gut über die Grundvariablen nach Rogers herstellen: Wertschätzung, Echtheit und Empathie. *Wertschätzung* gebraucht Rogers als »bedingungslose positive Zuwendung« (Rogers 1997, S. 67). Damit meint er, dass Beratende eine grundsätzlich positive und akzeptierende Einstellung gegenüber den Ratsuchenden einnehmen sollten. Es soll ihnen vermittelt werden, dass sie ernst genommen werden. Unter *Echtheit* versteht Rogers die Übereinstimmung verbaler und nonverbaler Kommunikation der Beratenden. Indem sich die Beratenden in ihren Gefühlen und Einstellungen transparent gegenüber ihren Ratsuchenden zeigen, vermitteln sie gleichzeitig ein in sich stimmiges Modell. Das dritte förderliche Element, die *Empathie*, wird häufig auch als einfühlendes Verstehen definiert. Es handelt sich um die Fähigkeit von Beratenden sich in die Gedanken, Gefühle und das Weltbild von anderen Menschen hineinzuversetzen und auch einfühlen zu können. Dies sind die zentralen Elemente zur Herstellung der Arbeitsbeziehung zwischen Beratenden und Ratsuchenden, die eine ausreichende Qualität besitzen, um die anderen Wirkfaktoren einsetzen zu können (Kitze 2019).

> **Empowerment bei Burnout**
>
> Grundsätzlich sind diese Wirkfaktoren alles Elemente, die auch im Konzept des *Empowerments* wiederzufinden sind. In der Sozialen Arbeit stellt das Empowerment einen ressourcenorientierten Arbeitsansatz dar, durch den die Mündigkeit der Klientel erhöht werden kann. Gerade von Burnout betroffene Menschen sollen dadurch wieder mehr selbst bestimmen können und den eigenen Selbstwert verstärken. Sozial Beratende haben sozusagen die Aufgabe, die ausgebrannten Menschen dabei zu unterstützen, ihr Gefühl der Einfluss- und Nutzlosigkeit zu überwinden sowie ihre Gestaltungsspielräume und Ressourcen wahrzunehmen und zu nutzen. Und das funktioniert nur, wenn Beratende die Lösung der Probleme nicht vorwegnehmen und den Ratsuchenden keineswegs vorgeben, was sie zu tun und zu lassen haben. Lediglich die Wissensvermittlung (über Burnout und Bewältigungsmaßnahmen) und eine direkte Unterstützung beim Aufbau von Bewältigungskompetenzen (Kompetenztrainings) dürfen sozial Beratende ihrer Klientel anbieten.

Das heißt auch, dass sich Sozialarbeitende Wissen über mögliche Problemlagen – hier Burnout –, deren vermutliche Ursachen sowie Behandlungsmöglichkeiten aneignen müssen. Da auch in der Sozialarbeit nicht jede professionelle Person alles selbst durchführen kann, ist es zudem hilfreich, wenn sich sozial Beratende umfassende Kontaktlisten oder ein Netzwerk mit den Anbietern von Stressbewältigungsprogrammen erstellen und dieses auch pflegen. In Bezug zu Burnout sind hier auch betriebliche Beratungsangebote wie ein eventuell vorhandenes betriebliches Gesundheitsmanagement, die betriebliche Sozialberatung, die Personalabteilung oder der Arbeitsschutz und ganz besonders der betriebsärztliche Dienst einzubeziehen. Und nicht zu vergessen: Um eine differenzialdiagnostische Abklärung vornehmen und weitere Erkrankungen bei den Ratsuchenden ausschließen oder mitbehandeln zu können, ist eine Verweisliste mit entsprechenden Fachärzt*innen und Psychologischen Psychotherapeut*innen wertvoll.

> **Aufgaben Sozialer Arbeit bei der persönlichen Burnout-Bewältigung:**
>
> - Herstellung einer qualitativ hinreichenden Arbeitsbeziehung zur ausgebrannten Person,
> - Empowerment durch Klärung der Motivation, Aktivierung der verschütteten oder neuer Ressourcen, Aktualisierung der Probleme und aktive Hilfe zur Problembewältigung,
> - individuelle Ursachen- und Situationsanalyse, Erstellung eines individuellen Maßnahmenplanes,
> - Verweise an Anbieter zur Diagnostik und von Stressbewältigungsprogrammen.

5.3 Entlastung im Arbeitsbereich

Auf der anderen Seite gelten die situativen Bedingungen im Bereich der Arbeit als wichtige Einflussfaktoren für Burnout. Auch hier ist es sinnvoll die auslösenden und aufrechterhaltenden Einflüsse der Arbeit gut zu analysieren und auf eine Veränderbarkeit hin zu prüfen. Im Rahmen des betrieblichen Gesundheitsmanagements werden die zugehörigen Interventionen zur Veränderung der Arbeitssituation auch als bedingungsbezogene Maßnahmen bezeichnet.

> **Bedingungsbezogene Behandlung von Burnout**
>
> Damit von Burnout betroffene Personen eine Chance haben aus der Überlastung zu kommen, müssen die – immer wieder – Stress auslösenden Faktoren im Arbeitsbereich verändert oder minimiert werden.

»Bedingungsbezogene oder verhältnisorientierte Maßnahmen sind auf Änderungen der Arbeitssituation und/oder der organisationalen Rahmenbedingungen gerichtet. Sie können sich auf die Gestaltung der Arbeitsaufgaben/des Arbeitsinhalts, der sozialen Bedingungen, der Umgebungsbedingungen am Arbeitsplatz, auf die Gestaltung der organisationalen Rahmenbedingungen in der Abteilung oder im Unternehmen beziehen« (Metz 2011, S. 190).

Für die Bewältigung von Burnout kann allerdings nur ein Teil dieser Maßnahmen herangezogen werden. Dabei handelt es sich einerseits um diejenigen Interventionen, die eine ausgebrannte Person direkt betreffen, also zu ihrer unmittelbaren Arbeitsumgebung gehören. Andererseits sind hier vor allem nur solche

Maßnahmen nützlich, die nicht zu allgemein sind und zielgerichtet die Stressreize für die ausgebrannte Person vermindern.

Bisherige Untersuchungen zum bedingungsbezogenen Stressmanagement, das auf die Veränderung von Arbeitsbedingungen zielt, geben durchweg positive Ergebnisse in Bezug auf Arbeitszufriedenheit und Fehlzeiten her. Andere Effekte wie zum Beispiel hinsichtlich der Verbesserung von psychischer und körperlicher Gesundheit und Stress sind nicht eindeutig (Bamberg & Busch 2006). Die Ergebnisse zu den Wirkungen solcher Ansätze fallen demnach sehr heterogen aus. Eine große Schwierigkeit liegt sicher in der grundlegenden Problematik der Evaluation solcher Interventionen. Vor allem die Wechselwirkungen zwischen Arbeitsbedingungen und sozialen Systemen sind schlecht messbar. Außerdem sind die Studien grundsätzlich schwer vergleichbar, da sowohl die Interventionen als auch die Evaluationen mit unterschiedlichen Methoden durchgeführt wurden. Es gibt demnach keine Bestätigung dafür, dass rein bedingungsbezogene Maßnahmen des Stressmanagements bei ausgebrannten Menschen helfen können. Es gibt allerdings auch keinen Gegenbeweis. Nichtsdestotrotz befinden sich bei der Burnout-Entwicklung die auslösenden Bedingungen vor allem auch in der Arbeitssituation. Deshalb darf weder die Analyse der individuellen Arbeitssituation bei ausgebrannten Personen noch der Einsatz bedingungsbezogener Stressmanagementmaßnahmen vernachlässigt werden.

In der betrieblichen Praxis werden Burnout-Betroffene häufig erst dann auffällig, wenn sie längere Arbeitsunfähigkeitszeiten produzieren. Übersteigt die Dauer der Arbeitsunfähigkeit sechs Wochen in einem Jahr, dann sind die Arbeit gebenden Betriebe dazu verpflichtet, eine betriebliche Eingliederung anzubieten. Gesetzlich verankert ist das betriebliche Eingliederungsmanagement BEM in § 167 Absatz 2 des neuntes Sozialgesetzbuches.

> **Betriebliches Eingliederungsmanagement nach § 167 Prävention SGB IX (Auszug)**
>
> (2) Sind Beschäftigte innerhalb eines Jahres länger als sechs Wochen ununterbrochen oder wiederholt arbeitsunfähig, klärt der Arbeitgeber mit der zuständigen Interessenvertretung im Sinne des § 176, bei schwerbehinderten Menschen außerdem mit der Schwerbehindertenvertretung, mit Zustimmung und Beteiligung der betroffenen Person die Möglichkeiten, wie die Arbeitsunfähigkeit möglichst überwunden werden und mit welchen Leistungen oder Hilfen erneuter Arbeitsunfähigkeit vorgebeugt und der Arbeitsplatz erhalten werden kann (betriebliches Eingliederungsmanagement). Soweit erforderlich, wird der Werks- oder Betriebsarzt hinzugezogen. Die betroffene Person oder ihr gesetzlicher Vertreter ist zuvor auf die Ziele des betrieblichen Eingliederungsmanagements sowie auf Art und Umfang der hierfür erhobenen und verwendeten Daten hinzuweisen. Kommen Leistungen zur Teilhabe oder begleitende Hilfen im Arbeitsleben in Betracht, werden vom Arbeitgeber die Rehabilitationsträger oder bei schwerbehinderten Beschäftigten das Integrationsamt hinzugezogen …

Wie diese Klärung im Detail auszusehen hat, gibt die gesetzliche Regelung bewusst nicht vor. In jedem Betrieb und in jeder Dienststelle sind angemessene individuelle Lösungen zu finden. Und gerade in Bezug auf Burnout gilt es, mit den betroffenen Arbeitstätigen die Stressoren im Arbeitsbereich detailliert zu analysieren und geeignete Veränderungen anzustreben. Im Folgenden werden mögliche bedingungsbezogene Ansätze aufgeführt, die auch im BEM nützlich werden können.

5.3.1 Verbesserung der Arbeitssituation

»Bedingungsbezogene Interventionen, gerichtet auf Veränderungen der Arbeitssituation, schließen sowohl belastungsreduzierende wie situative Potenziale fördernde Maßnahmen ein« (Metz 2011, S. 197). Um die Interventionen entsprechend gestalten zu können, ist eine Analyse der auslösenden Faktoren wichtig. Potenzielle Stressauslöser können in der materiellen (z. B. Lärm), strukturellen (z. B. Arbeitsmenge) und prozessualen (z. B. Dienstwege, Abläufe) Arbeitsumwelt liegen. Es ist demnach aufschlussreich, die bei der ausgebrannten Person vorliegenden Arbeitsbedingungen und den besonderen Zuschnitt der Arbeitsaufgaben näher zu untersuchen.

Um die Arbeitsbedingungen der ausgebrannten Person daraufhin positiv zu verändern, sind Maßnahmen zu planen, die die individuell belastenden Bedingungen beseitigen oder zumindest verringern. Dabei kann das Ziel nur in einer gesundheitsförderlichen Gestaltung der Arbeit, im Sinne von angemessenen Arbeitsaufgaben und einer Arbeitsorganisation ohne Reibungsverluste, bestehen. »Das generelle Ziel, Arbeit menschengerecht zu gestalten, ist als Annäherung an den normativen Idealzustand zu verstehen« (Metz 2011, S. 197).

Arbeitsbedingungen

Ein typischer Einflussfaktor, der verstärkt Burnout auslösen kann, ist eine zu hohe Arbeitslast. Darunter werden einerseits die *materiellen Stressoren* gezählt, die vor allem eine körperliche Erschöpfung bedingen. Eine laute Umgebung, ob durch ein Gemeinschaftsbüro oder durch wartende Klientel ausgelöst, ist gerade während der Büroarbeit stressend. Eine mögliche bedingungsbezogene Maßnahme wäre hierfür eine Neugestaltung der Arbeitsräume. Zur Reduzierung des Schallpegels bieten sich Trennwände zwischen den Arbeitsplätzen an. Auch eine andere räumliche Aufteilung mit einem Team-Raum und wenigstens einem abgeschotteten Einzelarbeitsplatz oder einer Beratungsecke kann überlegt werden. Ist dies nicht möglich, dann kann eine versetzte Arbeitszeit oder eine abwechselnde Arbeitstätigkeit eine Variante sein. Des Weiteren sind Überlegungen zur Einrichtung von separaten Warteräumen in Betracht zu ziehen. Für andere materielle Stressoren wie Staubbelastung, Hitze oder Geruchsbelästigung sind ebenfalls entsprechende Veränderungen vorzunehmen.

Strukturelle Stressoren, die Burnout auslösen können, finden sich vor allem in den Arbeitssituationen wieder, die von räumlicher Enge, einer übergroßen Arbeitsmenge bei zeitgleichem Termindruck, durch Multitasking oder ständige Störungen gekennzeichnet sind. Maßnahmen, die zur Burnout-Bewältigung beitragen können, sind hier vor allem in der Neugestaltung der Arbeitstätigkeit zu suchen. Eine Veränderung der Arbeitszeit ist möglich, indem Pausen zwischen den Terminen und Teamzeiten eingeführt, ja auch ein eindeutiger Anfang und ein Ende der Arbeitszeit vereinbart werden. Das inkludiert, dass Arbeitstätige nach Dienstschluss für Arbeitsthemen nicht mehr erreichbar sind. Durch eine flexible Gestaltung der Arbeitszeit kann zudem mehr Freiraum für die Pflege familiärer und sozialer Kontakte und außerberuflicher regenerativer Aktivitäten geschaffen werden. In diesem Zusammenhang ist auch das Schlagwort ›Work-Life-Balance‹ zu erwähnen. Viele Unternehmen bieten mittlerweile flexible Arbeitszeitmodelle, Angebote zur Kinderbetreuung oder andere Formen von Unterstützung an, um die Vereinbarkeit von Familie und Beruf zu erleichtern (Kaluza 2018b, S. 68). Selbst die Einführung von Bewegungspausen oder Ruheräumen durch das Unternehmen können für den Wechsel von Anspannung und Entspannung in der Burnout-Bewältigung genutzt werden.

In Bezug zu Burnout finden sich häufig Arbeitsplätze wieder, in denen die Arbeitsabläufe derart überschattet von komplexen Zusammenhängen, starken Hierarchien oder fehlenden Informationen sind, dass Arbeitende dadurch chronischen Stress erleiden. Diese *prozessualen Stressoren* zeigen sich häufig, wenn Arbeitsmittel und für die Arbeitstätigkeit wichtige Informationen nicht zur Verfügung stehen. Dann können Arbeitsabläufe ins Stocken geraten oder werden durch Fehler und Misserfolge zu einer emotionalen Belastung. Der erste Schritt im Rahmen einer bedingungsbezogenen Maßnahme gegen Burnout besteht darin die Arbeitsprozesse transparent zu machen. Des Weiteren geht es darum, dass die ausgebrannten Personen sich erarbeiten, wie sie sich nötige Informationen beschaffen können und was sie für einen zweckmäßigen Zugang zu den Arbeitsprozessen benötigen. Somit kann ein zukünftig stressender Zusatzaufwand vermieden werden. Wenn dann noch die Arbeitsprozesse vereinfacht und vor allem festgeschrieben werden, sind Arbeitsabläufe leichter nachvollziehbar und können qualitativ hochwertiger abgearbeitet werden (Metz 2011, S. 198). Das befriedigt zudem das Kontrollbedürfnis von Menschen. Denn sie möchten wissen, was sie selbst im Arbeitsprozess leisten und bewirken können.

Arbeitsaufgaben

Die passende Gestaltung des Arbeitsinhaltes ist für ein Entkommen aus einer stressreichen Arbeit ebenfalls bedeutsam. Metz gibt dazu einige Empfehlungen, in welche Richtung und mit welchen Methoden die Arbeitsaufgaben und der Aufgabenzuschnitt umgestaltet werden können (2011, S. 199). So geht es meist darum, dass ausgebrannte Personen nicht nur Teilaufgaben erledigen und damit die eigenen Erfolge kaum beziffern können. Deshalb wäre es sinnvoll, wenn diese Mitarbeitenden vollständige Aufgaben erhielten, in denen sie die Ziele und die Leistung selbst planen, vorbereiten und ausführen können. Damit hätten sie die Ergebniskontrolle in der Hand und stärken gleichzeitig ihr Selbstbewusstsein. Es gilt die *Ganzheitlichkeit der Aufgaben*, eine *Anforderungsvielfalt* und damit einen erweiterten Tätigkeitsspielraum zu optimieren. Allerdings sei es nicht förderlich diese Faktoren zu maximieren. Denn ein zu hoher Handlungsspielraum, zu viele Freiheitsgrade und eine zu hohe Komplexität der Aufgaben können wiederum auf die Mitarbeitenden überfordernd wirken.

Als maßgeblicher Einflussfaktor für Burnout gilt die Arbeitslast. Eine Reduzierung der Arbeitsmenge im Sinne von beispielsweise angemessenen Fallzahlen ist manchmal möglich, meist jedoch nur unter Mehrbelastung der anderen Kolleg*innen. Dann sollte eine zeitliche oder strukturelle Umverteilung der Arbeitsaufgaben in Betracht gezogen werden. In die Planung des Arbeitsalltags können ausgebrannte Personen spezifische Zeiten für die emotionale und kognitive Verarbeitung eines schwierigen Falls einbeziehen, regelmäßige Teambesprechungen zur Entlastung ansetzen und vor allem Zeitfenster für ein störungsfreies Arbeiten definieren. Eine besondere Anforderung an die Arbeitsaufgabe ergibt sich gerade in sozialen Berufen durch die *Emotionsarbeit*. Das heißt, »sowohl die Emotionen des Interaktionspartners sind zu beeinflussen wie auch die eigenen Emotionen zu managen« (Metz 2011, S. 200). Anders ausgedrückt müssen sozial Beratende sich einerseits mit den Emotionen ihrer Klientel beschäftigen. Soziale Arbeit heißt in diesem Zusammenhang, die Klient*innen bei der Gefühlsregulierung zu unterstützen. Das können die Professionellen schaffen, indem sie zum Beispiel mit den Ratsuchenden üben, den Ärger und die Wut beim Joggen oder Teig kneten, statt beispielsweise an den eigenen Kindern abzureagieren. Andererseits führt die Arbeit mit der Klientel in schwierigen Lebenslagen auch zu eigenen Gefühlsbewegungen bei den sozial Beratenden. Diese rühren aus den eigenen persönlichen Problemen, den meist überhohen Erwartungen der Klientel an die Soziale Arbeit oder gar aus einer sekundären Traumatisierung. Zusätzlich sind Widersprüche zwischen dem Auftrag der Arbeit gebenden Einrichtung und dem Auftrag der Klient*innen zu erwarten. Das sogenannte *Tripelmandat* – der dreifache Auftrag von Klientel, dem Staat (bzw. der Arbeit gebenden Einrichtung) und der Profession als Sozialarbeitende – wirkt häufig als besonders emotional stressend (▶ Abb. 20).

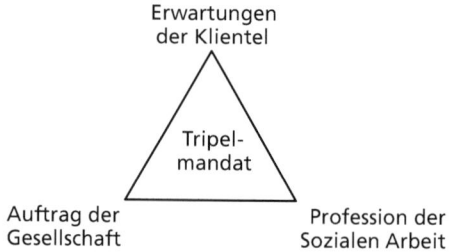

Abb. 20: Das Tripelmandat der Sozialen Arbeit (eigene Darstellung)

Die Existenz eines dreifachen Auftrags ist in seiner allgemeinen Form auf alle Berufe übertragbar, die eine ›Arbeit am Menschen‹ beinhalten, und damit Verantwortung für andere übernehmen müssen. Dabei stehen die Professionellen in einem ständigen Spannungsverhältnis zwischen den Interessen der Klientel, denen der Gesellschaft und der professionellen Verpflichtung, die durch eine menschenwürdige Haltung gekennzeichnet ist. Stehen die Interessen im Widerspruch, dann führt dies unweigerlich zu kognitiven und emotionalen Konflikten. Demzufolge ist für die Regulierung und Verarbeitung der Gefühle und Gedanken, die während der Beratung aufkommen, Zeit und Raum einzuplanen. Das kann durch die Fünf-Minuten-Pause zwischen den Beratungsterminen gewährleistet sein oder auch über kurze kollegiale Gespräche mit einem Feedback.

Zur Durchsetzung der Veränderungen in den Arbeitsbedingungen und den Arbeitsaufgaben ist die *Führungskraft* hinzuzuziehen. Mit ihr können verschiedene Möglichkeiten der entstressenden Umgestaltung der Arbeit besprochen werden. So bieten mittlerweile einige Einrichtungen eine Anzeigemöglichkeit bei Überlastung an. In Absprache mit dem gesamten Team können zudem von vornherein Ersatzpersonen für Aufgaben bestimmt werden, damit im Falle einer Arbeitsunfähigkeit dringende Arbeiten nicht liegen bleiben und die Arbeitsprozesse weiterlaufen können. Zu bestimmen sind weiterhin der Zugang zu Weiterbildungen, zu einer regelmäßigen Supervision oder zu einem Teamcoaching, je nachdem welche Einflussfaktoren bei einer Person im Burnout wirken. Hinsichtlich der Arbeitsaufgaben ist es ferner sinnvoll, im Gespräch mit der Führungskraft die Ziele und Fristen genau zu definieren und die für die Erfüllung nötigen Bedingungen, Materialien und Kenntnisse auszuhandeln. All das kann nicht ohne Einbezug des Teams erfolgen. Für eine gute Zusammenarbeit in der Arbeitsgruppe sind immer Transparenz und eine demokratische Abstimmung nötig.

Sollten all diese Veränderungen in den Arbeitsbedingungen und der Arbeitsaufgabe nicht fruchten, dann ist eventuell ein Arbeitsplatzwechsel in Betracht zu ziehen.

5.3.2 Soziale Unterstützung in der Arbeit

Die soziale Umwelt am Arbeitsplatz kann sowohl zu Stress führen als auch entlastend wirken. Für eine von Burnout betroffene Person müssen demzufolge auch die individuellen sozialen Stressoren identifiziert werden. Häufig liegen diese in unzureichenden Kommunikationsstrukturen, interpersonellen Konflikten, Rollenkonflikten oder als unfair wahrgenommenen Behandlungen einzelner Arbeitstätiger. Auch eine abwertende oder kommandierende Kommunikation, also ›von oben herab‹, kommt bei den Mitarbeitenden emotional stressend an. Es fehlen hier die für den Erhalt der Arbeitsmotivation nötige Wertschätzung und Anerkennung der Leistung und der Person durch die Kolleg*innen und die Führungsebene.

Soziale Unterstützung am Arbeitsplatz kann dagegen Stress reduzieren. Sie hat insofern eine Pufferwirkung gegen Überlastung, als dass durch den Beistand aus dem sozialen Umfeld die bestehenden Belastungen verändert wahrgenommen und interpretiert werden können. Tauschen sich beispielsweise Teams regelmäßig über schwierige Fälle oder ungünstige Arbeitsbedingungen aus, dann entsteht ein Gemeinschaftsgefühl, ganz nach dem Motto ›geteiltes Leid ist halbes Leid‹. Die arbeitenden Menschen werden dadurch psychosozial stabiler und wieder handlungsfähiger.

Eine Unterstützung aus dem sozialen Umfeld für Personen mit Burnout kann indes auf drei Ebenen erfolgen: informationell, instrumentell und emotional (Knoll & Schwarzer 2005).

Informationelle Unterstützung

Zur informationellen Unterstützung im Arbeitsalltag von ausgebrannten Personen empfiehlt es sich vor allem das Informations- und Kommunikationsmanagement zu überarbeiten. So ist es essenziell für eine qualitativ gute Arbeit, rechtzeitig die passenden Informationen zur Hand zu haben. Mitarbeitenden muss ein verständlicher *Zugang zu Arbeitsmaterialien* zum Beispiel in Form von Kontaktlisten, rechtlichen Neuerungen oder schriftlichen Regelungen des Betriebs erlaubt sein. Dazu kann eine regelmäßige *Teambesprechung* mit Austausch über vorliegende Informationen und über Zugangswege dienen. *Fachliche Weiterbildungen* können den Bedarf nach Informationen für die Arbeit ergänzen.

Instrumentelle Unterstützung

Hierunter werden praktische Hilfestellungen verstanden. Diese dienen der Entlastung einer ausgebrannten Person, wenn sie zu viele, zu komplexe oder zu schwierige Arbeitsaufgaben erledigen muss. Eine instrumentelle Unterstützung ist zum Beispiel gegeben, wenn in einem Team *gemeinsam an Aufträgen oder Problemlösungen gearbeitet* wird. Das Wissen und Können in zusammengetragener Form entlasten dabei einzelne Personen.

Eine weitere Form der instrumentellen Unterstützung besteht in der konkreten Hilfe bei und der *Übernahme von Teilaufgaben*, wenn ausgebrannte Personen eine Überlastung anzeigen. Zudem ist auch über eine *Bereitstellung finanzieller Ressourcen* zum Beispiel für Weiterbildungen oder neu anzuschaffende Software zu verhandeln. Schließlich können Sachleistungen in Form von nötigen Arbeitsmaterialien wie Fachbücher oder die ergonomische Arbeitsplatzgestaltung zur Unterstützung beitragen.

Emotionale Unterstützung

Diese Form von sozialer Unterstützung ist besonders dann angebracht, wenn bei ausgebrannten Personen die Arbeit durch ständige Konflikte im Team oder mit der Führungsebene geprägt ist. Die emotionale Unterstützung im Arbeitsbereich ist dann nicht mehr gegeben und die Arbeitstätigen erschöpfen sich emotional. Abhilfe kann hier durch regelmäßige Teambesprechungen mit einem wertschätzenden Feedbacksystem geschaffen werden. Das heißt auch, dass das Team in

Wertschätzung und im verständnisvollen Zuhören geschult werden sollte. Eine entsprechende Weiterbildung kann im Betrieb angeregt werden.

Als Standard kann zudem der Einsatz von Supervision oder Teamcoaching gelten. Beide Methoden können zur emotionalen Entlastung und zeitgleicher Konfliktbewältigung bei ausgebrannten Personen und ihrem Team beitragen. Die *Supervision* (Deutsch: Überblick) ist eine Form der Beratung für Mitarbeitende, die zur Reflexion des eigenen Handelns anregen soll. Die Methode stammt aus dem psychosozialen bzw. psychotherapeutischen Bereich und kann daher zur Bewältigung der psychischen Belastung im Arbeitsbereich dienen. Der oder die Supervidierende ist eine fachlich ausgebildete Person, die die Methode der Supervision in einem Team moderiert und damit den ›Blick von außen‹ einbringt. Damit können Probleme im Arbeitsbereich oder schwierige Fälle aus verschiedenen Blickwinkeln beleuchtet, Ressourcen gesammelt und Handlungsmöglichkeiten eröffnet werden. Supervision sichert und verbessert somit die Qualität professioneller Arbeit.

Unter *Teamcoaching* versteht sich eine Form von Gruppenberatung, die vor allem die Beziehungen der Teammitglieder und die Qualität der Zusammenarbeit reflektiert. Wenn überhaupt eine Unterscheidung zu Supervision möglich ist, dann weil Teamcoaching noch stärker ressourcenorientiert und gleichzeitig eher auf Profit – hier im Sinne von Wiederherstellung der Leistungs- und Beziehungsfähigkeit der ausgebrannten Personen – gerichtet vorgeht. Teamcoaching sichert und verbessert daher vor allem die Qualität der Arbeitsbeziehungen.

Burnout-fördernd sind auch die schwierigen sozialen Arbeitssituationen, bei denen sowohl der Arbeitsinhalt als auch die Klientel emotional belastende Themen mit sich bringen. Das ist gerade in psychosozialen Arbeitsfeldern der Fall. Hier kann Burnout reduziert werden, wenn die betroffenen Personen einerseits für ihre Mehrleistung soziale Anerkennung erhalten. Das ist vorrangig Aufgabe der Führungskraft. Andererseits kann eine besondere Unterstützung dadurch gewährleistet werden, wenn die ausgebrannten Personen eine Anleitung und Rückmeldung zum Umgang mit Problemfällen bekommen. Eine Möglichkeit, um besonders gut strukturiert und wertschätzend heranzugehen, besteht in der *Methode der kollegialen Beratung*. Dies ist ein personenorientierter Beratungsansatz zur Reflexion der täglichen beruflichen Praxis, die in einer Gruppe bzw. in einem Team stattfindet. Raum und Zeit dafür stellt die Organisation zur Verfügung. Die Teilnehmenden beraten sich gegenseitig zu komplexen Fallsituationen im Berufsalltag mit dem Ziel, verschiedene Lösungsideen zu entwickeln. Die kollegiale Beratung läuft nach einem streng strukturierten Ablaufschema, wobei verschiedene Autor*innen die Schritte unterschiedlich detailliert und umfassend definieren. Als Beispiel sei hier das Heilsbronner Modell (Spangler 2005) zur kollegialen Beratung aufgeführt (▶ Tab. 15), da es sehr detailliert beschrieben ist.

Durch den Einsatz einer wertschätzenden und lösungsorientierten Gesprächstechnik lernen die Teilnehmenden von- und miteinander und fördern gleichzeitig die eigene Beratungskompetenz. Der Organisations- und Personalentwickler Kim-Oliver Tietze (2010) konnte anhand der Evaluation eines 15 Monate umfassenden Programms zeigen, dass kollegiale Beratung Arbeitsüberlastung vermin-

Tab. 15: Ablaufschema der kollegialen Beratung

Ablauf	Inhalt und Prozess	Personen
Schritt 1	Festlegung von Leitung und Fall	gesamte Gruppe, Leitung moderiert nächste Schritte
Schritt 2	Vortragen der Problemsituation	Fallgeber*in
Schritt 3	Nachfragen	Gruppe
Schritt 4	Sammeln von Einfällen	Gruppe ohne Fallgeber*in
Schritt 5	Rückmeldung zu den Einfällen	Fallgeber*in
Schritt 6	Sammeln von Lösungsvorschlägen	Gruppe ohne Fallgeber*in
Schritt 7	Rückmeldung zu den Lösungsvorschlägen	Fallgeber*in
Schritt 8	Allgemeiner Austausch	Gruppe
Schritt 9	Abschlussrunde – Sharing	Gruppe
Schritt 10	Feedback für die Leitung	Gruppe und Fallgeber*in

Eigene Darstellung

dern und berufliche Handlungskompetenzen steigern kann. Diese Methode ist demnach hilfreich, um vor allem emotionalen Stress besser zu bewältigen. Gleichzeitig wird in einem festen Team die Gesamtbelastung vermindert. Denn damit ist die Sicherheit gegeben, dass das Kollegium durch die Beratungsrunde bereits von potenziellen Problemen weiß und sowohl bei einer Krise des Falls als auch beim Ausfall einer Beratungsperson zur Lösungsfindung selbst beitragen kann. Die kollegiale Beratung bietet sich vor allem als eine kostengünstige Alternative zu einer Supervision oder einem Coaching an.

5.3.3 Aufgaben Sozialer Arbeit bei der situativen Burnout-Bewältigung

In vielen sozialen Berufen werden für ausgebrannte Personen hauptsächlich indirekte Hilfen hinsichtlich der situativen Burnout-Auslöser geleistet. Denn Personen mit dem Burnout-Syndrom tauchen in verschiedenen Arbeitsfeldern auf, um sich beraten zu lassen. So treffen wir in der ambulanten Familienhilfe die Klient*innen, die durch ein arbeitsbedingtes Burnout ihre privaten Aufgaben und ihre Familie vernachlässigen. In verschiedene Beratungsstellen kommen Ratsuchende, um sich zu ihrer Erschöpfung und Überlastung beraten zu lassen. Und auch im klinischen Arbeitsfeld sind Patient*innen mit einer Burnout-Symptomatik zu finden. Die *indirekte Unterstützung* leisten sozial Beratende, indem sie den ausgebrannten Personen *Wissen* über arbeitsbezogene Burnout-auslösende Bedingungen *vermitteln* und dann gemeinsam die *individuellen Arbeitsbedingungen*, die Besonderheiten der Arbeitsaufgabe und das soziale Umfeld im Arbeitsbereich *analysieren*. Oftmals geht leider die Hilfe über die Suche nach Einflüssen aus der Arbeit nicht wesentlich hinaus. Wichtig wäre jedoch die ausgebrannten Personen über mögliche Maßnahmen der situativen Burnout-Bewältigung zu informieren und zusammen nach Angeboten innerhalb und außerhalb des Betriebs zu suchen. Die grundlegende Aufgabe für sozial Beratende liegt auch hier wieder im *Empowerment* der ausgebrannten Klientel, damit sie sich an Ansprechpersonen in ihrem Betrieb wenden.

Betriebliche Sozialarbeit

Eine *direkte Unterstützung* können sozial Beratende für Menschen im Burnout leisten, wenn sie in der *betrieblichen Sozialarbeit* tätig sind. Dieses Arbeitsfeld wird unter anderem auch als betriebliche Sozialberatung, Gesundheitsberatung oder individuelle Mitarbeiterberatung bezeichnet. Mit all diesen Begriffen sind sozialarbeiterische Tätigkeiten in oder für Arbeitsorganisationen gemeint. Eine der Aufgaben von betrieblich Sozialarbeitenden liegt in der Einzelfallberatung von Mitarbeitenden in psychosozialen Krisen (Engler 2008). Hierunter fallen einerseits die Beratung ausgebrannter Personen und andererseits die Initialisierung von Personalmaßnahmen. Das Ziel besteht bei beiden Ansätzen in der Erhaltung oder Wiederherstellung der Arbeitsfähigkeit. In Bezug auf Burnout ist die betriebliche Sozialarbeit demnach in den Bereich der Prävention von Erkrankungen einzuordnen.

Die betriebliche Sozialarbeit kann in unterschiedlicher Form in einem Betrieb angebunden und positioniert sein. Neben externen Anbietern, die von Betrieben für die betriebliche Gesundheitsförderung und das betriebliche Gesundheitsmanagement eingekauft werden (z. B. Employee Assistance Programme EAP), sind traditionell interne sozialberaterische Angebote stark verbreitet. Die Zuordnung zur Personalabteilung oder zum betriebsärztlichen Dienst stellt dafür immer noch die gängigste Form innerhalb eines Betriebes dar. Da die Personalabteilung für die betrieblichen Handlungsabläufe und gleichzeitig für die Gesundheit der Mitarbeitenden zuständig ist, kann betriebliche Sozialarbeit in diesem Kontext konstruktiv zur Veränderung von Burnout-trächtigen Arbeitsbedingungen beitragen. Ebenso ist die Einbindung in den betriebsärztlichen Dienst hilfreich, allerdings nur, wenn dieser nicht allein bei einer arbeitsbezogenen Erkrankung, sondern auch präventiv auf Konflikte und Fehlleistungen reagiert.

Die betriebliche Soziale Arbeit wird in den letzten Jahren zunehmend als Teil des betrieblichen Gesundheitsmanagements eingeführt. Dabei »geht es um die Organisation der Gesundheit im betrieblichen Kontext. Gesundheitsmanagement hat die Aufgabe, verschiedene gesundheitsbezogenen Maßnahmen in einem Unternehmen zu planen, zu adressieren, zu organisieren und untereinander abzustimmen« (Bamberg et al. 2011, S. 128). Als Teil des Gesundheitsmanagements ist die betriebliche Sozialarbeit verstärkt für soziale Beziehungen und funktionierende Kommunikationsstrukturen im Unternehmen zuständig. Dabei liegt ihre Hauptaufgabe im Case Management, auch Fallmanagement genannt (▶ Abb. 21).

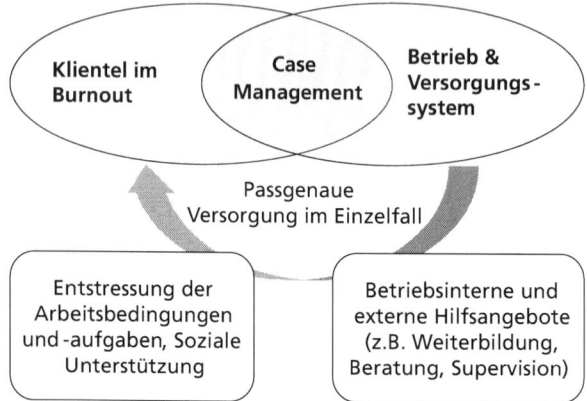

Abb. 21: Case Management als passgenaue Versorgung (eigene Darstellung)

Betrieblich Sozialarbeitende sind damit beauftragt, eine gut organisierte und bedarfsgerecht auf den einzelnen Fall zugeschnittene Hilfeleistung für die ausgebrannte Person zu erbringen. Dazu zählen auch die Vernetzungsarbeit innerhalb des Unternehmens sowie die Abstimmung von internen und externen Hilfsangeboten. Des Weiteren sind betrieblich Sozialarbeitende prädestiniert dafür Veränderungen im Führungsbereich, von Arbeitsprozessen und in der Kommunikationsstruktur im Unternehmen vorzunehmen.

> **Aufgaben Sozialer Arbeit bei der situativen Burnout-Bewältigung**
>
> Indirekte Unterstützung bei der Beratung von ausgebrannten Personen wird geleistet in Form von:
>
> - Wissensvermittlung zu Burnout-auslösenden Arbeitsfaktoren, Analyse der individuellen Arbeitssituation,
> - Suche nach Angeboten zur situativen Bewältigung von Burnout, nach Ansprechpersonen innerhalb und außerhalb des Betriebs,
> - Empowerment der Klientel.
>
> Die direkte Unterstützung erfolgt im Rahmen der betrieblichen Sozialarbeit durch:
>
> - Case Management der ausgebrannten Person mit Vernetzung innerhalb und außerhalb des Betriebs,
> - Veränderungen im Führungsbereich, von Arbeitsprozessen und in der Kommunikationsstruktur im Unternehmen.

5.4 Wirksam kombinierte Behandlungen von Burnout

Die Ausführungen zu den persönlichen und situativen Maßnahmen gegen Burnout lassen schon erahnen, wie sehr beide Herangehensweisen ineinandergreifen und aufeinander bezogen sind. So ist beispielsweise eine Veränderung der Arbeitszeit nicht erreichbar, wenn ausgebrannten Personen soziale Kompetenzen fehlen, um ihre Wünsche und Forderungen zu kommunizieren. Auf der anderen Seite nützt individuelles Zeit- und Selbstmanagement eher wenig, wenn nach wie vor eine enorme Arbeitslast auf einer Person liegt und dadurch einfach keine Erholung möglich ist.

Zu vermuten ist, dass personenbezogene Maßnahmen dringend indiziert sind, um Burnout zu bewältigen. Ohne die persönliche Herangehensweise ist die Bewältigung der chronischen Stresssituation nicht möglich. Allerdings sind personenbezogene Maßnahmen dann nicht nachhaltig, wenn sich an der äußeren Situation nichts ändert. Arbeitsbezogene Maßnahmen können wiederum erst wirken, wenn auch personenbezogene Maßnahmen angegangen werden. Der alleinige Einsatz arbeitsbezogener Maßnahmen bringt denn auch kaum Wirkungen auf das Burnout. Kaluza fasst dies wie folgt zusammen: »Der Dialektik von Verhalten und Verhältnissen wird am ehesten entsprochen, wenn strukturorientierte und individuumsorientierte Maßnahmen integriert durchgeführt werden« (Kaluza 2018b, S. 70). Eine *Kombination von persönlichen und situativen Maßnahmen* sollte also am wirksamsten sein.

Awa et al. (2010) haben in ihrer Meta-Analyse nur sechs Studien gefunden, die Stress-Interventionen auf der persönlichen Ebene mit Bezügen zur Organisationsebene kombinierten. Im Vergleich zu Interventionen, die nur an der persönlichen oder nur an arbeitsbezogenen Ebene ansetzten, wiesen die Kombinationsprogramme die am längsten andauernden Effekte auf.

So ergab eine finnische Untersuchung von einem Forschungsteam um Hätinen (2007), dass eine kombinierte Behandlung, bei der neben dem Einsatz einer Kognitiven Verhaltenstherapie KVT zusätzlich an zwei Tagen die Vorgesetzten und ein arbeitsmedizinischer Dienst hinzugezogen wurden, zu einer deutlichen Reduktion von Burnout führte. Die Forschenden berichten, dass sich bei den Teilnehmenden der Zeitdruck am Arbeitsplatz reduzierte und sich das Arbeitsklima verbesserte. Im Vergleich zu einer Kontrollgruppe, die nur mit KVT behandelt wurde, ergab die kombinierte Intervention wesentlich stärkere Effekte auf die Burnout-Symptome der Klientel.

Auch die niederländische Untersuchung von Blonk und seinen Kolleginnen (2006) soll hier Erwähnung finden. Sie konstruierten ein Stressmanagementprogramm, in dem eine kurzzeitige Maßnahme bestehend aus kognitiv-behavioralen Techniken mit einer arbeitsplatzbezogenen Intervention kombiniert wurde. Dieses Programm wurde bei 122 Selbständigen eingesetzt, die wegen Angstzuständen, Depressionen oder Burnout krankgeschrieben waren. Das persönliche Stressmanagement bestand hier aus einer Psychoedukation zur Stressbewältigung, der Analyse von Symptomen und Situationen, einem Entspannungsverfahren sowie dem Einsatz von Ratgeberliteratur zur Rational Emotiven Verhaltenstherapie REVT. Neben dem persönlichen Stressmanagement bestand das Programm aus einer Beratung bezüglich der Arbeitsabläufe und der Erarbeitung von Maßnahmen zur reduzierten Arbeitsbelastung oder zur Erhöhung von Entscheidungsspielräumen. In der Evaluation des niederländischen Stressmanagementprogramms war eine deutliche Abnahme der psychischen Beschwerden bei den Teilnehmenden festzustellen. Dieser kombinierte Ansatz gilt insofern als erfolgreich, als dass die gestressten Selbständigen wesentlich früher zur Arbeit zurückkehren konnten als eine Kontrollgruppe, die nur kognitiv-behaviorale Maßnahmen in Anspruch nahm. Außerdem hielten diese positiven Effekte mindestens ein Jahr an.

> Angesichts dieser Ergebnisse wäre die Empfehlung einer einzelnen Bewältigungstechnik bei Burnout fachlich nicht vertretbar und ungeeignet, um alle Ebenen des Burnouts zu bewältigen. Alle Professionellen, die Menschen im Burnout beraten oder direkt behandeln, haben ihrer Klientel daher eine kombinierte Herangehensweise zu empfehlen.

Literaturempfehlungen

Awa, W., Plaumann, M. & Walter, U. (2010). Burnout prevention: A review of intervention programs. Patient Education and Counseling, 78: 184–190.

Literatur zur persönlichen Burnout-Bewältigung

Kabat-Zinn, J. (1994). Gesund durch Meditation – Das große Buch der Selbstheilung, Sonderausgabe. München: Barth.
Kaluza, G. (2018). Gelassen und sicher im Stress – Das Stresskompetenz-Buch: Stress erkennen, verstehen, bewältigen, 7., korrigierte Auflage. Berlin, Heidelberg: Springer.
Korczak, D., Wastian, M. & Schneider, M. (2012). Therapie des Burnout-Syndroms. Schriftenreihe Health Technology Assessment, Bd. 120. Köln: DIMDI.

Literatur zur arbeitsbezogenen Burnout-Bewältigung

Bamberg, E., Ducki, A. & Metz, A.-M. (Hrsg.). (2011). Gesundheitsförderung und Gesundheitsmanagement in der Arbeitswelt – Ein Handbuch. Göttingen: Hogrefe.
Spangler, G. (2005). Kollegiale Beratung – Heilsbronner Modell zur kollegialen Beratung. Nürnberg: mabase.

6 Mit gesunder Arbeit dem Burnout vorbeugen

> **Was Sie in diesem Kapitel lernen können**
>
> Die beste Strategie gegen Burnout ist, gar nicht erst hineinzugeraten. Deshalb folgen im letzten Kapitel die Beiträge, die für eine präventive Selbsthilfe wie auch als Unterstützung für Bildungseinrichtungen und Hochschulen nutzbar sind. Zudem befassen sich immer mehr Betriebe, Behörden und Verwaltungen mit dem Thema der Burnout-Prävention, um die Qualität von Leistung, die Zufriedenheit und die Arbeitsfähigkeit ihrer Mitarbeitenden sicherzustellen. Im Rahmen des betrieblichen Gesundheitsmanagements, der Personalentwicklung oder der betrieblichen Sozialarbeit können die Professionellen mit den hiesigen Anregungen dem Ausbrennen der Arbeitstätigen zuvorkommen.
>
> In diesem Abschnitt erfahren Sie,
>
> - was Arbeitende selbst für sich tun können, um einem Burnout vorzubeugen,
> - wie durch Umorganisation am Arbeitsplatz ein Burnout verhindert werden kann,
> - welche Veränderungen in Gesellschaft und Politik nötig sind und
> - was die Soziale Arbeit präventiv für ihre Klientel, aber auch für sich selbst leisten kann.

Es geht jetzt um die Frage, wo und womit wir ansetzen können, dass das Thema Burnout zukünftig aus der Arbeitswelt verschwindet. Die Überlegungen gehen demnach in die Richtung, welche Vorbereitung Menschen benötigen, um im Arbeitsleben nicht auszubrennen. Und wir müssen uns auch damit beschäftigen, wie eine Arbeitssituation aussehen kann, in der sich Arbeitstätige wohlfühlen, statt erschöpft zu werden, leistungsfähig statt demotiviert sind, Freude und Interesse statt Frustration empfinden, eine Arbeitssituation, in der überschaubar wenige und vor allem bewältigbare Stressoren sowie genügend Ressourcen vorhanden sind.

6.1 Was Prävention von Burnout bedeutet

Für die Prävention von Burnout müssen folglich die *Risiken identifiziert* werden, die mit hoher Wahrscheinlichkeit Menschen in einen solchen Zustand bringen können (▶ Kap. 3 »Wie Burnout entsteht«). Um das hier noch einmal grob zusammenzufassen:

> **Zur Erinnerung: Burnout-Ursachen**
>
> Ursachen für das Ausbrennen, die in der Person liegen, sind im Wesentlichen eine überhöhte Bedeutung der Arbeit mit falschen Erwartungen, neurotische Erlebens- und Verhaltensweisen, Perfektionsstreben und eine eingeschränkte Beziehungsfähigkeit. Diese Faktoren können zu verminderter Stresstoleranz, einer Chronifizierung der Situation und damit unter weiteren Umständen zur Ausbildung von Burnout führen. Steigendes Alter bzw. die zunehmende Berufserfahrung haben in der Burnout-Entstehung eher einen protektiven Einfluss.
>
> Aus der Richtung der Arbeitssituation beeinflussen vor allem eine hohe Arbeitslast mit zu vielen, komplexen Anforderungen und der Erfolgsdruck die Beschäftigten und können ein Burnout auslösen. Auch die organisationalen Bedingungen, die in eingeschränkter Unternehmenskommunikation, Rollenkonflikten und fehlender kollegialer Unterstützung bestehen, erhöhen das Risiko des Ausbrennens bei den Mitarbeitenden.
>
> Die dritte Einflusskomponente findet sich in der Gesellschaft wieder. Die Arbeitswelt wird rasant verändert und zunehmend digitalisiert, flexibel und mobil. Durch den Wandel der Gesellschaft gibt es neue Arbeitsformen und Dienstleistungen, die im kognitiven und emotionalen Bereich verstärkte Anforderungen an die Arbeitstätigen stellen.

Diesen *Risiken* des Ausbrennens *entgegenzuwirken* ist eine Aufgabe von Burnout-Präventionsmaßnahmen. Da sich im Prinzip alle arbeitenden Menschen mit den Risikofaktoren – spätestens mit den gesellschaftlichen – konfrontiert sehen, können Burnout-Präventionsmaßnahmen für alle berufstätigen Menschen indiziert sein. Hier verschwimmen die Grenzen zwischen Prävention (Vorbeugen bei Vorlage von Risikofaktoren) und Gesundheitsförderung (allgemeine Stärkung der Gesundheit und Widerstandskraft). Dennoch sind bestimmte Berufsgruppen laut den aktuellen Krankenkassenberichten stärker betroffen, vermutlich weil sie vermehrt den bekannten Risiken, in einen Burnout zu geraten, ausgesetzt sind. Zu speziell für soziale Berufe geeigneten, vorbeugenden Strategien ist daher im letzten Teil diesen Kapitels mehr zu lesen (▶ Kap. 6.5 »Burnout-Prävention für soziale Berufe«).

Wie bereits anfänglich definiert, ist Burnout ein chronifizierter Stresszustand.

6.1 Was Prävention von Burnout bedeutet

»Insofern lässt sich alles, was langfristig hilft, Stress zu minimieren, welcher als aversiv und belastend erlebt wird, unter der Überschrift Burnout-Prophylaxe subsumieren – mit anderen Worten alles das, was zur individuellen Sicherheit, zum positiven Selbstwerterleben, zur Reduktion von dysfunktionalem Leistungsdruck, mithin zu so etwas wie ›Flow‹-Gefühlen und – noch allgemeiner – zum Wohlbefinden beiträgt« (Hillert & Marwitz 2006, S. 291).

Eine kurze Erläuterung zu den Begriffen: ›Prophylaxe‹ ist aus dem Griechischen und ›Prävention‹ aus dem Lateinischen entlehnt. Diese beiden Begriffe können mit dem gleichen Wort übersetzt werden und bedeuten im deutschen Sprachgebrauch ›Vorbeugung‹.

Dem Burnout kann entsprechend der Definition von Hillert und Marwitz mit solchen Maßnahmen vorgebeugt werden, die einerseits die Risiken für das Ausbrennen angehen und die negativen Einflüsse reduzieren.

Andererseits sollten Präventionsmaßnahmen immer auch positiv ausgerichtet sein. Das heißt, sie wirken vor allem dann vorbeugend gegen Burnout, wenn sie die *Ressourcen in der Arbeitswelt fördern* und die *Widerstandskraft der Arbeitstätigen* gegen Stresseinflüsse *stärken* (▶ Abb. 22).

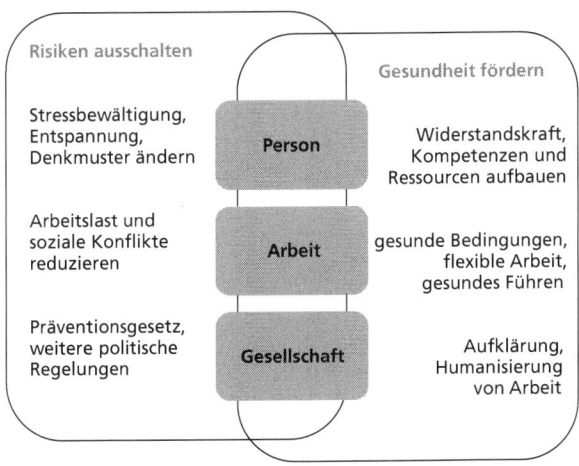

Abb. 22 Präventionsansätze für Burnout in der Übersicht (eigene Darstellung)

Prävention von Burnout

Zur Prävention von Burnout sind demnach alle Anstrengungen geeignet, die eine Chronifizierung – also die dauerhafte Präsenz – von Stress vermeiden können, und solche, die Menschen widerstandsfähig gegen Stressoren machen. Dazu sind aus den drei Risikogruppen für Burnout – personenbezogen, arbeitsbezogen und gesellschaftlich – Maßnahmen zusammenzustellen und flächendeckend einzusetzen.

6.1.1 Präventionsstrategien gegen Burnout

Schon Freudenberger schlug in seinem ersten Artikel ›Staff Burn-out‹ aus dem Jahre 1974 verschiedene Maßnahmen vor, um dem Ausbrennen von Mitarbeitenden vorzubeugen. So lauteten die Empfehlungen Freudenbergers für eine personenbezogene Burnout-Prävention, dass Mitarbeitende ihre eigenen Ansprüche, Motivationen und Ziele vor Arbeitsantritt besser klären sollten, dass sie sich mit anderen im Kollegium austauschen sollten, um ihre eigenen Belastungen in Grenzen zu halten, und dass sie körperliche Übungen zur emotionalen Regulation nutzen sollten. Hinsichtlich arbeitsbezogener Vorbeugung von Burnout gingen die Ratschläge Freudenbergers in Richtung eines Einarbeitungsprogramms für neue Kolleg*innen, ein gelegentlicher Wechsel des Arbeitsbereiches, die Begrenzung und Flexibilisierung der Arbeitsstunden über die Erhöhung der Beschäftigtenzahl bis hin zur Inanspruchnahme von Weiterbildungen zur Unterbrechung der Routine (Freudenberger 1974, S. 162–164).

Daraus wird ersichtlich, dass schon der Pionier der Burnout-Wissenschaft verschiedene Ursachen- und Präventionsebenen bedacht hat. Auch spätere Forscher*innen haben immer wieder festgestellt, dass es für eine nachhaltige Burnout-Prävention nicht ausreicht, sich auf persönliche Maßnahmen zu beschränken. Denn der stete Einfluss von Stressfaktoren aus dem Arbeitsbereich kann irgendwann doch die Ressourcen der Arbeitstätigen erschöpfen.

Ein auf aktuellen Forschungsergebnissen beruhendes Modell für eine übergreifende Burnout-Prävention hat Fengler (2013) entwickelt: das sogenannte ›Salamander-Modell‹. Fengler erfindet dafür sieben (!) Fußpaare eines Salamanders. Sie werden mit

(1) Person,
(2) Privatleben,
(3) Zielgruppen (gemeint ist der Umgang mit Klientel, Kundschaft usw.),
(4) Team,
(5) Vorgesetzte,
(6) Institution (im Sinne des Arbeit gebenden Betriebs) und
(7) Gesellschaft

bezeichnet (▶ Abb. 23).

Während (1) und (2) zu den Ansätzen auf Personenebene gezählt werden können, gehören (3) bis (6) zu den arbeitsbezogenen Ansätzen. Ebene (7) versteht sich als gesellschaftliche Perspektive. Damit bezieht Fengler alle Ebenen der Burnout-Entstehung mit den zugehörigen Mikrosystemen in sein Modell ein. Jedes Fußpaar stellt gleichzeitig die Stressebene (linker Fuß) – also die Ursachen und Einflussfaktoren in der Burnout-Entstehung – und die Präventionsebene (rechter Fuß) – mögliche Maßnahmen zur Vorbeugung von Burnout – dar.

Beispielhaft soll hier das Ansinnen Fenglers auf der Ebene der Person skizziert werden: Typische Stressoren der Person im Vorfeld eines Burnouts sind die familiäre Stressbiografie, überzogene persönliche und berufliche Ideale, eine fehlende Selbstabgrenzung, maximales Mitleiden mit der Klientel, Probleme mit der Dis-

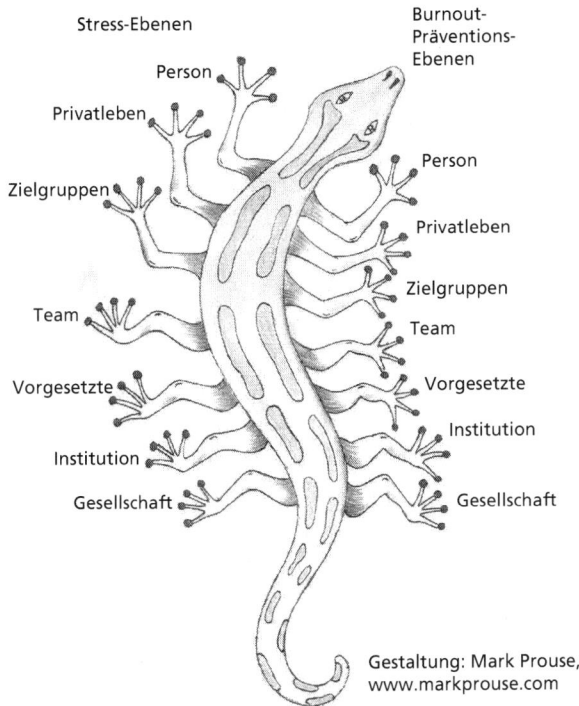

Abb. 23: Das Salamander-Modell der Burnout-Prävention (aus: Fengler, J. (2013). Burnout-Prävention im Arbeitsleben. Das Salamander-Modell. Stuttgart: Klett-Cotta, S. 29)

tanzierung von beruflichen Themen, die Selbstbetäubung, maximales Pflichtgefühl, ein Perfektionsdrang, hoher Ehrgeiz und die Bagatellisierung von vor allem psychischen Krankheitssymptomen. Um diesen individuell zu analysierenden Belastungen Burnout-präventiv entgegengetreten zu können, arbeitete Fengler zu jedem Risikofaktor passende Maßnahmen bzw. Methoden aus und versah diese mit praktischen Übungen. Hinsichtlich der familiären Stressbiografie wäre es beispielsweise hilfreich, die eigenen Erfahrungen zu explorieren. In den Familien gibt es häufig typische Redensarten wie zum Beispiel ›Nun mal hopp hopp!‹, die zu einer Leistungshaltung führen können, die eine verhaltenssteuernde Wirkung haben. Diese gilt es zu lockern und neue Muster der Entschleunigung zu erlernen. Dazu können Übungen zur Atmung und Achtsamkeit wie auch die körperliche Bewegung im Arbeitsalltag hilfreich sein. Einem der anderen persönlichen Stressoren – dem Perfektionismus – stellt Fengler vor allem selbstreflexive Methoden gegenüber. Eine »Kurzkonferenz mit dem Über-Ich« (Fengler 2013, S. 46) kann helfen innere Antreiber zu identifizieren und äußere Vorgaben zu reflektieren. Damit soll vor allem die Kluft zwischen dem Ideal-Ich und dem Real-Ich verringert sowie die eigene Persönlichkeit und damit das Selbstbewusstsein gestärkt werden. Dazu hilft es, sich bewusst zu machen, dass es Perfektion in keinem Lebensbereich gibt. Fengler führt noch weitere kognitive Techniken und Übungen auf, die sich an kognitiv-behavioralen Methoden orientieren.

Die anderen sechs Salamander-Fußpaare werden von Fengler gleichartig erläutert. Zu den jeweils ausführlich dargestellten Risiken bzw. Stressoren erstellt der Autor die entsprechend passenden Gegenstrategien. Dabei lässt Fengler seinen Präventionsansatz insofern offen, als dass weitere Maßnahmen hinzugefügt werden können. Mit einer noch stärkeren konsistenten Integration empirisch nachgewiesener wirksamer Maßnahmen könnte dies ein Idealmodell der Vorbeugung von Burnout werden. Denn mit dem Salamander-Modell gelingt Fengler eine vollständige Darstellung der Risiken und zugehöriger Präventionsansätze auf allen Ebenen der Burnout-Entstehung. Nutzbar wäre dieses Modell als eine Art Baukasten-Maßnahmenpaket. So können für verschiedene Präventionsfelder die nötigen Präventionsebenen gewählt und mit geeigneten Methoden gefüllt werden. Beispielsweise wäre für die Planung von vorbeugenden Maßnahmen auf der Führungsebene zu beachten, dass je nach Hierarchie im Betrieb die Ebenen (4) Team und (5) Vorgesetzte meist nicht in der ursprünglichen Bedeutung existieren. Die Teamebene besteht eventuell zwischen mehreren Führungskräften, kann jedoch nicht mit der engen Zusammenarbeit in einem Arbeitsteam verglichen werden. Das heißt, hier wären die Maßnahmen entsprechend den Methoden der Personalentwicklung und im Sinne der Führungskräfteschulung anzupassen. Die Ebene der Vorgesetzten ist in flachen Hierarchien und in der äußersten Führungsspitze eines Betriebs gar nicht gegeben, würde also wegfallen. Andererseits mangelt es dann für die Zielgruppe der Führungsetage an der Ebene der Untergebenen bzw. der Arbeitstätigen, die von der Führungskraft angeleitet werden. Auch in anderen Formen der Arbeitstätigkeit besteht die Notwendigkeit, die Ebenen zu überdenken wie zum Beispiel bei Selbständigen oder Freiberufler*innen. Das Baukastenprinzip wäre also für verschiedene Arbeitsbereiche bzw. Arbeitsfunktionen entsprechend anzupassen.

> Fenglers Modell eignet sich zum Einsatz gerade in den Handlungsfeldern, die für sich beanspruchen ganzheitlich an Fragen und Probleme von Menschen heranzugehen. Das ist vorrangig in sozialen Berufen der Fall. Und es ist anzunehmen, dass diese komplexe Präventionsstrategie nachhaltig wirksam ist. Eine empirische Überprüfung der Wirksamkeit dieses Modells würde der Burnout-Forschung daher einen großen Dienst erweisen.

Gleichzeitig wird aus dem Präventionsmodell von Fengler deutlich, dass einige der vorbeugenden Herangehensweisen den Behandlungsansätzen von Burnout ähneln. Das ist insofern nicht verwunderlich, als dass sowohl die Behandlung als auch die Prävention immer an den Ursachen und Einflussfaktoren ansetzt. Bei der Prävention werden diese lediglich als Risikofaktoren bezeichnet, da sie nur mit einer gewissen Wahrscheinlichkeit zu Burnout führen können. In den folgenden Kapiteln sind deshalb einige Parallelen zum vorigen Kapitel (▶ Kap. 5 »Wege aus dem Burnout«) zu finden. Der Fokus liegt hier jedoch mehr auf der Vorbeugung von Burnout, das heißt, dass Stress im Arbeitsleben gar nicht entstehen bzw. nicht zu lange vorherrschen soll. Und gleichzeitig berührt dieses Kapitel einen Teilbereich der Gesundheitsförderung. Damit ist die allgemeine Stärkung der Gesundheit, der Ressourcen und der Potenziale der Menschen gemeint – auch eine gute Grundlage, um gegen Stresseinwirkungen widerstandsfähig zu sein.

6.1.2 Präventive Soziale Arbeit

Soziale Arbeit ist eher selten im Bereich der Prävention angesiedelt, am ehesten in der tertiären Form. Die Prävention wird entsprechend ihrem Ziel in folgende Formen eingeteilt.

Die *primäre Prävention* (Deutsch: erste Vorbeugung) dient der Vermeidung und Reduzierung von Risikofaktoren. Hinsichtlich des Burnouts besteht diese Form der Vorbeugung demnach darin, die Klientel über die Ursachen und Einflussfaktoren des Ausbrennens aufzuklären. Liegen entsprechende Risikofaktoren vor, dann geht es darum, die Denk- und Verhaltensweisen dieser Menschen so zu verändern, dass sie widerstandsfähiger hinsichtlich der Stresseinflüsse im Arbeitsbereich werden. Und gleichzeitig gilt es, Stressoren in der (zukünftigen) Arbeitswelt der Klientel zu reduzieren bzw. die Klientel anzuleiten, wie sie diese selbst vermindern kann. Die Zielgruppen in der Sozialen Arbeit sind bei der primären Prävention von Burnout vor allem Kinder und Jugendliche bzw. Familien, aber auch Auszubildende, Studierende und Arbeitssuchende – also Menschen, die noch vor dem Arbeitsleben stehen. Die Reduzierung von Risikofaktoren des Ausbrennens ist allerdings auch bei bereits Arbeitstätigen möglich und findet dann häufig innerhalb der Personalentwicklung oder in Weiterbildungen statt. Die Hauptarbeitsfelder der Sozialen Arbeit bezüglich der primären Burnout-Prävention liegen demnach vorrangig im Bereich der sozialpädagogischen Familienhilfe, in der Kita- und Schulsozialarbeit, der Berufsberatung sowie in der betrieblichen Sozialberatung.

Zur *sekundären Prävention* (Deutsch: zweite Vorbeugung) werden alle Maßnahmen gezählt, die ein Problem bzw. eine Erkrankung in einem möglichst frühen Stadium erkennen sollen, damit eine (recht-)zeitige Intervention eingeleitet werden kann. Das Problem oder die Erkrankung ist dadurch möglicherweise noch abwendbar oder verläuft weniger schwerwiegend. Einige Hinweise, wie Burnout bereits im Frühstadium zu erkennen ist, finden sich in Kapitel 4 (▶ Kap. 4 »Die Begegnung mit dem Burnout«). Die Früherkennung von Burnout in der Sozialen Arbeit kann derweil in vielen Handlungsfeldern durchgeführt werden, vorrangig in den Angeboten für Menschen im arbeitsfähigen Alter. Ob in der Suchtberatung, in der klinischen Sozialarbeit oder einer niedrigschwelligen Sozialberatung, die Klient*innen im Frühstadium von Burnout können überall ankommen. Allerdings ist es für Sozialarbeitende oft schwierig, die ersten Zeichen und Symptome von Burnout an der Klientel wahrzunehmen. Denn oftmals ist das Anliegen der Ratsuchenden ein anderes und lenkt von der bereits vorliegenden Erschöpfung ab. Zudem fehlt den Beratenden aufgrund der hohen Fallzahlen leider häufig die Zeit genauer hinzuschauen.

Von *tertiärer Prävention* (Deutsch: dritte Vorbeugung) wird gesprochen, wenn Menschen zwar schon beeinträchtigt oder krank sind, gleichwohl weitere Belastungen und Folgeerkrankungen vermieden werden sollen. Bei dieser Form der Prävention geht es ebenfalls darum einem Rückfall in die Erkrankung oder Belastungssituation vorzubeugen. Hinsichtlich eines Burnouts wurde die tertiäre Prävention zum Großteil schon im vorigen Kapitel (▶ Kap. 5 »Wege aus dem Burnout«) abgearbeitet. Denn die Behandlung von Burnout dient gleichzeitig auch der Verhinderung von Folgeerkrankungen wie beispielsweise einer Depression und der Rückfallprophylaxe in ein erneutes Burnout. Tertiäre Prävention von Burnout betreiben Sozialarbeitende vorrangig im Bereich der Rehabilitation, der klinischen Sozialarbeit, aber auch im Beratungsbereich vom Jobcenter und der Agentur für Arbeit.

> Im Sinne der Vorbeugung eines Burnouts bei der Klientel wird in diesem Kapitel vorwiegend die primäre Prävention betrachtet. Insofern gilt es, für die Sozialarbeit geeignete Ansätze und Methoden herauszufinden, damit sich die Klientel in der Arbeit gar nicht erst erschöpft und ausbrennen kann. Das im vorigen Unterkapitel dargestellte Salamander-Modell von Fengler eignet sich dafür als ganzheitliche Basis (▶ Kap. 6.1.1 »Präventionsstrategien gegen Burnout«). Professionelle in sozialen Berufen können die sieben Bereiche für eine Planung von vorbeugenden Maßnahmen gegen das Ausbrennen nutzen, um alle Mikro- und Makrosysteme im Blick zu behalten. Diese sind je nach Zielgruppe und Arbeitsbereich bzw. Berufszweig mit wissenschaftlich geprüften, wirksamen Präventionsmethoden zu befüllen.

In den nachfolgenden Kapiteln werden die Aufgaben Sozialer Arbeit in der Burnout-Prävention auf den drei bekannten Risikoebenen – Person, Arbeitsbedingungen und Gesellschaft – dargestellt.

Soziale Arbeit in der personenbezogenen Burnout-Prävention

Hinsichtlich der personenbezogenen Prävention von Burnout bedeutet das Modell von Fengler direkt bei der Klientel anzusetzen. Um ihre Klientel vor dem Ausbrennen zu bewahren, können Professionelle im Sinne der *Verhaltensprävention* vorgehen. Damit ist gemeint Einfluss auf das individuelle Gesundheitsverhalten zu nehmen. Durch Aufklärung oder Information, Kompetenzstärkung oder auch Sanktionen kann die Klientel dazu motiviert werden, ihre persönlichen Risiken des Ausbrennens zu mindern und sich gesundheitsförderlich zu verhalten. Fällt beispielsweise bei der Beratung oder Betreuung einer arbeitssuchenden Person auf, dass sie überhöhte Ansprüche an sich selbst stellt und gleichzeitig sehr ängstlich hinsichtlich eines Gelingens von Anforderungen ist, dann sollte hier präventiv angesetzt werden. Diese arbeitssuchende Person ist prädestiniert dafür, in der nächsten Arbeitstätigkeit überfordert und frustriert zu werden. Eine schnelle, undurchdachte Vermittlung in irgendeine Arbeitstätigkeit wäre daher wenig erfolgversprechend. Die vorzeitige Rückkehr in die Arbeitslosigkeit ist dann für beide Seiten enttäuschend. Burnout-präventiv ist die Berufsberatung dahingehend auszurichten, die ungünstigen Denk- und Verhaltensmuster möglichst vor dem Berufseinstieg genau mit der Person zu analysieren und eine Verhaltensänderung anzustoßen. In Bezug zur Vorbeugung von Burnout bedeutet das, die in Kapitel 6.2 beschriebenen personenbezogenen Präventionsmaßnahmen wie zum Beispiel soziales Kompetenz- oder Resilienztraining einzusetzen und damit die arbeitsuchende Person für eine zukünftige Arbeitstätigkeit zu befähigen. Neben der Veränderung ungünstiger Denk- und Verhaltensmuster geht es dabei auch um die Stärkung der Widerstandskraft und der persönlichen Ressourcen der arbeitsuchenden Person, damit sie grundsätzlich eine höhere Belastbarkeit aufweist und Stress effizienter bewältigen kann.

Psychoedukative Verfahren stehen dabei im Zentrum der Verhaltensprävention. Mit dieser Methode können die Klient*innen – in allen Arbeitsfeldern der Sozialen Arbeit – mit Informationen und Wissen über das Burnout versorgt werden. Es gilt, die Ratsuchenden über individuell vorhandene Risikofaktoren und vor allem über ihre Veränderungsmöglichkeiten aufzuklären. Dazu gehört neben der Information über potenziell hilfreiche Stressbewältigungsmethoden auch die Vermittlung an entsprechende Anbieter*innen solcher Verfahren (Franzkowiak 2006, S. 68). Zum Beispiel kann an die kostenfreien Präventionsseminare der gesetzlichen Krankenkassen verwiesen werden.

Für die Arbeitsfelder der Sozialen Arbeit, deren Zielgruppe potenzielle oder real Arbeitstätige sind, bieten sich noch weit mehr Methoden der Burnout-Prävention an. Im Jobcenter, in der Agentur für Arbeit oder innerhalb der betrieblichen Sozialarbeit ist es mittlerweile verbreitet, selbst Gesundheits- und Verhaltenstrainings oder *Programme zur Stressbewältigung und Kompetenzförderung* durchzuführen. Als relativ neue Methode hat das *berufliche Coaching* Einzug in diese Arbeitsfelder gefunden. Beim Coaching geht es um die Erweiterung der Wahrnehmung, die Vergrößerung der Wahlmöglichkeiten im Denken und Handeln und die Verbesserung der Selbststeuerung von Personen innerhalb der Arbeitswelt (Schiessler 2010, S. 39). Damit bedient die Methode des Coachings vor allem die Seite der Burnout-Prävention, die darauf ausgerichtet ist, die Ressourcen und Widerstandskraft von arbeitstätigen Menschen zu stärken.

Soziale Arbeit in der arbeitsbezogenen Burnout-Prävention

Arbeitsbezogene Burnout-Prävention kann in den meisten Arbeitsfeldern der Sozialen Arbeit wie beispielsweise in der Familienhilfe, der klinischen Sozialarbeit oder der allgemeinen Sozialberatung nur bedingt durchgeführt werden. Für jene Arbeitsfelder der Sozialen Arbeit, deren Auftrag nicht direkt das Thema Arbeit beinhaltet, bestehen die Aufgaben hier allein in *Wissensvermittlung* und *Verweise an spezielle Angebote*. Meist ist eine direkte Veränderung der Arbeitsbedingungen und Arbeitsaufgaben durch die professionell Beratenden nicht möglich. Jedoch kann die Klientel über risikobehaftete Arbeitsplätze und Rahmenbedingungen aufgeklärt werden. In dem Zusammenhang sollten der Klientel durchaus auch

Anregungen gegeben werden, wie sie organisatorische Abläufe, Arbeitsstrukturen oder das soziale Miteinander in Arbeitsbereich verändern können. Ist das aufgrund des eigentlichen Auftrags nicht möglich, dann lohnt es sich zumindest, die risikobehaftete Klientel auf Präventionsangebote ihres Betriebs hinzuweisen.

Eine besondere Bedeutung kommt hinsichtlich der arbeitsbezogenen Burnout-Prävention dem Arbeitsfeld der *betrieblichen Sozialarbeit* zu. Hier besteht der Auftrag der Professionellen nicht nur in der gesundheitsförderlichen Beratung der Klientel, sondern auch in der *Anpassung der organisationalen Arbeitsbedingungen* in einem Unternehmen. Beispielsweise kann eine betriebliche Sozialberaterin nach der Beratung eines Arbeitstätigen an die Führungskraft herantreten und ein Konfliktmanagement einleiten, wenn die Arbeitsfähigkeit des Klienten durch Teamkonflikte gefährdet ist. Betriebliche Sozialarbeit kann somit beide Präventionsformen bedienen: Verhaltensprävention und Verhältnisprävention. Während die Verhaltensprävention zum Ziel hat, das Verhalten der Klientel in eine gesundheitsförderliche Richtung zu verändern, beinhaltet die Verhältnisprävention die gesundheitsförderliche Veränderung der Arbeitsbedingungen. Die Professionellen in der betrieblichen Sozialarbeit können gemeinsam mit der Klientel und auch über das betriebliche Gesundheitsmanagement Veränderungen im Führungsbereich, in den Arbeitsprozessen und in der Kommunikationsstruktur des Unternehmens vornehmen. Damit erfüllen sie die vom Berufsverband der Sozialen Arbeit festgeschriebene Aufgabe der »Mitwirkung an einer den sozialen, gesundheitlichen und psychischen Bedürfnissen der MitarbeiterInnen gerecht werdenden Organisations- und Personalpolitik in Unternehmen« (DBSH 2009, S. 23).

Soziale Arbeit in der gesellschaftsbezogenen Burnout-Prävention

Die präventiven Aufgaben Sozialer Arbeit auf der Gesellschaftsebene beschreibt der Berufsverband wie folgt: »öffentlich machen problematischer Entwicklungen im Arbeitsfeld, um auf diese Weise Verantwortlichkeiten neu zu klären und gesellschaftlichen Ausgrenzungsprozessen gegenzusteuern« (DBSH 2009, S. 23).

Das führt zur beruflichen Haltung Sozialer Arbeit als *Menschenrechtsprofession*. Staub-Bernasconi (2007, S. 20) schreibt mit diesem Idiom den Professionellen der Sozialen Arbeit eine besondere Kompetenz – eine Reflexions- und Eingriffskompetenz – zu. Soziale Arbeit sei politisch. Sie muss politisch sein, denn die Soziale Arbeit ist Akteurin in gesellschaftlichen Prozessen und verfügt über spezifisches Wissen zu sozialen Problemlagen. Aus der professionellen Haltung der ›Menschenrechtsprofession‹ heraus formuliert sich die Soziale Arbeit selbst die Aufgabe, sich den Verletzungen der elementaren Rechte der Klientel in einem umfassenden Sinne anzunehmen und diese zu bearbeiten (Mührel & Röh 2013, S. 89ff.). Dies geschieht einerseits dadurch, dass Sozialarbeitende ihre Klientel darin unterstützen, ihre Rechte selbst zu kennen, zu analysieren und dann auch einzufordern. Darüber hinaus steht dem Berufstand folglich zu, sich politisch zu engagieren, um die Klientel angemessen zu vertreten. Wie das in der Praxis geschehen soll, ist bisher wenig geklärt. Die Teilnahme an sozialpolitischer Gremienarbeit, am Soziallobbying und der Sozialplanung oder in der Politikberatung (nachzulesen in Rieger 2013, 2014) sind die bisher beschriebenen, leider noch zu wenig praktizierten Ansätze, um professionell auf eine Verbesserung der Lebens- und Arbeitsbedingungen für die betroffene Klientel hinzuarbeiten.

6.2 Personenbezogene Präventionsmaßnahmen

Um einem Burnout vorzubeugen, müssen persönliche Risikofaktoren verringert werden. Je weniger Risiken auf der Ebene der Person bestehen – je geringer die Disposition zu Burnout ist, desto weniger können Stresseinflüsse ein Ausbrennen von arbeitenden Menschen auslösen. Problematisch daran ist, dass diese Ursachen häufig nicht oder nur schwer und langfristig veränderbar sind. Denn es bedeutet, dass Menschen – noch bevor sie selbst Beeinträchtigungen erleben – sich verändern müssen. Diese Motivation zu vermitteln bleibt die stärkste Herausforderung in der Prävention.

6.2.1 Einfluss auf die Ursachen nehmen

Wo und wann werden die Voraussetzungen geschaffen, dass Menschen bestimmte Denk- und Verhaltensmuster entwickeln, die das Risiko eines Burnouts verschärfen? Der Grundstein für Burnout-trächtige Persönlichkeitseigenschaften wie Perfektionismus und Neurotizismus wird bereits in der Kindheit und Jugend gelegt. Das soziale Umfeld – allen voran die Eltern, aber auch andere nahe Bezugspersonen – prägt die jungen Menschen. Hier tut sich eine Chance auf, denn die Persönlichkeitseigenschaften eines Menschen sind noch bis zum jungen Erwachsenenalter flexibel und durchaus veränderbar. Selbst im späteren Erwachsenenalter, wenn sich die Persönlichkeit gefestigt hat, sind Menschen immer noch in der Lage zu lernen. Indem sie ihr Denk- und Verhaltensrepertoire erweitern, können sie sich alternative Handlungsmöglichkeiten (z. B. bei der Stressbewältigung) erarbeiten und dem Arbeitsleben ein erfülltes Privatleben entgegensetzen.

Im Erziehungsbereich

Die Disposition zu Burnout entsteht bereits im Kindesalter. Das zeigt sich in der bisher einzigen Stress-Studie Deutschlands für Kinder und Jugendliche. Die Ergebnisse machen deutlich, welche Faktoren für die Entstehung von kindlichem Stress ausschlaggebend sind. So fand Ziegler heraus, dass die Kinder in ihrem Alltag zeitlich belastet sind und dadurch nur wenig Freiraum für eine Selbstbestimmung haben. Das inkludiert auch, dass die Freizeit der Kinder durch die Eltern häufig komplett verplant wird und die jungen Menschen oft nicht selbst entscheiden können, was sie in der Freizeit tun wollen (z. B. mal nichts tun). Erschwerend kommt hinzu, dass die Eltern auffällig häufig »eine instrumentelle, auf Leistung und auf Erfolg orientierte Erziehungspraxis« (Ziegler 2015, S. 4) haben.

> »Natürlich wünschen sich Eltern in der Regel, dass ihre Kinder erfolgreich sind und das etwas ›Anständiges‹ aus ihnen wird. Es macht aber einen Unterschied, ob Eltern die Autonomie und die Interessen ihrer Kinder betonen oder ob Eltern die Kindheit sozusagen als ständigen Wettbewerb sehen« (Ziegler 2015, S. 4).

Eine solche Erziehung, die auf einen enormen Leistungs- und Erfolgsdruck zielt, entspricht natürlich dem Ziel unserer Leistungsgesellschaft. Daraus entstehen allerdings im Laufe des Heranwachsens perfektionistische Ansprüche, Erfolgserwartungen, ja auch Leistungsansprüche an soziale Beziehungen. Diese sind im späteren Arbeitsleben allerdings kaum erfüllbar, da sie nicht nur von der einen Person, sondern immer auch von sozialen Beziehungen im Team oder von den Führungskräften, ja selbst von den Betriebszielen und der Wirtschaft abhängen. Das heißt wiederum, dass die Erziehungsziele Leistung und Erfolg gleichzeitig auch das Risiko gegenteiliger Entwicklung bergen, nämlich Erschöpfung und Demotivation.

> Zurück zum Thema Prävention von Burnout: Daraus lässt sich schlussfolgern, dass dem Risiko des Ausbrennens bereits mit der Vermeidung von zu starkem Leistungs- und Erfolgsdruck in der Kindheit entgegengewirkt werden kann. Die Erziehung von Kindern und Jugendlichen sollte auf *Autonomie und interessiertem Anteilnehmen* basieren.

Nun gibt es in unserer Gesellschaft keine geregelte Vorbereitung für Eltern, wie sie mit ihren Kindern umgehen und sie aufs Leben vorbereiten sollen. Das wäre ein Eingriff in die selbstbestimmte elterliche Fürsorge. Die Prävention von kindlichem Stress – und damit eine Frühform von Burnout-Prävention – kann daher am ehesten im institutionalisierten Erziehungssektor verortet werden. In Kindertagesstätten, in der Heimerziehung oder in der sozialpädagogischen Familienhilfe sind die Professionellen angehalten, einen Burnout-präventiven Erziehungsstil zu nutzen. Damit können sie den Kindern und Jugendlichen eine alternative Umgangsweise zur elterlichen Erziehung anbieten und zugleich den Eltern als Vorbild dienen.

Im Bildungsbereich

Nicht nur im Bereich der Familie und Erziehung, auch im schulischen Kontext scheint die Vorbereitung auf das Arbeitsleben für Kinder und Jugendliche unzureichend. Nach wie vor ist der Unterricht zu sehr auf das Erlernen von Faktenwissen fokussiert. Dass dies nicht die erwünschte Leistung bringt, zeigten die großen internationalen Schulleistungsvergleichsstudien wie beispielsweise die PISA-Studie. Hier wurde deutlich, dass die Ergebnisse deutscher Schülerinnen und Schüler wenig befriedigend ausfielen. Detaillierte Analysen ergaben, dass dies vorrangig an zu starken inhaltlichen Vorgaben und dem Ziel reinen Wissenserwerbs lag. Die Schülerinnen und Schüler waren daher nicht in der Lage, das Wissen in der Praxis anzuwenden. Die ständige Konferenz der Kultusminister KMK formuliert seither kontinuierlich Bildungsstandards zur Qualitätssicherung im Bildungswesen.

> »Das Neue und Besondere an diesen Standards ist die Tatsache, dass sie die Erwartungen an die Ergebnisse schulischer Lehr-Lern-Prozesse in Form von Kompetenzen (im Sinne eigenständiger Problemlösung oder Aufgabenbewältigung) beschreiben, die die Schülerinnen und Schüler bis zu bestimmten Zeitpunkten eines Bildungsgangs erworben haben sollen – also bestimmte Könnenserwartungen formulieren und weniger auf abfragbares Wissen zielen« (Lersch 2010, S. 2).

In vielen Hauptfächern und für viele Schulformen wurden bereits erste anwendbare und überprüfbare Anforderungen ausgearbeitet. Gerade im Fach Deutsch gibt es eine Reihe von beschriebenen Sozialkompetenzen, die nun im Rahmen von Schule erworben werden sollen. Dazu gehören zum Beispiel: zuhören können, respektvolles Gesprächsverhalten zeigen, nach Geboten der Fairness kommunizieren oder sich mit den eigenen Welt- und Wertvorstellungen auseinandersetzen (KMK 2012, S. 15ff.).

Die Ansätze sind vielversprechend und erste Leistungsverbesserungen messbar. Dennoch steht dem schulischen Ziel, dass Kinder und Jugendliche auf das Leben vorbereitet werden sollen – also auch auf das Arbeitsleben – noch ein langer Weg bevor.

Gerade für den Arbeitsbereich benötigen Kinder und Jugendliche weitere außerfachliche Kompetenzen, die sogenannten Soft Skills. Damit sind persönliche, soziale und methodische Eigenschaften, Fähigkeiten und Qualifikationen gemeint (North et al. 2013). Um dem Leistungs- und Erfolgsdruck durch die Eltern und später im Arbeitsbereich etwas entgegensetzen zu können, sind *persönliche Kompetenzen* wie das Vertrauen in sich selbst, eine bewusste Selbstwahrnehmung oder gute Fähigkeiten zur Selbststeuerung hilfreich. *Soziale Kompetenzen*, die für ein zufriedenes und motiviertes Arbeitsleben wichtig sind, werden in den Bildungsstandards bereits formuliert. Sie können ergänzt werden durch das Training von Einfühlungsvermögen, durch das Einfordern sozialer Unterstützung sowie durch Anleitungen zur Konfliktbewältigung. Für ein gesundes und erfolgreiches Arbeitsleben sind auch *methodische Kompetenzen* nötig. Zu diesen gehören Fähig- und Fertigkeiten im Umgang mit den Medien und der digitalen Welt, aber auch gut entwickelte Problemlösefähigkeiten und das Selbstmanagement (mit der Kenntnis von Methoden sich selbst zu motivieren, effizient zu arbeiten, Stress zu bewältigen).

Zusammenfassend kann gesagt werden, dass die Schulbildung auf einen breiten Weg gebracht ist, um Menschen für die Herausforderungen des Arbeitslebens zu wappnen. Dieser Weg ist natürlich weiter auszubauen.

Nun kann jedoch nicht die alleinige Verantwortung auf den Schulbereich geladen werden. Arbeitsfähigkeit ist genauso im Bereich der Ausbildung oder im Studium zum Thema zu machen, geht es hier doch noch stärker darum, spezielle

Kompetenzen für bestimmte Berufszweige zu erlangen. Beispielhaft wird dies für soziale Berufe in einem späteren Kapitel (▶ Kap. 6.5.2 »Ausbildung und Studium«) erläutert.

Im Arbeitsbereich

Schließlich können selbst beim Einstieg in das Arbeitsleben nach wie vor Kompetenzen erlernt und neu erworben werden, die dem Burnout vorbeugend wirken. Manche Fähig- und Fertigkeiten können sogar erst dann ausgebildet werden, wenn bestimmte Anforderungen auftauchen. So macht es einen Unterschied, ob jemand beispielsweise im Studium durch ein Rollenspiel die Beratung von Menschen in schwierigen Lebenslagen geübt hat oder ob dann in der Arbeitspraxis tatsächlich die Klient*innen mit ihren emotional belastenden Problemen vor einem sitzen. Das Lernen in der Praxis ist dabei viel effektiver, benötigt aber einen Reflexionsraum. Das heißt, wie im Studium muss auch im Arbeitsbereich das Gelernte verarbeitet und reflektiert werden, damit es als angemessen professionelles Verhalten gespeichert werden kann. Dazu ist es hilfreich, Orte für diese Reflexion zu schaffen. Es bieten sich hier Supervision, Coaching, kollegiale Beratung und Weiterbildungen an.

Wie kann nun eine arbeitstätige Person diejenigen Risikofaktoren von Burnout minimieren, die sie aus ihrem typischen Denken und Verhalten mitbringt? Hier entsteht die Überschneidung zum vorigen Hauptkapitel (▶ Kap. 5 »Wege aus dem Burnout«). Dort wurden zur Bewältigung des chronischen Stresszustands Burnout verschiedene Therapien, Stressbewältigungsprogramme und weitere Maßnahmen vorgestellt. Außer den Therapien sind die beschriebenen Verfahren ebenso für die allgemeine Prävention von Burnout nutzbar.

> Mit der Anwendung von Stressbewältigungsprogrammen (auch in Teilen) können sich arbeitstätige Menschen auf den Umgang mit zukünftigem Arbeitsstress vorbereiten.

In Tabelle 16 sind zur besseren Übersicht die einzelnen Techniken und Methoden den Zielen im Rahmen der Burnout-Prävention zugeordnet (▶ Tab. 16).

Neben den in Kapitel 5 dargestellten Stressbewältigungsprogrammen, die eher reaktiv auf dauerhaften Stress konzipiert wurden, gibt es mittlerweile auch einige proaktive Programme. Diese zielen stärker darauf ab, noch vor der Chronifizierung von Stress die situative Bewältigungskompetenz zu verbessern und entsprechende Einstellungen zu verändern. Exemplarisch soll hier das Programm ›Besser leben! Selbstfürsorge für psychosoziale Fachkräfte‹ (Dahl & Dlugosch 2020) näher erläutert werden: Das Besser leben!-Seminar wurde an der Universität Koblenz-Landau mit dem Ziel konzipiert, arbeitsbedingten Belastungsfolgen bei psychosozialen Fachkräften vorzubeugen und ihre Gesundheit langfristig zu fördern. Ein zentrales Thema ist dabei die Vermittlung und die Förderung der Selbstfürsorge. Die Autorinnen stellen dazu eine eigene Definition auf:

Tab. 16: Ziele und Methoden in der persönlichen Burnout-Prävention

Präventionsziel	Methoden und Beispiele
Dysfunktionale und perfektionistische Gedanken abbauen	Kognitiv-behaviorale Methoden wie z. B. kognitive Umstrukturierung, Selbstinstruktion nach Meichenbaum, Achtsamkeitstraining nach Kabat-Zinn
Körperliche und kognitive Entspannung erlernen	Entspannungsverfahren wie z. B. Meditation, Autogenes Training, Progressive Muskelrelaxation usw.
Sich selbst strukturieren und organisieren	Zeitmanagement (z. B. Eisenhower-Methode), Zielsetzung (z. B. SMART-Methode), eigene Grenzen kennen
Mit sozialen Konflikten umgehen	Soziales Kompetenztraining, Kommunikationstraining
Neue Umgangsweisen mit Belastungen entwickeln	Stressbewältigungstraining, fachliche Weiterbildung, Netzwerk aufbauen und pflegen

Eigene Darstellung

»Selbstfürsorge heißt,

- sich selbst liebevoll und wertschätzend zu begegnen,
- das eigene Befinden und die eigenen Bedürfnisse ernst zu nehmen und
- aktiv zum eigenen Wohlergehen beizutragen« (Dahl & Dlugosch 2020, S. 29).

In vier Einheiten und einem Praxistag erfahren die Teilnehmenden durch theoretische Inputs, Übungen und Reflexionen, wie sie sich selbst achtsam begegnen können und Selbstfürsorge im Alltag gelebt werden kann.

»Sie lernen, wie es gelingt, sich selbst wertschätzend zu begegnen, das eigene Befinden und die eigenen Bedürfnisse ernst zu nehmen und aktiv einen Beitrag zum eigenen Wohlbefinden zu leisten« (Dahl 2019, S. 73).

In einer Wirksamkeitsstudie konnte nachgewiesen werden, dass die Teilnehmenden ihr Stresserleben reduzieren und ihre Selbstachtsamkeit und Selbstfürsorge verbessern konnten. Diese Veränderungen im Denken und Verhalten konnten längerfristige Stabilität erzielen und waren noch drei Jahre nach der Durchführung des Seminars vorhanden. Die Ergebnisse lassen in der Gesamtbetrachtung den Schluss zu, dass das Besser leben!-Seminar mit einem vergleichsweise geringen Zeiteinsatz von 20 Stunden zu einem langfristig präventiven Nutzen führt (Dahl & Dlugosch 2020). Möglicherweise sind die positiven Veränderungen auch deshalb so nachhaltig, weil sich die Seminarinhalte weniger den Risikofaktoren von Stress und Burnout widmen. Vielmehr steht die Förderung von Ressourcen und Stärkung der Widerstandskraft im Vordergrund. ›Besser leben!‹ ist damit eine Konzeption, die sich im aktiv-protektiven Teil der Prävention und damit auf der Grenze zur Gesundheitsförderung befindet.

6.2.2 Stärkung der Widerstandskraft und der Ressourcen

»Wir haben zwar nicht immer Einfluss auf differenzierte und umfassende Veränderungen von Arbeitsbedingungen, Strukturen am Arbeitsplatz und familiären/häuslichen Anforderungen und Pflichten, aber immer die Möglichkeit, unseren Blick darauf zu verändern durch einen veränderten Fokus auf diese und so sukzessive Veränderungsprozesse in kleinen Schritten einzuleiten. Hierfür tragen nur wir selbst die Verantwortung« (Poulsen 2009, S. 17).

Poulsen stellt hier die eigene Gesundheitsverpflichtung heraus, wie sie mittlerweile in unserem Sozial- und Gesundheitssystem gefordert wird. Jede arbeitstätige Person ist somit angehalten für sich selbst präventiv tätig zu werden und die eigene Gesundheit zu stärken. Daraus ergeben sich die Fragen: Wie können Arbeitstätige ihre Gesundheit und damit ihre Arbeitsfähigkeit stärken? Wie können sie ihre Widerstandskraft gegen Arbeitsstress erhöhen und die eigenen Ressourcen mehren? Kann gesundes Arbeiten erlernt werden?

Fallbeispiel

Zwei Mitarbeiterinnen der sozialpädagogischen Familienhilfe kommen in die Wohnung zu einer alleinerziehenden Mutter mit zwei Kindern (drei und zehn Jahre alt). Die Aufträge des Jugendamtes lauten: Lebensumstände der Kinder erkunden, Kindeswohlgefährdung prüfen, Stabilität und Versorgungsfähigkeit der alkoholabhängigen Mutter einschätzen.

Mitarbeiterin A ist schockiert. Sie steigt über kniehohen Müll in der Wohnung. Essensreste liegen überall herum. Es stinkt. Der Weg ins Bad ist verbarrikadiert und die Wohnung kalt. Die Kinder haben keinen eigenen Schlafplatz und nächtigen scheinbar auf der Couch. Ihre Kleidung ist verdreckt. Als die Mitarbeiterin in das Wohnzimmer kommt, setzt sich die Mutter wieder vor den Fernseher und raucht, während sich die Kinder unter dem Tisch verstecken. Mitarbeiterin A fühlt dies wie ein Schlag ins Gesicht. Ihre Nerven sind sowieso schon angespannt, weil es in der letzten Woche einen ähnlichen Fall gab. Solche Lebensumstände gehen über ihr Verständnis und lassen sie am ›Guten‹ im Menschen zweifeln. Letzte Woche hat sie drei Nächte nicht schlafen können, weil sie ständig darüber nachgrübelte. Nun trifft sie der neue Fall derart, dass sie glaubt ein schlechter Mensch zu sein. Als sie die Wohnung verlässt und die Kollegin mit ihr redet, zuckt sie nur noch mit den Schultern. Zurück im Büro hängt sie über den Formalien, aber kann sich kaum darauf konzentrieren. Sie redet mit niemandem, will ihre Ruhe. Als sie nach Feierabend zu Hause am Abendbrottisch sitzt, grübelt sie immer noch. Ihr Mann versucht erst gar nicht ein Gespräch in Gang zu bringen. Am nächsten Tag fällt ihr das Aufstehen schwer …

Mitarbeiterin B ist ebenfalls schockiert. Sie steigt über kniehohen Müll in der Wohnung. Essensreste liegen überall herum. Es stinkt. Der Weg ins Bad ist verbarrikadiert und die Wohnung kalt. Die Kinder haben keinen eigenen Schlafplatz und nächtigen scheinbar auf der Couch. Ihre Kleidung ist verdreckt. Als die Mitarbeiterin in das Wohnzimmer kommt, setzt sich die Mutter wieder vor den Fernseher und raucht, während sich die Kinder unter dem Tisch verstecken. Mitarbeiterin B fühlt dies wie ein Schlag ins Gesicht. Sie versucht so viele Informationen wie möglich über Mutter und Kinder zu erhalten und diese nach den sozialwissenschaftlichen Kriterien für Kindeswohlgefährdung abzuwägen. Nachdem sie die Wohnung verlassen hat, atmet sie mehrfach tief durch und erzählt auf dem Weg zurück in das Jugendamt ihrer Kollegin von ihren Gefühlen und Gedanken. Im Büro gelingt es ihr, sich auf die Formalien zu konzentrieren. So bereitet sie den Fall entsprechend den beruflichen Regeln und gesetzlichen Vorschriften und in Absprache mit ihrer Vorgesetzten auf. Nach der Arbeit fährt sie mit dem Fahrrad die zehn Kilometer nach Hause. Der Fahrtwind tut gut. Ihr Mann hört abends eine Kurzversion des Falles, dann können sie gemeinsam das Abendbrot auf dem Balkon genießen. Am nächsten Tag geht sie frisch ans Werk ...

Was hat Mitarbeiterin B, was Mitarbeiterin A nicht hat? Die Antwort ist so einfach wie vielfältig: Mitarbeiterin B verfügt über Kohärenz, Hardiness, Coping, Lebenskompetenz, personale Ressourcen, Resilienz usw. Es existieren heutzutage viele Konzepte, die versuchen dieses Phänomen zu beschreiben. Aus unterschiedlichen wissenschaftlichen Perspektiven und Theorien heraus bezeichnen diese Konzepte jedoch alle etwas Ähnliches: Es handelt sich um Eigenschaften, Fähigkeiten oder Schutzfaktoren von Menschen, die ihnen helfen wohl und gesund durch Problemlagen, Stresssituationen oder Krisen zu kommen. Für Mitarbeiterin B sieht das so aus, dass sie trotz starker emotionaler Anforderungen handlungsfähig bleibt. Sie vertraut auf ihre eigenen Fähigkeiten und strahlt deshalb Gelassenheit und Optimismus aus. Und wenn ihre eigenen Informationen und Fähigkeiten nicht ausreichen, dann greift sie auf die Unterstützung der Kolleg*innen zurück.

In diesem Lehrbuch soll stellvertretend für die vielen protektiven Konzepte das der *Resilienz* ausgewählt werden, um daran Möglichkeiten der persönlichen Burnout-Prävention zu erläutern.

Förderung der Resilienz

Die Ursprünge der Resilienz-Forschung gehen auf das Jahr 1955 zurück, in dem Emmy Werner und ihr Team mit einer Längsschnittuntersuchung auf der Hawaiianischen Insel Kauai begann. Sie begleiteten 698 Kinder von vor der Geburt bis ins mittlere Erwachsenenalter, insgesamt etwa 40 Jahre lang. Diese Menschen wuchsen unter schwierigen Lebensbedingungen auf. Drogen, Gewalt und Kriminalität waren an der Tagesordnung. Die damals bahnbrechende Erkenntnis von Werner war, dass ein Drittel der Kinder trotz schwieriger Verhältnisse eine normale Entwicklung nahm. Diese Kinder konnten später stabile und glückliche Beziehungen aufbauen, führten ein gesundes Leben, nahmen Bildung in Anspruch und erlangten einen festen Beruf. Die Studie filterte sodann diejenigen Faktoren heraus, die zu einer gesunden Entwicklung beitrugen. Das waren gerade im frühkindlichen Alter ein verträgliches Temperament (nicht zu unruhig, aber auch nicht phlegmatisch), eine schnelle sprachliche und motorische Entwicklung (zeitig verstehen und sprechen können, früh mobil werden) sowie eine gute Bindung zu einer emotional stabilen Bezugsperson (muss nicht die Mutter sein). Auch später erlangte Fähigkeiten gehören dazu wie beispielsweise die Entwicklung realistischer Bildungs- und Berufsziele, eine konkrete und optimistische Zukunftsplanung und auch die Fähigkeit in Krisenzeiten aktiv Unterstützung zu suchen. Werner nannte diese aus mehreren Fähig- und Fertigkeiten bestehende Kompetenz ›Resilienz‹ (Deutsch: Spannkraft oder Elastizität).

> **Was bedeutet es, resilient zu sein?**
>
> Resiliente Menschen sind in der Lage, selbst in schwierigen Lebenslagen immer wieder aufstehen zu können, Herausforderungen zu erkennen und gestärkt aus einer Krise hervorzugehen (Werner & Smith 1992). Das Wichtigste – gerade auch für die Burnout-Prävention – an diesem Konzept ist, dass Resilienz ein Leben lang erlernt und erweitert werden kann. Dabei ist hervorzuheben, dass sich Resilienz nicht trotz widriger Umstände entwickelt, sondern wegen der Herausforderungen, mit denen sich der Mensch auseinandersetzen muss.

Für die Mitarbeiterin A in unserem Fallbeispiel ist das ebenso eine gute Nachricht. Sie kann sich gerade mit den Anforderungen des emotional stressenden Berufs noch Fähig- und Fertigkeiten antrainieren und widerstandsfähiger gegen die stressenden Arbeitsfaktoren werden. Die Belohnung wären eine zufriedenstellende Arbeitstätigkeit, langanhaltende Arbeitsfähigkeit und allgemeines Wohlbefinden.

Heute gibt es viele durchaus differierende Modelle und theoretische Vorstellungen zum Thema Resilienz. Deshalb hat eine Forschergruppe um Maike Rönnau-Böse und Klaus Fröhlich-Gildhoff eine differenzierte Meta-Analyse durchgeführt und aus den vielen internationalen Studien sechs Kompetenzen herausgefiltert, die immer wieder in den Konzepten auftreten (Rönnau-Böse 2013). Bei diesen sechs Faktoren (Rönnau-Böse & Fröhlich-Gildhoff 2009, S. 15) handelt es sich um miteinander zusammenhängende Fähig- und Fertigkeiten, die Menschen widerstandsfähig gegen Schwierigkeiten des Lebens – also Stress – machen (▶ Abb. 24).

All diese Resilienz-Faktoren lassen sich trainieren – von der Kindheit bis ins hohe Alter. Zur Förderung von Resilienz wurden bisher vor allem Präventionsansätze für Kinder und Jugendliche entwickelt (Fröhlich-Gildhoff & Rönnau-Böse, 2009). Grund dafür ist die verbreitete Ansicht, dass frühe Präventionsprogramme besonders nützlich sind, um den Stressfolgen und Erkrankungen im Lebenslauf vorzubeugen.

Bislang existieren im deutschsprachigen Raum kaum wissenschaftlich konstruierte und evaluierte Praxisprogramme zur Förderung der Resilienz Erwachsener. Bisher wurden nur einzelne eher theoretische Arbeiten zum Thema veröffentlicht. Das australische Programm ›Promoting Adult Resilience Program PAR‹

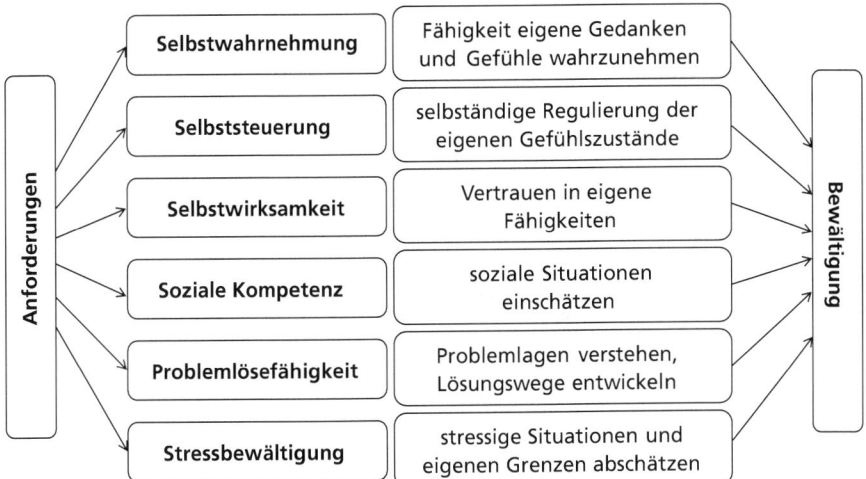

Abb. 24: Resilienz-Faktoren (eigene Darstellung)

(Liossis et al. 2009) ist eines der wenigen Beispiele, das einen Bezug zur Resilienz-Forschung herstellt und positiv evaluiert ist. Es handelt sich um ein siebenwöchiges Programm zur Förderung der Resilienz von Erwachsenen, das auf der Erarbeitung der Stärken von Arbeitstätigen, der Förderung positiver zwischenmenschlicher Beziehungen und einer Work-Life-Balance basiert. Methodisch wird auf kognitiv-behaviorale Methoden zurückgegriffen. In der Evaluation berichteten die PAR-Teilnehmenden über eine höhere Selbstwirksamkeit, mehr Zufriedenheit im Arbeits- wie auch im Privatbereich, Optimismus, eine bessere Vereinbarkeit von Beruf und Privatleben und eine geringere negative Auswirkung auf die Familie. Die Work-Life-Balance wurde erheblich gestärkt. Die Teilnehmenden gaben zudem an, dass sie die neuen Fähigkeiten leicht in ihr Leben integrieren und nutzen konnten (Liossis et al. 2009).

Ein solches Resilienz-Programm wäre für die Welt der deutschen Arbeitstätigen dringend indiziert. Vielversprechend sind in diesem Zusammenhang die Ansätze des Verbundprojektes ›Starke Beschäftigte und starke Betriebe durch Stärkung der Änderungsfähigkeit mit Resilienz-Konzepten STÄRKE‹. Seit 2015 wird am Institut für angewandte Arbeitswissenschaft in Düsseldorf ein Gesamtkonzept der individuellen und organisationalen Resilienz entwickelt und erprobt. Unter anderem entstand auch ein Workshop-Konzept zur Förderung individueller Resilienz von Beschäftigten. Dieses Konzept besteht aus zwei Workshop-Modulen. Das erste Modul verfolgt dabei das Ziel, den Teilnehmenden das Resilienz-Konzept zu vermitteln. Ihnen werden Strategien und Techniken zur Gedanken- und Verhaltenssteuerung aufgezeigt. Im zweiten Modul geht es darum, die Widerstandskraft der Beschäftigten zu stärken und die personalen Ressourcen Selbstwirksamkeit, Optimismus und Achtsamkeit aktiv aufzubauen. Die Evaluation des Resilienz-Trainings steht noch aus (Peschl & Schütt 2018).

Was bedeutet das für unser Fallbeispiel?

Mitarbeiterin A aus unserem Fallbeispiel würde mit Sicherheit von einem solchen Resilienz-Training profitieren. Dadurch könnte sie ihre überbordenden Gefühle besser bearbeiten, vielleicht indem sie lernt mit ihrer Kollegin oder der Vorgesetzten über die schwierigen Fälle zu sprechen. Sie würde mit mehr Selbstsicherheit an die Aufgaben herangehen und wissen, woher sie Unterstützung erhalten kann und an wen sie sich deshalb wenden muss. Sie hätte eine berufliche Handlungskompetenz aufgebaut, die ihre Arbeitsfähigkeit langfristig sichert. Eigentlich hat Mitarbeiterin A dafür auch die besten Voraussetzungen in ihrem Amt. Denn ohne organisationale Prävention hat persönliche Prävention keine weitreichenden Effekte.

6.3   Präventionsansätze in der Organisation

›Gesund arbeiten in gesunden Arbeitsbedingungen‹ ist ein zentraler Faktor, damit Menschen im Lebensbereich Arbeit zufrieden sind, sich wohl, kompetent und leistungsfähig fühlen. Gleichzeitig ist dies die Voraussetzung für gesunde Organisationen, in denen Produktivität, Erfolg und Entwicklung auf allen Ebenen stattfinden kann. Was genau bedeutet aber gut und gesund arbeiten zu können? Wie sehen gesunde Organisationen aus?

Im Rahmen der INQA-Studie zum Thema ›Gute Arbeit‹ wurde die Frage aufgeworfen, welche Vorstellungen die erwerbstätige Bevölkerung von guter Arbeit hat. Die Forscher*innen schreiben dazu:

> »Wir konnten im Rahmen einer umfangreichen, repräsentativen Befragung ermitteln, dass die Arbeit immer dann als besonders zufriedenstellend bewertet und positiv erlebt wird, wenn sie *erstens* durch ein hohes Niveau von Entwicklungs-, Einfluss- und Lernmöglichkeiten sowie von guten sozialen Beziehungen geprägt ist, und *zweitens* den arbeitenden Menschen nicht über- oder fehlbeansprucht. Beides gehört zusammen: Wenn Arbeit zu sehr die Gesundheit belastet, kann dies auch durch noch so viele Entwicklungs- und Lernmöglichkeiten, kreative und soziale Potenziale nicht mehr ausgeglichen werden. Und umgekehrt ist eine Arbeit, die von den Erwerbstätigen zwar nicht als negative Belastung, aber auch nicht als anregend und förderlich beschrieben wird, auch weit entfernt von guter Arbeit. *Drittens* muss das Einkommen aus der Arbeit existenzsichernd sein und in einem als gerecht empfundenen Verhältnis zur eigenen Leistung stehen« (Fuchs 2006, S. 28).

Alle diese Kriterien werden jedoch laut der Studie nur von wenigen Unternehmen erfüllt. Nur drei Prozent der abhängig Beschäftigten üben demnach eine Arbeit aus, die als gesundheits- und entwicklungsförderlich bezeichnet werden kann. Das heißt, ein verschwindend geringer Anteil von Arbeitsplätzen ist so gestaltet, dass er ein geringes Fehlbelastungs- und ein hohes Ressourcenniveau aufweist und das Arbeitsentgelt den Beschäftigten eine soziale und kulturelle Teilhabe an der Gesellschaft ermöglicht. Weitere 13 % der Arbeitsplätze haben zumindest gute, ausbaufähige Grundlagen. Sie bieten laut Fuchs zwar einige Ressourcen an wie zum Beispiel ein existenzsicherndes Einkommen, Einfluss- und Entwicklungsmöglichkeiten sowie soziale Einbindung. Dennoch weisen diese Arbeitsplätze ein moderates und damit immer noch zu hohes Spektrum von Fehl- und Überbelastungen wie hohe Arbeitsintensität, unklare Anforderungen oder soziale Probleme auf. Diese 13 % sind Arbeitsplätze, in denen das Risiko für Erschöpfung, Leistungseinbruch oder Krankheit erhöht ist. Die vorhandenen Ressourcen können jedoch eine stark puffernde Wirkung entfalten und die Risiken minimieren. Bedenklich sind dagegen die restlichen 84 % der Arbeitsplätze. Die dort Beschäftigten verfügen entweder über extrem geringe Ressourcen, um sich die Arbeit gesundheitsförderlich zu gestalten, oder diese Arbeitsplätze sind durch ein bedenklich hohes Fehlbeanspruchungsniveau gekennzeichnet, im schlimmsten Fall beides. Je stärker es an Ressourcen mangelt und Fehlbeanspruchung vorliegt, desto häufiger zeigen sich in der Studie Unzufriedenheit, Frustration und Resignation. Die Beschäftigten berichten dann in einem erschreckend hohen Maße von gesundheitlichen Beschwerden an Arbeitstagen. Zudem schätzen sie es gleichzeitig als eher unwahrscheinlich ein, dass sie ihre Arbeitsfähigkeit unter diesen Bedingungen bis zum Rentenalter aufrechterhalten können. Die Ergebnisse der INQA-Studie unterstreichen somit deutlich die »Bedeutung und Notwendigkeit von Initiativen, die sich einer neuen und besseren Qualität der Arbeit verpflichtet fühlen« (Fuchs 2006, S. 29). Es bleibt für die Erreichung des Ziels ›Gesund arbeiten in gesunden Arbeitsbedingungen‹ also noch viel zu tun!

Für die Burnout-Prävention im organisationalen Bereich gilt es demnach Arbeitsbedingungen zu schaffen, die eine langfristige Arbeitsfähigkeit ermöglichen, in denen sowohl Leistung als auch Regeneration möglich ist.

6.3.1 Arbeitsbezogene Risikofaktoren angehen

Burnout-präventiv sind Arbeitsbedingungen, die den Menschen helfen die Arbeit besser zu bewältigen. Die Arbeitsanforderungen müssen offenkundig so gestaltet sein, dass sie der Realität angemessen sind und den Fähigkeiten der Arbeitenden gerecht werden. Dann kann die Arbeitstätigkeit auch zu einem gesunden Arbeiten führen.

In der Forschung zur Burnout-Prävention wurden indes vielfältige Ansätze zusammengetragen, die auf Seiten der Arbeitsorganisation zu einem gesunden Arbeiten beitragen können. Daraus kann eine Art To-do-Liste erstellt werden, die im Rahmen von betrieblichem Gesundheitsmanagement oder gesundheitsfördernder Organisationsentwicklung einsetzbar ist (▶ Tab. 17, Enzmann & Kleiber 1989, S. 185–186, Richter & Hacker 2014, S. 154–156). Diese Auflistung ähnelt den Strategien im Arbeitsbereich bei bereits ausgebrannten Personen (▶ Kap. 5.3 »Entlastung im Arbeitsbereich«). Hier überschneiden sich ebenfalls die Herangehensweisen in einer Arbeitsorganisation von Bewältigung und Prävention von Burnout. Allerdings sind im Bereich der Prävention die Strategien nicht wahlweise nach den besonderen Problemen in einem bestimmten Burnout-Fall anzugehen. Diese hier aufgeführten Strategien sind umfassend und flächendeckend für alle Arbeitsplätze in einer Organisation zu planen und umzusetzen.

Tab. 17: Strategien der arbeitstätigkeits- und organisationsbezogenen Burnout-Prävention

Arbeitstätigkeitsbezogene Strategien	Organisationsbezogene Strategien
Sichern von Anforderungsvielfalt in den Aufgaben	Optimale organisatorische Abstimmung der Leistungsbereiche
Vollständige Aufgaben mit Handlungs- und Entscheidungsspielraum	Ausreichende, tendenziell sogar leicht gepufferte Besetzung mit Personal
Mitgestaltung der Arbeitstätigkeit (Organisation, Umgebung, Materialien)	Arbeitszeitregelung, die für Work-Life-Balance ausreichend Raum belassen
Arbeitsteilung, Vertretungsorganisation, Teamarbeit	Laufbahnentwicklungen, Wechsel in Spezialisierungen, Aufstiegsmöglichkeiten
Begrenzung der Arbeitszeit, Pausenplanung, Wechsel von Anforderung und Entspannung	Fachliche und beraterische Weiterbildungsangebote
Begrenzung von Fallzahlen, Möglichkeiten der Überlastungsanzeige	Regelmäßige Teambesprechungen, Angebote von Coaching oder Supervision
Informationsaustausch im Team, Vernetzung, soziale Unterstützung	Kooperative Entwicklung einer Unternehmensideologie oder -kultur

Eigene Zusammenstellung

Eine sinnvolle Ergänzung finden diese Strategien durch neuere Methoden in der Personalentwicklung: Maßnahmen ›into the Job‹ (Deutsch: Einführung in den Arbeitsplatz) dienen dazu, neue Kolleg*innen in das Arbeitsfeld und das Team zu integrieren. Wegerich (2015, S. 38) verweist darauf, dass neue Mitarbeitende bereits in den ersten Tagen entscheiden, ob sie länger im Unternehmen bzw. der Abteilung bleiben oder bald wieder wechseln werden. Wird also gleich am Anfang deutlich, dass die Arbeitsanforderungen undurchsichtig oder Ressourcen kaum sichtbar sind, dann werden sich neue Mitarbeitende wohl eher für Letzteres entscheiden. Deshalb sind Einarbeitungskonzepte nützlich. Sie beinhalten fachliche und organisationsspezifische Aspekte (z. B. Kenntnisse zur Organisationsstruktur, zum Arbeitsablauf und zu Ansprechpersonen), Aspekte der sozialen Integration (z. B. Abstimmung zur Aufgabenteilung mit Vorgesetzten und der Kollegschaft), aber auch Aspekte der Werteorientierung des Unternehmens. Diese Informationsvermittlung kann auch im Rahmen eines Mentoring- oder Patenschaftsmodells geschehen. Meist wird dazu ein Kollege oder eine Kollegin ausgewählt, die dem*der neuen Mitarbeitenden als Ansprechperson zur Verfügung steht (Wegerich 2015, S. 42).

Mit Maßnahmen ›on the Job‹ (Deutsch: Lernen am Arbeitsplatz) werden Lernformen bezeichnet, die sich direkt auf die Arbeitstätigkeit bzw. auf den Arbeitsort des*der Mitarbeitenden beziehen. Die Qualifizierung für die Arbeitstätigkeit findet dabei direkt am Arbeitsplatz statt. Der Vorteil dieses Herangehens liegt in den Möglichkeiten der Beteiligung des*der Mitarbeitenden. Somit kann die Person zum großen Teil ihren Handlungs- und Entscheidungsspielraum mitbestimmen. Das On-the-Job-Training sollte immer auch von einer Betreuungsperson begleitet werden (Wegerich 2015, S. 44). Im gleichen Zuge kann die soziale Unterstützung im Unternehmen gestärkt werden.

Im Bereich der Personalentwicklung gibt es weitere Maßnahmen, die nicht direkt mit den Hauptaufgaben der Arbeitstätigen verbunden sind. Maßnahmen ›off the Job‹ (Deutsch: Lernen außerhalb des regulären Arbeitsplatzes) beziehen sich demnach auf alle Methoden, die außerhalb des täglichen Arbeitsprozesses eingesetzt werden (Wegerich 2015, S. 60ff.). Dazu zählen interne oder externe Weiterbildungsveranstaltungen wie beispielsweise Software-Schulungen oder Teamcoaching. Dabei ist der Lerntransfer in die tägliche Arbeit ein entscheidendes Kriterium dafür, ob die Weiterbildung erfolgreich ist. Eine weitere Off-the-Job-Maßnahme stellt die Erweiterung von Arbeitsaufgaben (Job-Enlargement) dar. Gerade bei anforderungsarmen Arbeitsabläufen kann die Erweiterung um abwechslungsreiche Tätigkeiten zu einer verbesserten Motivation der Arbeitstätigen führen. Auch ein systematischer Arbeitsplatzwechsel (Job-Rotation) für einen begrenzten Zeitraum eröffnet Arbeitstätigen mehr Flexibilität im Denken und Handeln und das Verstehen vollständiger Arbeitsprozesse. Diese Off-the-Job-Maßnahmen eignen sich besonders dafür, das Risiko einer Stressbelastung für die Arbeitstätigen zu reduzieren und die Motivation sowie die Arbeitsfähigkeit langfristig zu erhalten.

6.3.2 Protektiver Einfluss der Arbeit

Als Schlagzeile war in den Medien bisher oft zu lesen: ›Arbeit macht krank‹. Doch Arbeit kann auch zum Erhalt der Gesundheit beitragen (▶ Tab. 18). Sie kann Identität und Selbstwertgefühl stärken, zu sozialer Anerkennung und zum Aufbau von Kompetenzen führen. Denn neben »potenziell gesundheitsgefährdenden Belastungsfaktoren weist Arbeit elementare gesundheitsförderliche Merkmale auf, die in direktem Zusammenhang mit psychischem Wohlbefinden stehen« (Koch et al. 2015, S. 44f.). Die Arbeit gebenden Organisationen haben im Rahmen der Prävention und Gesundheitsförderung somit die Aufgabe der *Sicherstellung bzw. Wiederherstellung gesundheitsförderlicher Funktionen von Arbeit*.

Um die bisherigen Ausführungen zur Burnout-Prävention im Arbeitsbereich zusammenzufassen:

> Dem Ausbrennen von Arbeitstätigen können Unternehmen einerseits vorbeugen, indem sie negative Einflüsse aus der Arbeit auf die Mitarbeitenden vermeiden oder mindern. Das ist dann umsetzbar, wenn die Unternehmen die risikobehafteten Arbeitsbedingungen verändern und die Arbeitsaufgaben angemessen gestalten. Andererseits sind die Unternehmen angehalten in die positive Richtung zu denken, indem sie gesundheitsförderliche Arbeitsplätze erschaffen und protektive Funktionen von Arbeit fördern.

Tab. 18: Förderung psychosozialer Funktionen von Arbeit

Psychosoziale Funktionen von Arbeit		Förderung durch die Organisation
Lebensunterhalt	Sich unabhängig von staatlicher Unterstützung und familiärem Hintergrund versorgen	Für sicheren Arbeitsplatz sorgen, angemessene Bezahlung
Erwerb von Fähigkeiten	Berufliche Fertigkeiten, Selbstorganisation, Umgang mit verschiedenen Menschengruppen	Weiterbildungsangebote, Teamarbeit, Autonomie für Arbeitstätige
Anwendung von Fähigkeiten	Kompetenzerleben, Selbstwertstärkung, Selbstentfaltung, Entwicklung der eigenen Persönlichkeit	Vollständige und vielfältige Arbeitsaufgaben, Karriereplanung
Soziale Kontakte	Soziale Bedürfnisse nach Geborgenheit, Wertschätzung, Zugehörigkeit usw. erfüllen	Teamarbeit, Pausen, Betriebsfeiern, Konfliktmanagement
Sinnstiftung	Zentrale Lebensziele verwirklichen, Stärkung der Motivation	Autonomie und Mitbestimmung fördern, Unternehmenskultur
Zeitstrukturierung	Die Arbeitszeit regelt den Tages- und Wochenablauf	Grenzen der Arbeit, flexible Arbeitszeit
Gesellschaftliche Anerkennung	Durch Arbeit ist es möglich einen gesellschaftlichen Beitrag zu leisten	Interessenvertretung, Darstellung nach außen
Freude und Motivation	Durch Erleben von Anerkennung, persönlicher Befriedigung, Kompetenzerleben	Gratifikationen, Beförderungen, Auszeichnungen

Eigene Zusammenstellung

Zur Erinnerung: Burnout entsteht vor allem dann, wenn Menschen der Arbeit eine überhöhte Bedeutung beimessen bzw. dem Lebensbereich Arbeit kaum etwas anderes an Befriedigung entgegensetzen können. Ein besonderes Augenmerk ist deshalb auf das Thema der *Work-Life-Balance* zu werfen. Hinsichtlich der Präventionsansätze durch die Organisation geht es darum, wie in einer Arbeitswelt die Balance verschiedener Lebensbereiche so gestaltet werden kann, dass Leistungsfähigkeit und Lebensqualität miteinander in Einklang stehen.

Laut der Initiative Gesundheit und Arbeit sind flexible Arbeitszeiten ein zentrales Instrument für die Balance verschiedener Lebensbereiche. »Die gleitende Arbeitszeit ist eine einfache, wirkungsvolle und von vielen Unternehmen praktizierte Methode, die es den Beschäftigten ermöglicht, neben der Arbeit anderen Verpflichtungen nachzukommen« (Glitza 2014, S. 6). So kann die Versorgung von Kindern oder pflegebedürftigen Angehörigen besser geplant und organisiert werden. Es besteht dadurch auch eine flexible Handhabung individueller Freizeitgestaltung oder auch der Beziehungspflege von Partnerschaften und Freundschaften. Aber auch eine Anpassung an individuelle Leistungsformen ist möglich. Während die sogenannten ›Lerchen‹ (Menschen, die morgens leistungsfähig sind) zeitig aus dem Bett springen und sofort mit Elan an die Arbeitsaufgaben gehen können, ist es den sogenannten ›Eulen‹ (Menschen, die eher abends leistungsfähig sind) frühmorgens noch nicht vergönnt strukturiert zu denken. Wenn die ›Eulen‹ dann nachmittags oder abends hochmotiviert arbeiten, sind wiederum die ›Lerchen‹ erschöpft. Im Rahmen von Teamarbeit sind solche Eigenheiten Arbeitstätiger immer mit zu beachten. Für die Erledigung von Einzelarbeiten bieten sich dann die individuell bevorzugten Arbeitszeiten an. Im Rahmen der flexiblen Arbeitszeit sind in den letzten Jahren sehr viele unterschiedliche Modelle entstanden. So verfügen manche Unternehmen über die Möglichkeit (Jahres-)Arbeitszeitkonten einzurichten. Damit ist es sowohl auf Seiten des Unternehmens als auch auf Seiten der Arbeitstätigen möglich Hochleistungszeiten abzudecken. Auch arbeitszeitverkürzende Maßnahmen wie Teilzeit, Altersteilzeit oder Jobsharing ermöglichen den Arbeitstätigen eine für sie angemessene Balance zwischen Arbeits- und Privatleben zu schaffen.

Neben der flexiblen Gestaltung der Arbeitszeit gibt es heutzutage auch die Möglichkeit, den *Arbeitsort flexibel zu gestalten*.

> »Insbesondere für Beschäftigte mit Betreuungspflichten bietet z. B. Home-Office Entlastung. Die Möglichkeit, einen Teil der Arbeit mobil zu erledigen, z. B. auf dem Arbeitsweg, kommt insbesondere für Personen, die pendeln und längere Arbeitswege haben, in Frage (Mobile Arbeit)« (Glitza 2014, S. 7).

6.3.3 Gesundheitsfördernde Organisationsentwicklung

Mit dem periodisch erscheinenden *Leitfaden Prävention* legt der Spitzenverband der Gesetzlichen Krankenversicherungen GKV in Zusammenarbeit mit den Verbänden der Krankenkassen die internen Ziele, Handlungsfelder und Qualitätskriterien im Bereich der Primärprävention und betrieblichen Gesundheitsförderung fest. Primäres Ziel im Bereich der *betrieblichen Gesundheitsförderung* ist die Förderung der Beschäftigtengesundheit und ihrer Gesundheitspotenziale:

> »Mit betrieblicher Gesundheitsförderung lassen sich die in der Arbeit liegenden positiven gesundheitlichen Potenziale stärken, Erkrankungsrisiken von Beschäftigten senken, ihre gesundheitlichen Kompetenzen verbessern sowie ihre Arbeitsfähigkeit langfristig sichern« (GKV 2018, S. 93).

Die Arbeit gebenden Unternehmen erhalten demnach organisatorische und informationelle Unterstützung durch die GKV, um Maßnahmen der betrieblichen Gesundheitsförderung bei sich umzusetzen. Die Einbindung in das betriebliche Gesundheitsmanagement – wenn denn vorhanden – ist dabei von Vorteil.

Ein Schwerpunkt der betrieblichen Gesundheitsförderung ist hier besonders hervorzuheben: die Maßnahmen zur *Förderung einer gesundheitsgerechten Führung*. Der Einbezug von Führungskräften ist deshalb so wichtig, da diese sowohl Aufgaben delegieren als auch die Ergebnisse überwachen. »Sie haben somit Einfluss auf die Komplexität, Vollständigkeit und Lernförderlichkeit der Tätigkeit« (Rigotti & Mohr 2011, S. 79). Das Verhalten der Führungskräfte entscheidet mit darüber, ob die Beschäftigten die Arbeitsanforderungen als Herausforderung annehmen und bewältigen oder als Überforderung erleben und scheitern. Dabei ist es für Beschäftigte besonders wichtig, welches Maß an sozialer Unterstützung sie von ihren Vorgesetzten erfahren. Hier kommt es darauf an, ob Vorgesetzte ansprechbar sind, ob sich mit ihnen Probleme erörtern lassen und ob von ihnen klar strukturierte Aufgaben sowie eindeutige Rückmeldungen zu erwarten sind. Diese Verlässlichkeit ist beim ständigen Wandel, dem Arbeitstätigkeiten heute unterliegen, besonders bedeutsam.

Schließlich ist für eine gesundheitsförderliche Organisationsentwicklung der *Einbezug des betriebsärztlichen Dienstes* erforderlich. Dieser ist aufgrund seiner arbeitsschutzrechtlichen Aufgabenstellung mit der gesundheitlichen Situation der Beschäftigten im Betrieb vertraut. Die Betriebsärzt*innen sollen deshalb bei Maßnahmen zur betrieblichen Gesundheitsförderung als Berater*innen und Unterstützer*innen stets beteiligt werden.

6.4 Präventionsstrategien auf der Gesellschaftsebene

Es bleibt die Frage: Was wird aus der Leistungsgesellschaft?

Der demografische Wandel und der weiter bestehende Fachkräftemangel werden nicht nur die Unternehmen, sondern die gesamte Wirtschaft in den kommenden Jahren vor weitere große Herausforderungen stellen. Die steigenden und veränderten Arbeitsanforderungen werden im Zuge dieses Wandels von insgesamt immer weniger und durchschnittlich immer älteren Beschäftigten gemeistert. Maßnahmen zur Sicherung der Arbeitsfähigkeit der Beschäftigten erhalten damit eine zunehmend strategische Bedeutung, um die gesamte Wirtschaft für die Zukunft leistungsfähig auszurichten. Die gleichzeitige Zunahme von Arbeitsstressfolgen und psychischer Erkrankungen in der arbeitstätigen Bevölkerung verweist auf einen dringenden gesellschaftlichen Handlungsbedarf.

Han (2010) spricht bereits von einer Müdigkeitsgesellschaft, die von den Leistungs- und Erfolgsansprüchen erschöpft ist. Der Philosoph beschreibt den aktuellen Stand des gesellschaftlichen Wandels, und dieser klingt wie ein *Ausbrennen der Leistungsgesellschaft*. Die Bevölkerung reagiere automatisch auf die überhohen Leistungs- und Erfolgsansprüche, so Han, und verschafft sich durch die Ausbildung von Krankheiten oder durch Arbeitsunfähigkeit eine zwangsweise Erholung. Dadurch hätten die Menschen wiederum die Möglichkeit, selbst zur ihrer Regeneration und Entspannung beizutragen, und Zeit gewonnen ihre Leistungsfähigkeit wieder zu erreichen. Die arbeitstätigen Menschen zwingen damit die Gesellschaft zum Umdenken. Die Verantwortung geht dabei zuvorderst an das Arbeits- und Wirtschaftssystem und damit zusammenhängend an die Politik. Eine der primären Aufgaben liegt aktuell wie zukünftig darin, Veränderungen in der Arbeitswelt anzustoßen, die im Sinne einer umfassenden *Humanisierung von Arbeit* sein sollten (Kaschka et al. 2011, S. 786).

Auf Seiten der Menschen in der Gesellschaft ist hingegen das *Wissen um die Entstehungsprozesse von Burnout* oberstes Präventionsziel. Denn eine humane Arbeit kann nur dann angestrebt werden, wenn die Arbeitstätigen selbst wissen, was sie gesund hält und wie sie sich eine gesundheitsförderliche Arbeitsumgebung gestalten können. Da primäre Prävention heißt, rechtzeitig vor einer Risikosituation einzugreifen, sind bereits in den Lebensbereichen Erziehung, Bildung, Ausbildung und Studium die zukünftigen Arbeitstätigen über die Risiken und Nebenwirkungen von Burnout aufzuklären und in gesundheitsförderlichen Kompetenzen und Ressourcen zu fördern.

> Zusammengefasst besteht die Burnout-Prävention auf gesellschaftlicher Ebene in der Kultivierung nachhaltiger Arbeitsfähigkeit in Bevölkerung, Wirtschaft und Politik.

6.5 Burnout-Prävention für soziale Berufe

Irmhild Poulsen ist Sozialarbeiterin und bildet Fachkräfte für die Soziale Arbeit aus. Dies gab ihr den Anlass ein Forschungsprojekt durchzuführen, bei dem sie Fachkräfte der Sozialen Arbeit hinsichtlich ihrer beruflichen Anforderungen untersuchte. Sie betrachtete dabei diejenigen Sozialarbeitenden, die *nicht* ausbrannten und trotz langjähriger engagierter Arbeit gesund blieben. Poulsen erforschte, wie die aus verschiedensten Arbeitsfeldern der Sozialen Arbeit stammenden Fachkräfte mit berufstypischem Stress umgehen und welche Sichtweisen und Haltungen sie gegenüber der Arbeit haben, die sich positiv auf ihre Gesundheit ausgewirkt haben. Aus den Ergebnissen schlussfolgerte die Wissenschaftlerin verschiedene Aspekte der Gesunderhaltung im Berufsfeld der Sozialen Arbeit. Diese werden von ihr zu acht »Säulen, als tragende Elemente für Stabilität und innere Stärke« (Poulsen 2009, S. 127), zusammengefasst:

1. »Selbsterkenntnis – Bewusstheit, Bewusstsein – innere Klarheit
2. Grenzen erkennen und setzen können, Nein sagen
3. Gelassenheit und Optimismus
4. Hobbys, Ausgleich, Sport, Bewegung
5. Gute Kollegen, ein gutes Team
6. Um Hilfestellung bitten können
7. Soziale Netzwerke – Familie, Freunde
8. Humor, Spaß und Freude« (Poulsen 2009, S. 127).

Zeitgleich fordert Poulsen, dass Präventionsmaßnahmen zur Verhinderung eines möglichen Burnouts gerade in der Sozialen Arbeit schon frühzeitig in den beruflichen Weg integriert werden müssen.

6.5.1 Besondere Herausforderungen sozialer Berufe

Wie in jedem Berufsstand müssen auch Sozialarbeitende lernen mit Arbeitsstress angemessen umzugehen. Das Besondere an der Sozialarbeit ist, dass sie zu den Berufen gehört, in denen eine *ständig helfende bzw. unterstützende Haltung gegenüber anderen Menschen* verlangt wird und diese Art der Arbeitstätigkeit eine *stark fordernde emotionale Komponente* besitzt. In spezieller Weise wird demnach von diesen Professionellen eine hohe und kompetente Regulation von eigenen Emotionen vorausgesetzt. Für eine dauerhafte Arbeitsfähigkeit ist es demnach elementar, den Unterschied zu kennen zwischen Mitgefühl und Mitleid in den schwierigen Lebenssituationen der Klientel. Das Mitleiden an den Problemen und negativen Emotionen der Klient*innen steht einer professionellen Handlungsfähigkeit entgegen. Im beruflichen Kontext trifft das Sprichwort ›geteiltes Leid ist halbes Leid‹ einfach nicht zu. Denn durch das Mitleiden laufen die Sozialarbeitenden Gefahr, sich zu stark mit den Problemen ihrer Klientel zu identifizieren und somit bei Rückschlägen oder Misserfolgen in der Beratung in persönliche Krisen zu verfallen. Einerseits wird damit das Leiden nur vergrößert, denn es leiden nun nicht nur die Klient*innen, sondern auch der*die Sozialarbeitende mit. Auf der anderen Seite drängen sich damit die eigenen Bedürfnisse des*der Beratenden in den Vordergrund und zeigen seine*ihre eigene Hilfsbedürftigkeit auf. Der*die Sozialarbeitende ist infolgedessen nicht mehr in der Lage, in fachlich qualifizierter Weise die Handlungsoptionen abzuwägen und entsprechend des Mandats des Staates seine*ihre Aufträge zu erfüllen. Nur wenn Sozialarbeitende nicht an der schwierigen Lebenslage mitleiden, sind sie in Lage ihrer Klientel aktiv und engagiert zu helfen. Der Begriff des Mitgefühls wiederum wird verschieden definiert. Einige Lexika erfassen darunter die Anteilnahme an positiven und negativen Emotionen anderer Menschen (z. B. Arnold 1997). Heutzutage wird das Wort Mitgefühl oft mit ›Empathie‹ gleichgesetzt. Letzteres eignet sich dabei noch viel mehr als fachlicher Ausdruck, zumal darunter nicht nur das Hineinversetzen und Hineinfühlen in andere Menschen gemeint ist, sondern auch die Reaktion auf die Emotion eines anderen Menschen (Ekman 2010). In jedem Fall meint Empathie nicht das Mit-Hineinfallen in die Emotionen des Gegenübers, sondern das Verstehen und Nachvollziehen-können der Gedanken und Gefühle der Klientel.

> »Der Beruf verlangt Empathiefähigkeit, Engagement und Interesse am Menschen, und die eigene Persönlichkeit kann als wichtigstes Instrument angesehen werden. Durch tiefe Einblicke in persönliche Lebensverhältnisse, in Lebensschicksale und Lebenshintergründe von Menschen sind Soziale Fachkräfte in besonderem Maße gefordert, ein professionelles Nähe-Distanz-Verhältnis zu wahren und sich von den Schicksalen der Menschen abgrenzen zu können« (Poulsen 2009, S. 14).

Wie Poulsen es zusammenfasst, ist gerade in sozialen Berufen deshalb das Thema Nähe-Distanz nicht zu vernachlässigen.

Bereits Pines und Kolleginnen (1992, S. 67) hielten eine *distanzierte Anteilnahme* in sozialen Berufen für notwendig. Dies ist ein Ausdruck für eine professionelle Haltung, in der sich die Sozialarbeitenden in ihren Einstellungen zur Klientel hinreichend distanziert und objektiv geben. Mit der distanzierten Anteilnahme kann erreicht werden, dass sich die Professionellen in der Beratung verlässliche Urteile bilden und ihren Gleichmut behalten, aber dennoch genügend Anteilnahme wahren, um die Klientel einfühlsam und verständnisvoll zu versorgen (Lief et al. 1963, zit. nach Pines et al. 1992, S. 67).

Pines hat indes mit ihren Kolleginnen Möglichkeiten der Distanzwahrung auf drei Ebenen beschrieben.

Eine *physische Distanz* kann dann gewahrt werden, wenn Sozialarbeitende während der Beratung einen klaren Rahmen setzen. Das Telefon sollte beispielsweise ausgestellt werden, um nicht gestört oder ständig abgelenkt zu sein. Eine Zeitbeschränkung für jeden Fall ist hilfreich, um weder überfordert noch gehetzt zu werden von der Klientel. Auch eine räumliche Barriere kann während der Beratung mit der Klientel zu einem ausgewogenen Nähe-Distanz-Verhältnis beitragen, indem beispielsweise ein Tisch zwischen ratsuchender und beratender Person steht. Eine Möglichkeit nach einem anstrengenden Beratungsgespräch vor allem auch emotionale Distanz wiederherzustellen besteht darin, die Pausen außerhalb des Büros zu verbringen – und sei es nur der Gang zum Briefkasten. Gerade auch in den heutigen digitalen Arbeitswelten erlangt eine weitere Empfehlung von Pines an Bedeutung: Außerhalb der Arbeitszeit sollen keine dienstlichen Aufgaben mehr erledigt werden.

Auf der zweiten Ebene führen die Wissenschaftlerinnen die Wahrung von *emotionaler Distanz* an. In Gedanken können Sozialarbeitende sich beispielsweise eine Rüstung anziehen, wenn ihnen schwierige Beratungssituationen bevorstehen. Die zwangsläufig durch Soziale Arbeit aufkommenden Emotionen können in kollegialen Gesprächen, Coaching oder Supervision – also möglichst innerhalb des beruflichen Kontextes – verarbeitet werden.

Zur Einhaltung von *kognitiver Distanz* gilt es klar abzugrenzen, dass es sich bei den Beratungsthemen um die Probleme der Klientel handelt und die Beratenden dafür nicht verantwortlich sind. Soziale Arbeit ist eine Dienstleistung und bietet den Klient*innen fachliche Unterstützung an. Diese ist nur leistbar, wenn die Professionellen sowohl gedanklich als auch gefühlsmäßig nicht selbst in der Problemsituation feststecken. Zudem sollten Sozialarbeitende immer die Erwartungen der Klient*innen abklären und den Arbeitsauftrag klar verhandeln. Wichtig ist, dass ihnen von vornherein deutlich gemacht wird, welche Handlungen aus professioneller Sicht möglich sind und welche Herangehensweisen nicht mehr einer sozialen Dienstleistung entsprechen (z. B. rechtliche Regelungen überschreiten, persönliche Beziehungen eingehen). Die Lösung der Probleme sollte denn auch Ziel in der Sozialarbeit sein, selbst wenn es nicht immer eine Erfolgsgarantie gibt. Auch dies ist der Klientel transparent zu machen.

Die Qualität der Hilfeleistung leidet dann, wenn die Distanzierung zu stark wird. Ist die emotionale Beziehung zur Klientel zu groß, dann schwindet die Möglichkeit der Empathie und dehumanisierende Einstellungen nehmen überhand. Die verbliebene Anteilnahme reicht dann nicht mehr aus, um die Klientel zu vollem Einsatz zu motivieren (Pines et al. 1992, S. 67). Eine »ideale Ausgewogenheit, die nicht nur für die Berufsangehörigen erstrebenswert ist, sondern auch von den Klienten und Patienten bevorzugt wird«, ist das Ziel (Pines et al. 1992, S. 74).

> **Distanzierte Anteilnahme**
>
> Eine angemessene Distanz zu den Klient*innen ist eine solche, in der Empathie möglich ist und die Sozialarbeitenden engagiert und offen bleiben für professionell-methodisches Handeln.

6.5.2 Ausbildung und Studium

Die beste Chance, dem Ausbrennen in sozialen Berufen vorzubeugen, sieht Poulsen (2009) darin, den Fokus auf die Ausbildung oder das Studium zu legen. Viele Studierende der Sozialarbeit nähern sich dem Ende ihrer formalen Ausbildung, ohne genügend auf die besonderen beruflichen Anforderungen vorbereitet zu sein. Dies hat auch die internationale Forschung erkannt und zunehmend Empfehlungen zur Burnout-Prävention im beruflichen Bildungsweg herausgegeben. So stellten mehrere Untersuchungen heraus (z. B. Diaconescu 2015, Factor-Inwentash 2017), dass bereits im Studium der Sozialen Arbeit Selbstpflegepraktiken und -strategien entwickelt werden müssen. Statt nur abstraktes Fachwissen aufzunehmen, müssen sozial Studierende eher darin geübt werden, wie eine professionelle Gesprächsführung mit herausfordernden Beratungssituationen (z. B. aggressive und grenzüberschreitende Klientel, unmotivierte und depressive Ratsuchende, misstrauische und suizidale Menschen) funktionieren kann.

> In Ausbildung und Studium für helfende Berufe sollten viel mehr *Elemente der Selbsterfahrung und der Selbstreflexion* eingesetzt werden, damit sich die zukünftig Sozialarbeitenden ihrer eigenen Persönlichkeit, ihrer Stärken und Grenzen bewusstwerden. Auch Übungen zum Konfliktmanagement fördern ein Selbstbewusstsein, das für Mandatsvertretungen, kollegiale Diskurse, aber auch politisches Agieren nützlich sein können. Schließlich kann in Ausbildung und Studium schon das für ein professionelles Handeln wichtige Netzwerken in der Sozialen Arbeit gesponnen werden. Neben einem Überblick über das Versorgungsnetz und dem Sammeln wichtiger Verweisstellen dient so ein fachliches Netzwerk auch dafür, dass sich angehende Sozialarbeitende gemeinsam starkfühlen und so nach außen wirken können.

6.5.3 Professionalisierung Sozialer Arbeit

Im Rahmen der Professionalisierung Sozialer Arbeit bedeutet dies, selbstbewusste und fachlich exzellente Fachkräfte zu entwickeln, die für ihre menschengerechte Arbeit mit angemessenen psychischen und sozialen Kompetenzen sowie fachlich geprüften Methoden ausgestattet sind. Wenn diese Grundlagen flächendeckend implementiert werden, dann entwickelt sich eine soziale und vor allem gesellschaftliche Anerkennung sozialer Berufe.

Allerdings – »so kann man es leicht überspitzt sagen – ist sich die Soziale Arbeit selbst noch unbekannt« (Kaminsky 2018, S. 20). Was Kaminsky hier formuliert, ist das noch nicht vorhandene Selbstverständnis und Selbstbewusstsein der Profession. Nach innen und nach außen repräsentieren sich soziale Berufe nach wie vor nicht einheitlich. Eine Veränderung des Selbstverständnisses kann vor allem dann gelingen, wenn die Soziale Arbeit belegen kann, »dass professionell sozialberufliches Handeln in modernen Gesellschaften unverzichtbar geworden ist; daran besteht nämlich im Grunde gar kein Zweifel« (Kaminsky 2018, S. 20). Hierfür bedarf es einer genauen Darstellung, was Soziale Arbeit überhaupt leistet und welche Bedeutung diese Arbeit »im Wertgefüge der Einzelnen bzw. der Gesellschaft einnimmt« (Kaminsky 2018, S. 20). Dafür sind Sozialarbeitende selbst verantwortlich. Der Berufsstand muss die Gesellschaft *über sich aufklären*. Er muss die Haltung, dass es sich bei Sozialer Arbeit um eine Dienstleistung an den Menschenrechten handelt, sichtbar machen. Es ist wichtig, der Sozialen Arbeit Theorien und Methoden, ja ein Wissenschaftsgebiet zuzuordnen, um sie somit als eigenständige Profession anerkennen zu können. Für das Selbstverständnis von Sozialarbeitenden bedeutet dies, dass sie sich mit dem Fach Soziale Arbeit identifizieren müssen und nicht nur mit dem spezifischen Handlungsfeld, in dem sie arbeiten. Dazu kann unter anderem der Berufsverband der Sozialen Arbeit DBSH beitragen, indem dieser »ein Bewusstsein für die gemeinsame Orientierung der verschiedenen Sozialberufe« (Kaminsky 2018, S. 27) schafft.

> Schließlich tritt die Soziale Arbeit nicht nur für die Interessen ihrer Klientel ein. Ihre Aufgabe ist es ebenso, Verbesserung der eigenen Arbeitssituation und ihren Platz im Rechts- und Gesellschaftssystem zu fordern. Die Profession Sozialer Arbeit muss infolgedessen immer wieder entscheiden, in welche Diskussionen sie sich einmischt, mit wem sie kooperieren sollte und ob sie nach ihrem eigenen Professionsverständnis handelt und dies transparent in der Öffentlichkeit vertritt (Staub-Bernasconi 2018, S. 220).

Literaturempfehlungen

Literatur zu Burnout-präventiven Maßnahmen

Fengler, J. (2013). Burnout-Prävention im Arbeitsleben. Das Salamander-Modell. Stuttgart: Klett-Cotta.
Institut für angewandte Arbeitswissenschaft: neueste Forschung zu präventiven Maßnahmen unter www.arbeitswissenschaft.net.
Rönnau-Böse, M. (2013). Resilienzförderung in Kindertageseinrichtungen. Freiburg: FEL.
Wegerich, C. (2015). Strategische Personalentwicklung in der Praxis – Instrumente, Erfolgsmodelle, Checklisten, Praxisbeispiele, 3. Auflage. Berlin, Heidelberg: Springer Gabler.

Spezielle Literatur zur Profession Soziale Arbeit

Dahl, C. & Dlugosch, G. (2020). Besser leben! Ein Seminar zur Stärkung der Selbstfürsorge von psychosozialen Fachkräften. Prävention und Gesundheitsförderung, 15 (1): 27–35.
DBSH (2009). Grundlagen für die Arbeit des DBSH e.V. Deutscher Berufsverband für Soziale Arbeit. Abrufbar unter www.dbsh.de.
Pines, A., Aronson, E. & Kafry, D. (1992). Ausgebrannt – Vom Überdruß zur Selbstentfaltung. Stuttgart: Klett-Cotta.
Poulsen, I. (2009). Burnoutprävention im Berufsfeld Soziale Arbeit – Perspektiven zur Selbstfürsorge von Fachkräften. Wiesbaden: Springer VS.
Staub-Bernasconi, S. (2018). Soziale Arbeit als Handlungswissenschaft – Soziale Arbeit auf dem Weg zu kritischer Professionalität, 2., vollständig überarbeitete und aktualisierte Ausgabe. Opladen: Budrich.

Literaturverzeichnis

Ahola, K., Gould, R., Virtanen, M., Honkonen, T., Aromaa, A. & Lönnqvist, J. (2009). Occupational burnout as a predictor of disability pension: A population-basedcohort study. Occupational and Environmental Medicine, 66: 284–290.

Ahola, K. & Hakanen, J. (2014). Burnout and health. In: Leiter, M., Bakker, A. & Maslach, C. (Hrsg.). Burnout at work. a psychological perspective. London: Psychology Press.

Ahola, K., Honkonen, T., Isometsä, E., Kalimo, R., Nykyri, E., Aromaa, A. & Lönnqvist, J. (2005). The relationship between job-related burnout and depressive disorders-results from the Finnish Health 2000 Study. Journal of affective disorders, 88 (1): 55–62.

Ahola, K., Honkonen, T., Isometsä, E., Kalimo, R., Nykyri, E., Koskinen, S., Aromaa, A. & Lönnqvist, J. (2006). Burnout in the general population – Results from the Finnish Health 2000 Study. Social Psychiatry and Psychiatric Epidemiology, 41: 11–17.

Acker, G. (1999). The Impact of clients' mental illness on Social Workers job satisfaction and burnout. Health and Social Work, 24 (2): 112–119.

Alarcon, G. (2011). A meta-analysis of burnout with job demands, resources, and attitudes. Journal of Vocational Behavior, 79: 549–562.

Alarcon, G., Eschleman, K. & Bowling, N. (2009). Relationships between personality variables and burnout: A meta-analysis. Work & Stress, 23: 244–263.

Arnold, W. (1997). Lexikon der Psychologie, Sonderausgabe. Augsburg: Bechtermünz.

Aronsson, G., Theorell, T., Grape, T., Hammarström, A., Hogstedt, C., Marteinsdottir, I, Skoog, I., Träskman-Bendz, L. & Hall, C. (2017). A systematic review including meta-analysis of work environment and burnout symptoms. BMC Public Health, 17: 264–276.

Arzberger, K. (1988). Über die Ursprünge und Entwicklungsbedingungen der Leistungsgesellschaft. In: Hondrich, K., Schumacher, J., Arzberger, K., Schlie, F. & Stegbauer, C. (Hrsg.). Krise der Leistungsgesellschaft? Empirische Analysen zum Engagement in Arbeit, Familie und Politik. Opladen: Westdeutscher Verlag.

Awa, W., Plaumann, M. & Walter, U. (2010). Burnout prevention: A review of intervention programs. Patient Education and Counseling, 78: 184–190.

Badura, B., Ducki, A., Schröder, H., Klose, J. & Meyer, M. (Hrsg.) (2013). Fehlzeiten-Report 2013 – Verdammt zum Erfolg – die süchtige Arbeitsgesellschaft? Berlin, Heidelberg: Springer.

Bakker, A. & Demerouti, E. (2007). The Job Demands-Resources model: state of the art. Journal of Managerial Psychology, 22 (3): 309–328.

Bakker, A., Schaufeli, W., Sixma, H. & Bosveld, W. (2001). Burnout contagion among general practitioners. Journal of Social and Clinical Psychology, 20 (1): 82–98.

Bakker, A., Demerouti, E. & Schaufeli, W. (2005). The crossover of burnout and work engagement among working couples. Human Relations, 58 (5): 661–689.

Bakker, A., Le Blanc, P. & Schaufeli, W. (2005). Burnout contagion among intensive care nurses. Journal of Advanced Nursing, 51 (3): 276–287.

Bakker, A. & Schaufeli, W. (2000). Burnout contagion process among teachers. Journal of Applied Social Psychology, 30 (11): 2289–2308.

Bamberg, E. & Busch, C. (2006). Stressbezogene Interventionen in der Arbeitswelt. Zeitschrift für Arbeits- und Organisationspsychologie, 50 (4): 215–226.

Bamberg, E., Ducki, A. & Metz, A.-M. (2011). Gesundheitsförderung und Gesundheitsmanagement: Konzeptuelle Klärung. In: Bamberg, E., Ducki, A. & Metz, A.-M. (Hrsg.). Gesundheitsförderung und Gesundheitsmanagement in der Arbeitswelt – Ein Handbuch: 123–134. Göttingen: Hogrefe.

BAuA (2020). Stressreport Deutschland 2019: Psychische Anforderungen, Ressourcen und Befinden. Dortmund: Bundesanstalt für Arbeitsschutz und Arbeitsmedizin.

Berger, M., Linden, M., Schramm, E., Hillert, A., Voderholzer, U. & Maier, W. (2012). Positionspapier der Deutschen Gesellschaft für Psychiatrie, Psychotherapie und Nervenheilkunde (DGPPN) zum Thema Burnout. Abgerufen am 21.12.2020 von www.dgppn.de.

Blonk, R., Brenninkmeijer, V., Lagerveld, S. & Houtman, I. (2006). Return to work: A comparison of two cognitive behavioral interventions incases of work-related psychological complaints among the self-employed. Work Stress, 20: 129–144.

Böhnisch, L. (2019). Lebensbewältigung – ein Konzept für die Soziale Arbeit, 2., überarbeitete und erweiterte Auflage. Weinheim: Beltz Juventa.

Brendt, D. & Sollmann, C. (2012). Burnout am Arbeitsplatz – Symptombeschreibung, auslösende Bedingungen, Prophylaxe, Therapie. Renningen: Expert.

Brenninkmeyer, V., Van Yperen, N. & Buunk, B. (2001). Burnout and depression are not identical twins: is decline of superiority a distinguishing feature? Personality and Individual Differences, 30: 873–880.

Bundesagentur für Arbeit (2020). Klassifikation der Berufe 2010 – überarbeitete Fassung 2020, Bd. 1: Systematischer und alphabetischer Teil mit Erläuterungen. Abgerufen am 21.12.2020 von https://statistik.arbeitsagentur.de/DE/Navigation/Grundlagen/Klassifikationen/Klassifikation-der-Berufe/Klassifikation-der-Berufe-Nav.html.

Bungard, S., Hertle, D., Kliner, K., Lüken, F. & Tewes, C. (2013). BKK Gesundheitsreport 2013 – Gesundheit in Bewegung. BKK Dachverband e. V.

Burisch, M. (2006). Das Burnout-Syndrom – Theorie der inneren Erschöpfung, 3., überarbeitete Auflage. Berlin, Heidelberg: Springer.

Burisch, M. (2014). Das Burnout-Syndrom – Theorie der inneren Erschöpfung – Zahlreiche Fallbeispiele – Hilfen zur Selbsthilfe, 5., überarbeitete Auflage. Berlin, Heidelberg: Springer.

Burisch, M. (2015). Dr. Burischs Burnout-Kur – für alle Fälle – Anleitungen für ein gesundes Leben. Berlin, Heidelberg: Springer.

Burisch, M. (2020). HBI Hamburger Burnout-Inventar: Manual. Heidelberg: Springer Tests.

Büssing, A. & Perrar, K. (1992). Die Messung von Burnout – Untersuchung einer deutschen Fassung des Maslach Burnout Inventory (MBI-D). Diagnostica, 38: 328–353.

Cherniss, C. (1980). Staff burnout: job stress in the human services. London: Sage Publications.

Dahl, C. (2019). Warum es sich lohnt, gut für sich zu sorgen – Über den langfristigen Nutzen der Selbstfürsorge – Ergebnisse zweier empirischer Studien. Prävention und Gesundheitsförderung, 14 (1): 69–78.

Dahl, C. & Dlugosch, G. (2020). Besser leben! Ein Seminar zur Stärkung der Selbstfürsorge von psychosozialen Fachkräften. Prävention und Gesundheitsförderung, 15 (1): 27–35.

DBSH (2009). Grundlagen für die Arbeit des DBSH e. V. Deutscher Berufsverband für Soziale Arbeit. Abgerufen am 21.12.2020 von https://www.dbsh.de/media/dbsh-www/downloads/grundlagenheft_-PDF-klein_01.pdf.

DBSH (2016). Deutschsprachige Definition Sozialer Arbeit des Fachbereichstag Soziale Arbeit und DBSH. Deutscher Berufsverband für Soziale Arbeit. Abgerufen am 21.12.2020 von https://www.dbsh.de/media/dbsh-www/redaktionell/bilder/Profession/20161114_Dt_Def_Sozialer_Arbeit_FBTS_DBSH_01.pdf.

Demerouti, E., Bakker, A., Nachreiner, F. & Schaufeli, W. (2001). The job demands-resources model of burnout. Journal of Applied Psychology, 86: 499–512.

Demerouti, E., Bakker, A., Vardakou, I. & Kantas, A. (2003). The convergent validity of two burnout instruments. European Journal of Psychological Assessment, 19 (1): 12–23.

Demerouti, E., Le Blanc, P., Bakker, A., Schaufeli, W. & Hox, J. (2009). Present but sick: a three-wave study on job demands, presenteeism and burnout. Career Development International, 14 (1): 50–68.

DIMDI (2020). Internationale Klassifikation der Erkrankungen ICD-10-GM. Abgerufen am 21.12.2020 von https://www.dimdi.de/dynamic/de/klassifikationen/icd/icd-10-gm/.

Dorsch (2016). Stichwort Depersonalisierung. Abgerufen am 21.12.2020 von https://dorsch.hogrefe.com/stichwort/depersonalisierung.

Ducki, A. (2011). Analyse. In: Bamberg, E., Ducki, A & Metz, A.-M. (Hrsg.). Gesundheitsförderung und Gesundheitsmanagement in der Arbeitswelt – Ein Handbuch. Göttingen: Hogrefe.

Edelwich, J. & Brodsky, A. (1980). Burnout: Stages of disillusionment in the helping professions. New York: Human Sciences Press.

Ekman, P. (2010). Gefühle lesen – Wie Sie Emotionen erkennen und richtig interpretieren. Berlin, Heidelberg: Springer.

Engler, R. (2008). Rahmenkonzeption für das Arbeitsfeld Betriebliche Sozialarbeit – Kurzfassung. Tübingen: Bundesfachverband Betriebliche Sozialarbeit e. V. Abgerufen am 21.12.2020 von https://www.bbs-ev.de/rahmenkonzeption-f%C3%BCr-das-arbeitsfeld-betriebliche-sozialarbeit.html.

Enzmann, D. (1996). Gestreßt, erschöpft oder ausgebrannt? Einflüsse von Arbeitssituation, Empathie und Coping auf den Burnoutprozeß. München: Profil.

Enzmann, D. & Kleiber, D. (1989). Helfer-Leiden: Streß und Burnout in psychosozialen Berufen. Heidelberg: Asanger.

Fengler, J. (2013). Burnout-Prävention im Arbeitsleben. Das Salamander-Modell. Stuttgart: Klett-Cotta.

Foucault, M. (1976). Überwachen und Strafen – Die Geburt des Gefängnisses. Frankfurt am Main: Suhrkamp.

Franzkowiak, P. (2006). Präventive Soziale Arbeit im Gesundheitswesen. München, Basel: Reinhardt UTB.

Freudenberger, H. (1974). Staff burn-out. Journal of Social Issues, 30 (1): 159–165.

Freudenberger, H. & North, G. (1992). Burn-out bei Frauen – Über das Gefühl des Ausgebranntseins. Frankfurt am Main: Fischer.

Freudenberger, H. & Richelson, G. (1980). Burn-Out: the high cost of high achievement. Garden City. New York: Anchor.

Fuchs, T. (2006). Was ist gute Arbeit? Anforderungen aus der Sicht von Erwerbstätigen – Konzeption und Auswertung einer repräsentativen Untersuchung. INQA Bericht. Dortmund Berlin Dresden: Initiative Neue Qualität der Arbeit c/o Bundesanstalt für Arbeitsschutz und Arbeitsmedizin.

George Mason University. The Passionate Pilgrim von Shakespeare 1598. Abgerufen am 20.12.2020 unter opensourceshakespeare.org.

Geuenich, K. & Hagemann, W. (2014). Burnout Screening Skalen, 2., überarbeitete und erweiterte Auflage. Göttingen: Hogrefe.

Ginsburg, S. (1974). The problem of the burned out executive. Personal Journal (53): 222–228.

GKV (2018). Leitfaden Prävention – Handlungsfelder und Kriterien nach § 20 Abs. 2 SGB V. GKV Spitzenverband der Gesetzlichen Krankenversicherungen. Abgerufen am 20.12.2020 unter https://www.gkv-spitzenverband.de/krankenversicherung/praevention_selbsthilfe_beratung/praevention_und_bgf/leitfaden_praevention/leitfaden_praevention.jsp.

Glass, D. & McKnight, J. (1996). Perceived control, depressive symptomatology, and professional burnout: A review of the evidence, Psychology and Health, 11 (1): 23–48.

Glitza, C. (2014). Life-Balance: Ein an Lebensphasen und Lebensereignissen orientierter Ansatz. iga.Fakten, 7. Abgerufen am 20.12.2020 unter https://www.iga-info.de/fileadmin/redakteur/Veroeffentlichungen/iga_Fakten/Dokumente/Publikationen/iga-Fakten_7_Life-Balance.pdf.

Gordis, L. (2001). Epidemiologie. Marburg. Verlag im Kilian.

Grawe, K. (1995). Grundriss einer Allgemeinen Psychotherapie. Psychotherapeut, 40 (3): 130–145.

Greif, S. & Bertino, M. (2018). Burnout: Merkmale und Prävention im Coaching. In: Greif, S., Möller, H. & Scholl, W. (Hrsg.). Handbuch Schlüsselkonzepte im Coaching. Berlin: Springer Reference Psychologie.

Grözinger, G., Matiaske, W. und Tobsch, V. (2010). Employee-friendly labor-time: A key element to a sustainable pattern of production and consumption. International Journal of Public Policy, 5: 357–372.

Günthner, A. & Batra, A. (2012). Stressmanagement als Burn-out-Prophylaxe. Bundesgesundheitsblatt, 55. 183–189.

Hätinen, M., Kinnunen, U., Pekkonen, M. & Kalimo, R. (2007). Comparing two burnout interventions: Perceived job control mediates decreases in burnout. International Journal of Stress Management, 14: 227–248.

Hagemann, W. & Geuenich, K. (2009). BOSS. Burnout-Screening-Skalen. Manual. Göttingen: Hogrefe.

Halbesleben, J. (2006). Sources of social support and burnout: a meta-analytic test of the conservation of resources model. Journal of Applied Psychology, 91 (5): 1134–1145.

Halbesleben, J. & Demerouti, E. (2005). The construct validity of an alternative measure of burnout: Investigating the English translation of the Oldenburg Burnout Inventory. Work and Stress, 19 (3): 208–220.

Hallsten, L., Bellaagh, K. & Gustafsson, K. (2002). Utbränning i Sverige – En populationsstudie. Arbete och Hälsa 2002:6 Stockholm: Arbetslivsinstitutet & författare.

Halpern, D. (2005). How time-flexible work policies can reduce stress, improve health, and save money. Stress and Health, 21: 157–168.

Han, B.-C. (2010). Müdigkeitsgesellschaft. Berlin: Matthes & Seitz.

Heisig, S., Dalbert, C. & Schweikart, R. (2009). Berufliches Belastungserleben in der Sozialarbeit. Diskurs Kindheits- und Jugendforschung, 2: 279–295.

Heitzmann, B., Helfert, S. & Schaarschmidt, U. (2008). Fit für den Beruf: AVEM-gestütztes Patientenschulungsprogramm zur beruflichen Orientierung in der stationären Rehabilitation. Bern: Huber.

Hillert, A. & Marwitz, M. (2006). Die Burnout Epidemie – oder brennt die Leistungsgesellschaft aus? München: Beck.

Honkonen, T., Ahola, K., Pertovaara, M., Isometsä, E., Kalimo, R., Nykyri, E., Aromaa, A. & Lönnqvist, J. (2006). The association between burnout and physical illness in the general population – results from the Finnish Health 2000 Study. Journal of Psychosomatic Research, 61 (1): 59–66.

Honneth, A. (1992). Kampf um Anerkennung – Zur moralischen Grammatik sozialer Konflikte. Frankfurt am Main: Suhrkamp.

Iancu, A., Rusu, A., Măroiu, C., Păcurar, R. & Maricuțoiu, L. (2018). The effectiveness of interventions aimed at reducing teacher burnout: a meta-analysis. Educational Psychology Review, 30: 373–396.

IGES (2013). DAK – Gesundheitsreport 2013. DAK Forschung.

Kabat-Zinn, J. (1994). Gesund durch Meditation – Das große Buch der Selbstheilung, Sonderausgabe. München: Barth.

Kaluza, G. (1997). Evaluation von Streßbewältigungstrainings in der primären Prävention – eine Meta-Analyse (quasi-)experimenteller Feldstudien. Zeitschrift für Gesundheitspsychologie, 5 (3): 149–169.

Kaluza, G. (1999). Sind die Effekte eines primärpräventiven Streßbewältigungstrainings von Dauer? Eine randomisierte, kontrollierte Follow-up-Studie. Zeitschrift für Gesundheitspsychologie, 7 (2): 88–95.

Kaluza, G. (2018a). Gelassen und sicher im Stress – Das Stresskompetenz-Buch: Stress erkennen, verstehen, bewältigen, 7., korrigierte Auflage. Berlin, Heidelberg: Springer.

Kaluza, G. (2018b). Stressbewältigung – Trainingsmanual zur psychologischen Gesundheitsförderung, 4. Auflage. Berlin: Springer.

Kaminsky, C. (2018). Soziale Arbeit – normative Theorie und Professionsethik. Opladen: Budrich.

Kaschka, W., Korczak, D. & Broich, K. (2011). Modediagnose Burn-out. Deutsches Ärzteblatt, 108 (46): 781–787.

Kay-Eccles, R. (2012). Meta-Analysis of the relationship between coworker social support and burnout using a two-level hierarchical linear model. Western Journal of Nursing Research, 34 (8): 1062–1063.

Kitze, K. (2019). Wirkfaktoren psychosozialer Beratung. Soziale Arbeit, 68 (4): 146–152.
KMK Kultusministerkonferenz (2012). Bildungsstandards im Fach Deutsch für die Allgemeine Hochschulreife – Beschluss der Kultusministerkonferenz vom 18.10.2012. Abgerufen am 21.12.2020 von https://www.kmk.org/themen/qualitaetssicherung-in-schulen/bildungsstandards.html.
Knieps, F. & Pfaff, H. (Hrsg.). (2016). BKK Gesundheitsreport 2016. Berlin: MWV Medizinisch Wissenschaftliche Verlagsgesellschaft.
Knoll, N. & Schwarzer, R. (2005). Soziale Unterstützung. In: Schwarzer, R. (Hrsg.). Enzyklopädie der Psychologie: Gesundheitspsychologie: 333–349. Göttingen: Hogrefe.
Koch, S., Hedlund, S., Rosenthal, S. & Hillert, A. (2006). Stressbewältigung am Arbeitsplatz: Ein stationäres Gruppentherapieprogramm. Verhaltenstherapie, 16: 7–15.
Koch, S., Lehr, D. & Hillert, A. (2015). Burnout und chronischer beruflicher Stress. Göttingen: Hogrefe.
Korczak, D., Kister, C. & Huber, B. (2010). Differentialdiagnostik des Burnout-Syndroms. Schriftenreihe Health Technology Assessment, Bd. 105. Köln: DIMDI.
Korczak, D., Wastian, M. & Schneider, M. (2012). Therapie des Burnout-Syndroms. Schriftenreihe Health Technology Assessment, Bd. 120. Köln: DIMDI.
Krautz, B., Schiebeck, H. & Schülke, J. (2014). Stressfrei studieren ohne Burnout. Konstanz: UVK-.
Kristensen, T., Borritza, M., Villadsen, E. & Christensen, K. (2005). The Copenhagen Burnout Inventory: A new tool for the assessment of burnout. Work & Stress, 19 (3): 192–207.
Kurth, B.-M. (2012). Erste Ergebnisse aus der »Studie zur Gesundheit Erwachsener in Deutschland« (DEGS). Bundesgesundheitsblatt, 55: 980–990.
Lazarus, R. & Folkman, S. (1984). Stress, appraisal and coping. New York: Springer.
Lazarus, R. & Launier, R. (1981). Streßbezogene Transaktionen zwischen Person und Umwelt. In: Nitsch. J. (Hrsg.). Stress: 213–260. Bern: Huber.
Lersch, R. (2010). Wie unterrichtet man Kompetenzen? Didaktik und Praxis kompetenzfördernden Unterrichts. Wiesbaden: Hessisches Kultusministerium, Institut für Qualitätsentwicklung.
Lim, N., Kim, E. K., Kim, H., Yang, E. & Lee, S. M. (2010). Individual and work-related factors influencing burnout of mental health professionals: A meta-analysis. Journal of Employment Counseling, 47 (2): 86–96.
Liossis, P., Shochet, I., Millear, P. & Biggs, H. (2009). The Promoting Adult Resilience (PAR) Program: The effectiveness of the second, shorter pilot of a workplace prevention program. Behaviour Change, 26 (2): 97–112.
Litzcke, S., Schuh, H. & Pletke, M. (2013). Stress, Mobbing und Burn-out am Arbeitsplatz – Umgang mit Leistungsdruck – Belastungen im Beruf meistern. 6.; überarbeitete Auflage. Berlin, Heidelberg: Springer.
Lohmann-Haislah, A. (2012). Stressreport Deutschland 2012 – Psychische Anforderungen, Ressourcen und Befinden. Dortmund Berlin Dresden: Bundesanstalt für Arbeitsschutz und Arbeitsmedizin.
Malkinson, R., Kushnir, T. & Weisberg, E. (1997). Stress management and burnout prevention in female blue-collar workers: theoretical and practical implications. International Journal of Stress Management, 4 (3): 183–195.
Mann, T. (1997). Buddenbrooks – Verfall einer Familie. Frankfurt am Main: S. Fischer.
Marchand, A., Blanc, M.-E. & Durand, P. (2015). Genre, âge, catégorie professionnelle, secteur économique et santé mentale en milieu de travail: les résultats de l'étude SALVEO. Canadian Journal of Public Health,106 (4): e223–e229.
Maricuțoiu, L., Sava, F. & Butta, O. (2016). The effectiveness of controlled interventions on employees' burnout: A meta-analysis. Journal of Occupational & Organizational Psychology, 89 (1): 1–27.
Maslach, C. (1976). Burned-out. Human Behavior, 9: 16–22.
Maslach, C. & Jackson, S. (1981). The measurement of experienced burnout. Journal of Occupational Behavior, 2: 99–113.

Maslach, C. & Jackson, S. (1984). Burnout in organizational settings. Applied Social Psychology Annual, 5: 133–153.
Maslach, C. & Jackson, S. (1985). The role of sex and family variables in burnout. Sex Roles, 12 (7/8): 837–851.
Maslach, C., Jackson, S. & Leiter, M. (1996). Maslach Burnout Inventory manual, 3rd ed. Palo Alto: Consulting Psychologists Press.
Maslach, C. & Leiter, M. (1997). The truth about burnout – How Organizations cause Personal Stress and what to do about it. San Francisco: Jossey-Bass Publishers.
Maslach, C., Schaufeli, W. & Leiter, M. (2001). Job burnout. Annual Review of Psychology, 52, 397–422.
Metz, A.-M. (2011). Intervention. In: Bamberg, E., Ducki, A. & Metz, A.-M. (Hrsg.). Gesundheitsförderung und Gesundheitsmanagement in der Arbeitswelt – Ein Handbuch: 185–220. Göttingen: Hogrefe.
Mührel, E. & Röh, D. (2013). Menschenrechte als Bezugsrahmen Sozialer Arbeit. Eine kritische Explikation der ethisch-anthropologischen, fachwissenschaftlichen und sozialphilosophischen Grundlagen. In: Mührel, E. & Birgmeier, B. (Hrsg.). Menschenrechte und Demokratie – Perspektiven für die Entwicklung der Sozialen Arbeit als Profession und wissenschaftliche Disziplin. Wiesbaden: Springer VS.
North, K., Reinhardt, K. & Sieber-Suter, B. (2013). Kompetenzmanagement in der Praxis – Mitarbeiterkompetenzen systematisch identifizieren, nutzen und entwickeln, 2. Auflage. Wiesbaden: Springer Gabler.
NPK (2018). Bundesrahmenempfehlungen nach § 20d Abs. 3 SGB V. Träger der Nationalen Präventionskonferenz.
Olbrich, D. & Ritter, J. (2010). Gesundheitsförderung und Selbstregulation. Praktische Arbeitsmedizin, 20: 33–35.
Penz, M., Stalder, T., Miller, R., Ludwig, V., Kanthak, M. & Kirschbaum, C. (2018). Hair cortisol as a biological marker for burnout symptomatology. Psychoneuroendocrinology, 87: 218–221.
Peschl, A. & Schüth, N. (2018). Neues aus dem Projekt STÄRKE. Workshops zur Stärkung der individuellen Resilienz von Beschäftigten. Betriebspraxis & Arbeitsforschung, 233: 54–55.
Peterson, U., Demerouti, E., Bergström, G., Åsberg, M. & Nygren, Å. (2008). Work characteristics and sickness absence in burnout and nonburnout groups: A study of swedish health care workers. International Journal of Stress Management, 15 (2): 153–172.
Peterson, M. & Wilson, J. (2002). The culture-work-health model and work stress. American Journal of Health Behavior, 26 (1): 16–24.
Pines, A. (1993). Burnout: An existential perspective. In: Schaufeli, W., Maslach, C. & Marek, T. (Hrsg.). Professional burnout: recent developments in theory and research. Washington D. C.: Taylor & Francis.
Pines, A. & Aronson, E. (1988). Career burnout: causes and cures. New York: Free Press.
Pines, A., Aronson, E. & Kafry, D. (1992). Ausgebrannt – Vom Überdruß zur Selbstentfaltung. Stuttgart: Klett-Cotta.
Pines, A. & Kafry, D. (1981). Tedium in the life and work of professional women as compared with men. Sex Roles, 7 (10): 963–977.
Plieger, T., Melchers, M., Felten, A., Lieser, T., Meermann, R. & Reuter, M. (2019). Moderator effects of life stress on the association between MAOA-uVNTR, depression, and burnout. Neuropsychobiology, 78: 86–94.
Poulsen, I. (2009). Burnoutprävention im Berufsfeld Soziale Arbeit – Perspektiven zur Selbstfürsorge von Fachkräften. Wiesbaden: Springer VS.
Poulsen, I. (2012). Stress und Belastung bei Fachkräften der Jugendhilfe – Ein Beitrag zur Burnoutprävention. Wiesbaden: Springer VS.
Raspe, H. (2012). Rückenschmerzen. Gesundheitsberichterstattung des Bundes, Heft 53. Berlin: Robert-Koch-Institut.
Reschke, K. & Schröder, H. (2000). Optimistisch den Stress meistern. Tübingen: DGVT.
Richter, P. & Hacker, W. (2014). Belastung und Beanspruchung – Stress, Ermüdung und Burnout im Arbeitsleben, 4. Auflage. Kröning: Asanger.

Riedrich, K., Weiss, E., Dalkner, N., Reininghaus, E., Papousek, I., Schwerdtfeger, A., Lackner, H. & Reininghaus, B. (2017). Kognitive Defizite beim Burnout-Syndrom – Ein Überblick. Neuropsychiatrie, 31: 24–31.
Rieger, G. (2013). Das Politikfeld Sozialarbeitspolitik. In: Benz, B. (Hrsg.). Politik sozialer Arbeit. Bd. 1: Grundlagen theoretischer Perspektiven und Diskurse: 54–69. Weinheim: Beltz Juventa.
Rieger, G. (2014). Soziallobbying und Politikberatung. In: Benz, B. (Hrsg.). Politik sozialer Arbeit. Bd. 2: Akteure, Handlungsfelder und Methoden: 329–350. Weinheim: Beltz Juventa.
Rigotti, T. & Mohr, G. (2011). Gesundheit und Krankheit in der neuen Arbeitswelt. In: Bamberg, E., Ducki, A. & Metz, A.-M. (Hrsg.). Gesundheitsförderung und Gesundheitsmanagement in der Arbeitswelt – Ein Handbuch: 61–82. Göttingen: Hogrefe.
Rönnau-Böse, M. (2013). Resilienzförderung in Kindertageseinrichtungen. Freiburg: FEL.
Rönnau-Böse, M. & Fröhlich-Gildhoff, K. (2009). Kinder stärken! Resilienzförderung in der Kindertageseinrichtung. Sozial Extra, 11/12: 14–16.
Rösing, I. (2003). Ist die Burnout-Forschung ausgebrannt? Analyse und Kritik der internationalen Burnout-Forschung. Kröning: Asanger.
Rössler, W., Hengartner, M., Ajdacic-Gross, V. & Angst, J. (2015). Predictors of burnout: results from a prospective community study. European Archives of Psychiatry and Clinical Neuroscience, 265: 19–25.
Rogers, C. (1997). Der neue Mensch, 6. Auflage. Stuttgart: Klett-Cotta.
Salyers, M., Bonfils, K., Luther, L., Firmin, R., White, D., Adams E. & Rollins A. (2016). The relationship between professional burnout and quality and safety in healthcare: A meta-analysis. Journal of General Internal Medicine, 32 (4): 475–482.
Savicki, V. (2002). Burnout across thirteen cultures: Stress and coping in child and youth care workers. Westport: Praeger Publishers.
Schaarschmidt, U. & Fischer, A. (1996). AVEM Arbeitsbezogenes Verhaltens- und Erlebensmuster. Handanweisung. Frankfurt am Main: Swets & Zeitlinger.
Schaarschmidt, U. & Fischer, A. (1997). AVEM – ein diagnostisches Instrument zur Differenzierung von Typen gesundheitsrelevanten Verhaltens und Erlebens gegenüber der Arbeit. Zeitschrift für Differentielle und Diagnostische Psychologie, 18: 151–163.
Schaufeli, W. & Enzmann, D. (1998). The burnout companion to study and practice. A critical analysis. London: Taylor & Francis.
Schaufeli, W., Leiter, M., Maslach, C. & Jackson, E (1996). Maslach Burnout Inventory – General Survey. In: Maslach, C., Jackson, E & Leiter. M. The Maslach Burnout Inventory (3rd.ed) – Test Manual. Palo Alto: Consulting Psychologists Press.
Scheermann, U. (2015). Stress und Burnout in Organisationen – Ein Praxisbuch für Führungskräfte, Personalentwickler und Berater. Berlin, Heidelberg: Springer.
Schmidbauer, W. (2002). Helfersyndrom und Burnout-Gefahr. München: Urban & Fischer.
Schwahn, F., Mai, C.-M. & Braig, M. (2018). Arbeitsmarkt im Wandel – Wirtschaftsstrukturen, Erwerbsformen und Digitalisierung. Statistisches Bundesamt WISTA, 3: 24–39.
Selye, H. (1973). The evolution of the stress concept. American Scientist, 61 (6): 692–699.
Sendera, A. & Sendera, M. (2013). Trauma und Burnout in helfenden Berufen. Wien: Springer.
Sisolefsky, F., Rana, M. & Herzberg, Y. (2017). Persönlichkeit, Burnout und Work Engagement – Eine Einführung für Psychotherapeuten und Angehörige gefährdeter Berufsgruppen. Wiesbaden: Springer.
Söderström, M., Ekstedt, M., Akerstedt, T., Nilsson, J. & Axelsson, J. (2004). Sleep and sleepiness in young individuals with high burnout scores. Sleep, 27: 1369–1377.
Solga, M., Ryschka, J. & Mattenklott, A. (2011). Personalentwicklung: Gegenstand, Prozessmodell, Erfolgsfaktoren. In: J. Ryschka, M. Solag & A. Mattenklott (Hrsg.). Praxishandbuch Personalentwicklung. Instrumente, Konzepte, Beispiele, 3. Auflage: 19–34. Wiesbaden: Springer Gabler.
Spangler, G. (2005). Kollegiale Beratung – Heilsbronner Modell zur kollegialen Beratung. Nürnberg: mabase.

Statistisches Bundesamt (2020a). Statistische Wochenberichte – Bevölkerung und Arbeit 2020. Abgerufen am 21.12.2020 von https://www.destatis.de/DE/Themen/Arbeit/Arbeitsmarkt/Erwerbstaetigkeit/_inhalt.html#sprg229398.

Statistisches Bundesamt (2020b). Volkswirtschaftliche Gesamtrechnungen – Wichtige Zusammenhänge im Überblick 2019. Abgerufen am 21.12.2020 von https://www.destatis.de/DE/Themen/Wirtschaft/Volkswirtschaftliche-Gesamtrechnungen-Inlandsprodukt/_inhalt.html#sprg233858.

Staub-Bernasconi, S. (2007). Soziale Arbeit: Dienstleistung oder Menschenrechtsprofession? Zum Selbstverständnis Sozialer Arbeit in Deutschland mit einem Seitenblick auf die internationale Diskussionslandschaft. In: Lob-Hüdepohl, A. & Lesch, W. (Hrsg.). Ethik sozialer Arbeit: ein Handbuch. Paderborn u. a.: Schöningh.

Staub-Bernasconi, S. (2018). Soziale Arbeit als Handlungswissenschaft – Soziale Arbeit auf dem Weg zu kritischer Professionalität, 2., vollständig überarbeitete u. aktualisierte Ausgabe. Opladen: Budrich.

Steinlin, C., Dölitz, C., Fischer, S., Schmeck, K., Fegert, J. & Schmid, M. (2016). Der Zusammenhang zwischen Burnout-Symptomatik und Arbeitszufriedenheit bei pädagogischen Mitarbeitenden in der stationären Kinder- und Jugendhilfe. Praxis Kinderpsychologie und. Kinderpsychiatrie, 65: 162–180.

Storch, M. & Olbrich, D. (2011). Das GUSI-Programm als Beispiel für Gesundheitspädagogik in Präventionsleistungen der Deutschen Rentenversicherung. In: Knörzer, W. & Rupp, R. (Hrsg.). Gesundheit ist nicht alles – was ist sie dann? Hohengehren: Schneider.

Stück, M., Rigotti, T. & Mohr, G. (2004). Untersuchung der Wirksamkeit eines Belastungsbewältigungstrainings für den Lehrerberuf. Psychologie in Erziehung und Unterricht, 51: 236–245.

Swider, B. & Zimmerman, R. (2010). Born to burnout: a meta-analytic path model of personality, job burnout and work outcomes. Journal of Vocational Behavior, 76: 487–506.

Tietze, K.-O. (2010). Wirkprozesse und personenbezogene Wirkungen von kollegialer Beratung – Theoretische Entwürfe und empirische Forschung. Wiesbaden: Springer VS.

TK (2016). Entspann dich, Deutschland – TK Stressstudie 2016. Techniker Krankenkasse. Abgerufen am 21.12.2020 von https://www.tk.de/resource/blob/2026630/9154e4c71766c410dc859916aa798217/tk-stressstudie-2016-data.pdf.

Van der Klink, J., Blonk, R., Schene, A. & van Dijk, F. (2001). The benefits of interventions for work-related stress. American Journal of Public Health, 91: 270–276.

Vîrgă, D., Maricuțoiu, L. & Iancu, A. (2019). The efficacy of work engagement interventions: A meta-analysis of controlled trials. Current Psychology. Springer.

Von Känel, R. (2012). Psychosocial stress and cardiovascular risk – current opinion. Swiss Medical Weekly, 142: 13502–13514.

Wegerich, C. (2015). Strategische Personalentwicklung in der Praxis – Instrumente, Erfolgsmodelle, Checklisten, Praxisbeispiele, 3. Auflage. Berlin, Heidelberg: Springer Gabler.

Wendt, P.-U. (2016). Unter den Bedingungen des Prekariums. Deutsche Jugend, 1: 27–34.

Werner, E. & Smith, R. (1992). Overcoming the odds. High risk children from birth to adulthood. London Ithaca: Cornell University Press.

Westman, M. (2001). Stress and strain crossover. Human Relations, 54 (6): 717–751.

Westman, M., Etzion, D. & Danon, E. (2001). Job insecurity and crossover of burnout in married couples. Journal of Organizational Behavior, 22: 467–481.

White, M., Hill, S., McGovern, P., Mills, C. & Smeaton, D. (2003). ›High-performance‹ Management Practices, Working Hours and Work–Life Balance. British Journal of Industrial Relations, 41 (2): 175–195.

Wiegard, U., Tauscher, N., Inhester, M.-L., Puls, W. & Wienold, H. (2000 a). »Gelassen bei der Arbeit«. Ein Trainingskurs zur Bewältigung von Stress am Arbeitsplatz. Nr. 1, Aktuelle Beiträge zur Soziologie, Institut für Soziologie, Westfälische Wilhelms-Universität. Abgerufen am 21.12.2020 von http://edok01.tib.uni-hannover.de/edoks/e01fb02/346519276.pdf.

Wittchen, H.-U., Jacobi, F., Klose, M. & Ryl, L. (2010). Depressive Erkrankungen. Gesundheitsberichterstattung des Bundes, Heft 51. Berlin: Robert-Koch-Institut.

Ziegler, H. (2015). Stress-Studie 2015: Burn-out im Kinderzimmer: Wie gestresst sind Kinder und Jugendliche in Deutschland? Universität Bielefeld. Abgerufen am 21.12.2020 von https://www.bepanthen.de/static/documents/stress-bei-kindern/03_abstract_ziegler.pdf.

Znoj, H. & Grawe, K. (2004). Wirkfaktoren der allgemeinen Psychotherapie. In: Lang, H. (Hrsg.). Was ist Psychotherapie und wodurch wirkt sie? Würzburg: Königshausen & Neumann.

Stichwortverzeichnis

A

Absentismus 55
Achtsamkeit 97, 125
Alter 15, 69
Arbeitsbedingungen 34, 90-92, 102-103, 137-138, 157-158, 168-169
Arbeitsfähigkeit 145, 158, 164, 169, 173, 175-176
Arbeitslast 79, 91, 117, 137-138, 140
Arbeitsunfähigkeit 16-17, 137
Arbeitsunzufriedenheit 42
Aufklärung 155-157, 179

B

Behandlung 114-118, 120, 122, 125-127, 129-130, 132-133, 136, 141, 147
betriebliche Sozialarbeit 101, 135, 145, 158
betriebliches Eingliederungsmanagement 137
betriebliches Gesundheitsmanagement 102, 135-136, 145, 173
betriebsärztlicher Dienst 104, 135, 174
Bewältigungsstrategien 63-65, 76, 123, 127, 129, 162
Bildung 71-72, 160, 178
Burnout 29, 31, 49, 57, 64, 67
Burnout-Contagion 54-55, 103
Burnout-Crossover 54-55

C

Chronic Fatigue Syndrom 46
Coaching 99, 102, 143-144, 157, 171

D

Depersonalisation 35, 39-41, 47, 54, 56, 105-106
Depression 19, 47-48, 53, 57, 72-73, 111-112
Diagnose 15-16, 99, 112-113, 122

Disposition 60-61, 69, 78

E

Einflussfaktoren 60, 62, 79, 83, 86, 115, 117, 138, 150
emotionale Erschöpfung 35, 38-39, 56, 105-106
Empathie 135, 176-178
Empowerment 135-136, 145
Ermüdung 34, 43

F

Flexibilisierung der Arbeit 81, 84-85, 172
Fragebögen 99, 104, 108, 111
Früherkennung 99
Führungskräfte 23, 83, 100, 141, 154, 173

G

Geschlecht 15, 70-71
Gesellschaft 21, 56, 175, 179
Gesundheitsförderung 19-21, 80, 171, 173-174

H

Helfersyndrom 89

K

kognitiv-behaviorale Techniken 120-121, 127, 147-148
kollegiale Beratung 99, 143-144
Kompetenzen 123-124, 127, 135, 147, 157-158, 161-162, 166, 173

L

Leistungsfähigkeit 35, 41-42, 57, 105, 174
Leistungsgesellschaft 14-15, 19, 26, 84, 88, 160, 174

N

Nähe-Distanz 26, 176-177
Neurasthenie 45-46

P

Partnerschaft 52, 54, 71, 77
Perfektionismus 74, 114, 153, 159
Persönlichkeitsmerkmale 68, 73
Phasenmodelle 50-51
Präsentismus 55
Prävalenz 18-19
Prävention 19, 122, 150, 155, 175

R

Resilienz 76, 157, 165-168
Ressourcen 66, 151, 164

S

soziale Anerkennung 81, 93

Soziale Arbeit 22-23, 25-26, 83, 88, 92, 133, 140, 155, 175
soziale Beziehungen 78, 91, 141
soziale Unterstützung 107, 141
Spillover-Effekt 52
Stress 44, 60, 62, 73, 76, 122, 125, 130, 150, 159
Studierende 25, 178
Supervision 99, 102, 143-144

U

Unternehmenskultur 81, 86
Ursachen 60, 117, 150

W

Work-Life-Balance 81, 139, 167, 172